문예신서
187

폭력과 여성들

세실 도팽, 아를레트 파르주, 주느비에브 프레스, 도미니크 고디노, 낸시 L. 그린,
다니엘 아스-뒤보스크, 마리-엘리자베트 핸드만, 베로니크 나움-그라프,
야니크 리파, 폴린 슈미트 팡텔, 다니엘 볼드만

이은민 옮김

東 文 選

폭력과 여성들

Cécile Dauphin et Arlette Farge

DE LA VIOLENCE ET DES FEMMES

서 문

　폭력과 여성: 연구자들에게 이 주제는 암울하고 고통스럽다. 여기에는 많은 함정들이 있는데, 이 주제가 사람들이 다시 찾지 않게 되는 수많은 공통된 장소들, 견고하게 뿌리내린 많은 상투적인 표현들로 쉽게 유포되기 때문에, 또한 혐오감이나 매혹 같은 정돈하기 힘든 현실적 감정들을 끌어들이기 때문이다. 게다가 매일매일의 '담화들'에는 이 문제에 관한 완결된 그들의 견해가 있다. 반면에 현실은 살인이 벌어지는 정경 쪽으로 규칙적으로 통한다. 이때 여성에게 가해지는 폭력적 행동, 또 때로는 여성이 가하는 폭력의 몇 가지 표현은 매우 중요해진다.

　실타래는 단단히 엉켜 있다. 여성들에게 가해지는 폭력이 단연 가장 분명하고 가장 확실하며, 과거와 현재의 전쟁시에 이 폭력이 잔혹하게 벌어지는 마당에 어떻게 여성들이 가하는 폭력을 생각하는가? 여성들이 가하는 폭력에 대한 사유에 침묵을 강요할 정도로 이 동종이형은 너무나 분명하다.

　그러나 상이한 방식으로 한 가지 사유를 확립하는 일은 필요한 듯했고, 그것이 이 책의 목적이다. 그것은 과거의 역사에서나 오늘날에 여러 사회가, 한편으로는 여성들에게 상이한 방식으로 폭력을 행사하는 동시에 여성 폭력을 경험하고 생각하고 상상하는 방식이다. 거기에서 여성들의 실제 삶의 두 '순간'(여성들의 폭력/여성들에게 가해지는 폭력)이 작용하고, 몇몇 사회는 매번 아주 다른 목적을 위해, 그리고 역사적으로 다양한 목적을 위해 이 두 순간을 이용한다. 현재 진행되는 모습에서 아무도 여성들이 폭력적일 수 있다는 사실에 진정으로 놀라지 않으며(이것이 잘 확립된 토포스(topos)이기도 하여, 이를 입증해 주는 사실들은 쉽게 제기될 수 있다), 사회 전체는 여성들이 자주 폭력의 희생자가 된다는 사실을 잘 알고 있다. 비록 산발적이고도 일시적인 자각이 역사의 몇몇 시기에 일어난다 하더라도 말이다. 평범해진, 그리고 결코 재심의된 적이 없는 이 공존은 다음과 같은 증거 언저리에 만들어진 모호한 합의를 구축해 왔다. 그렇다, 여성들은 그들의 부드러운 기질에도 불구하고 폭력적이다. 그렇다, 사회가 남성 지배하에서 유지되는 한 여성들은 폭력을 당한다.

사유의 영역으로 방출된 이 이중의 증거는 당연히 현재의 몇몇 질문의 대상이 된다. 역사에 있어서 사회의 사회적·정치적·가상적 기능과 더불어 이 질문의 생소한 분절을, 불안정하고 유동적인 분절을 맨 위에 놓으면서 말이다. 많은 연구들은 (알고 있듯이) 여성에게 가해지는 폭력에 관한 주제로 이루어졌고, 페미니스트 사료 연구자들은 강간에 대한 연구가 없다는 사실을 안타깝게 여길 수 있음에도 불구하고 이 현실을 중요하게 여겨 왔다. 이 주제에 관해 말할 수 있더라도, 어쨌든 페미니스트적 표현(과 거기에서 나오는 사료)은 여성들이 저지르는 폭력이란 주제를 금했다. 현실에 전념하는 일이 어떤 이들에게는 정당하지 못한 것처럼 보일 수도 있다. 현실이 꼭 필요한 고발, 즉 여자들이 당하는 폭력 고발과 '여성들의 동기'에 오점을 남기기 때문이다. 이러한 표현으로부터 우리는 우리가 전체적으로 벗어나 있다는 사실만을 확인하게 된다. 이같은 표현은 이 연구에 관한 토론중 종종 큰 영향을 미친다. 마치 우리가 명백한 동종이형 앞에서 폭력적인 여성들의 사례들을 '찾으러' 감으로써 결국 유죄가 되는 것처럼 말이다.

확신을 옹호하고, 가설을 숙고하고 해석하고 제안하는 행위에는 수 차례의 조정과 엄격한 사유가 요구된다. 이것이 우리가 도전처럼 여기에서 수행하려고 애쓴 것이다. 또 이러한 이유 때문에 이 연구가 확고한 문제 제기를 담은 에세이, 이 문제에 대한 설명적이고 완벽한 시점을 고집해야 한다고는 절대 주장하지 않는 에세이의 형태로 나타나기도 한다.

다시 한 번 전쟁이 우리의 사유에 중대한 영향을 끼쳐 왔음을 덧붙여야겠다. 우리가 이 주제에 관한 연구를 하던 중 구(舊)유고슬라비아의 전쟁이 발발했다. 유럽의 믿지 못하겠다는 시선하에서 자행된 체계적인 강간으로 인해 우리의 행보는 방향을 틀었다. 처음에는 일종의 고통스런 무기력 쪽이었다가, 남성과 여성의 일상적이고도 완결된 작용 속에서 여성에 대한 습관적인 폭력을 흡수하려는 사회 능력에 대한, 그리고 이들 사회에 매우 안정적이고 유용한 어느 시기에는 사회 기능의 현실 속에서 여성들이 저지르는 폭력을 인정하려는 사회 능력에 대한 진정한 역사적 탐색에 착수해야겠다는 다급함 쪽으로 말이다.

이 책은 폭력적 사실들과 사건들의 어떤 '현실감 상실'에 반대하는 입장에 있기도 하다. 우리는 그것을 이렇게 설명한다. 신중함과 사회 참상 묘사나 훔쳐보기에 빠져들지 않겠다는 의지가 여기에서 폭력과 여성들이라는 다루기 힘든 복잡한 주제를 만들어 낸다. 어떤 점에서 우리는 이 주제를 정확한 자리로 가져가려고 한다. 그것이 존재하는 곳, 사유되어 사용되는 곳, 상상에 침투하는 곳으로 말이다. 게다가 사료 편찬의 어떤 경향(여타 사회과학이 공유하는)은 현실이란 주제를 그 빈약한 '비존재'에게 남긴 채 표현의 세계를 중시한다는 사실을 우리는 잘 알고 있다. 그렇다고 해서 우리가 이 담화와 표현들이 주동자들에 의해 내재화된 현실의 효과를 음험하게 조작하는 지점이 어디인가를 망각하는 것은 아니다. 이 때문에 이런 특별한 경우 우매함을 자극할 수 있는 폭력의 몇 가지 형태를 절대 방치하지 않으면서 독서의 여러 층위를 잘 구분하는 것이 중요해진다. 여러 폭력적 사실들, 폭력 남용의 묘사, 폭력에 견딜 수 없는 현실을 교차시킬 수 있는 발화의 공간은 분명 존재한다——우리는 그것을 연구해 왔다——게다가 여러 표현들로 구축된 세계와 이 세계에 대한 사회·정치적 요구의 형태를 연구하면서 우리는 신뢰할 수 있는 목적, 모든 이들의 사유에 노출된 목적, 사유할 수 있고 그리하여 변형할 수 있는 것으로 제시된 목적을 구축해 볼 수 있다.

변형 가능하고, 유동적이며 불안정한 현실: 이 책의 한 가지 특징이 이러한 측면에서 발현된다. 남성 지배의 우주 그 너머에 몇몇 순간 여러 개의 구멍이 파이고, 갑자기 일시적인 지형이 드러난다. 이는 '가능성의 공간'이 출구로 여겨지고, 역사에서 고정되지 않은 사건들, 과거와 미래에 중요하게 여겨지는 사건들, 흔히 사물들 가운데 확고부동한 것이라고 일컬어지는 질서를 전복시킬 수 있는 사건들이 새겨지는 특별한 순간이 존재해 왔고 지금도 존재하고 있다는 것을 입증할 수 있다. 바로 이러한 공간에서 여류 역사가와 인류학자는 수많은 메커니즘 전체뿐 아니라 특수한 메커니즘, 변칙적인 메커니즘, 환원 불가능한 메커니즘, 혼종적인 메커니즘을 연구한다. 사실 이 여자(와 남자)들은 이 같은 주제를 연구하고, 마치 역사 제조자처럼 그것을 재개발한다. 역사라는 한도에서. 그 변칙성이 역사를 비스듬히 이해하는 곳에서.

어떤 사유 전체는 폭력에 대한 이 독특한 접근에 구두점을 찍고, 이 주제를 회의적으로 그리고 불완전하게 해부한다. 고대 그리스에서 오늘에 이르기까지 모든 시대가 다 다루어지지는 않았지만, 이러한 사유는 여성들의 폭력과 여성들이 당하는 폭력 사이의 분절을 확실하게 문제로 제기한다.

고대 그리스에 대한 논문(폴린 슈미트 팡텔)과 프랑스 혁명에 대한 논문(도미니크 고디노)으로 이루어진 제1부는, 정치 주동자들이 폭력 형태를 나열하고 규정·구분하는 방식을 점검한다. 여자는 도시로 구축된 세계 앞에서 이방인이 된다.

제2부는 우리로 하여금 남성과 여성 사이의 불안정하고 유동적인 지형을 확인시키는 특수한 역사적 시기(17세기에서 20세기까지)에 근거를 둔다. 이 지형을 거치는 가운데 이미 통용되는 엄격한 법전을 파기하는 다른 관계들이 교섭된다. 이러한 것들과 상관 없이 사회는 종종 그 유용성을 발견한다. 특히 17세기 전반부 사회(다니엘 아스-뒤보스크), 18세기 파리의 남성과 여성의 관계들(아를레트 파르주), 범죄의 범주와 유혹

의 코드 전체(세실 도팽) 등이 이러한 개념 주변에서 검증된다. 여기에 최근 미국의 연구들에서부터 시작된 여성 경범죄에 대한 사료 편찬의 개요가 첨가된다.(낸시 L. 그린) 현대 그리스에서 한 인류학적 조사는 두 마을이 여성 세계에 대한 남성 세계의 지배를 어떻게 다르게 겪는가를 제시하고, 그녀들 사이에서 여자들의 폭력적 행동을 포함해 거기에 반응하는 여성의 행동을 보여 준다.(마리-엘리자베트 핸드만) 그러므로 구축된 사회에서 이동은 생각해 볼 수 있고, 세세한 움직임은 다른 복합적인 현실을 출현시킨다.

제3부의 주제는 20세기의 전쟁이다. 극소수의 논문들이 전시 혹은 무장한 여성들의 역할과 여성들을 상대로 이루어지는 잔인함의 특수 현상들을 늘 현재 진행중인 이 비극에 연결시켰다. 이미 수용된 개념과는 반대로 전쟁중인 사회는 남성과 여성에게 적용되는 여러 형태의 야만성을 조직할 수 있다. 전투적인 영웅, 가정과 혈통이라는 아주 정교한 견해들에 따라서 말이다.(야니크 리파, 다니엘 볼드만과 베로니크 나움-그라프)

이 책은 여성혐오자의 상징적 작품인 스트린드베리 작품에 대한 철학적 시선으로 끝을 맺는다. 거기에서 '두 성들 상호간의 그리고 각자의 폭력이 어떻게 분절되는가'를 이해해 보려고 한다.(주느비에브 프레스)

제 1 부
도시 국가: 여성의 폭력으로 무엇을 하는가?

폴린 슈미트 팡텔

고대 그리스에서 폭력의 구축에 대하여: 살인하는 여자들과 유혹하는 남자들

"우선 나는 아름다운 머리카락을 가진 데메테르, 위엄 있는 여신인 그녀와 커다란 음성으로 둔탁하게 으르렁대는 제우스의 허락하에 아도니스에게 반한 발목이 긴 그녀의 딸을 노래한다. 눈부신 수확물을 내려 주는 금빛 양날검을 가진 데메테르와는 달리, 그녀는 젊은 바다 요정들과 함께 놀고 보드라운 초원에서 꽃을 꺾곤 했다. (…) 그리고 대지와 수선화는 제우스의 구상에 따라, 많은 주인들을 맞이하는 이에게 아첨하기 위해 마치 화관처럼 신선한 코레 쪽으로 교묘하게 자라난다. (…) 놀란 그녀는 예쁜 장난감을 잡기 위해 두 팔을 동시에 뻗었다. 그러나 방대한 길들이 뻗어 있는 대지는 니지엔 평야 쪽으로 펼쳐져 있고, 거기에서 수많은 주인들의 우두머리이자 수많은 이름으로 인용되는 크로노스가 불멸의 머리칼을 한 채 솟아오른다. 그는 그녀를 납치하여 눈물을 흘리면서 벌이는 그녀의 저항에도 아랑곳없이 금수레에 태워 끌고 갔다. 그러자 그녀는 날카로운 비명을 지르면서 최고이자 매우 강력한 아버지 크로노스의 이름을 외쳤다. 그러나 신들과 유한한 인간들 가운데 어느 누구도 그녀의 비명을 듣지 못했다. (…) 산봉우리와 바다의 심연으로 이 여신의 외침이 울려 퍼졌고, 지체 높은 그녀의 어머니가 그 소리를 들었다. 그녀의 마음은 찢어지는 아픔에 사로잡혔다."[1] 딸을 찾아가던 중 데메테르는 헬리오스(태양)를 만나게 된다. "헬리오스 (…) 내가 낳은 아이, 완벽한 아름다움 속에서 피어난 가녀린 꽃, 아! 지칠 줄 모르고 대기를 가르는 그 아이의 찢어지는 목소리를 들었어요. 마치 누군가가 그 아이에게 폭행이라도 하듯이 말이에요(biazoméné)."

이 이야기에는 특징적인 표현들이 메아리친다. 나는 그 가운데 하나인 마케도니아에 있는 베르기나의 무덤에 그려진 그림을 떠올린다. 수염 난 건장한 하데스는 겁에 질리고 무기력한 그녀의 친구에게서 두려움 때문에 뒤틀린 온몸으로 저항하는 페르세포네를 납치한다.[2]

여성들이 가하는 폭력과 여성들이 그 대상이 되는 폭력을 대립시키고자 하는 이 글을 하데스가 납치한 코레로 익히 알려져 있는 이야기와 그 특징적인 표현으로 시작하자 다음과 같은 본질이 생각난다. 고대 그리스 사회가 경험하는 폭력의 수많은 형태 중 여성들에게 가해지는 폭력은 지속적으로 이루어지는데, 특히 성폭력·납치와 강간 같은 폭력이 문제가 된다.[3] 이 폭력은 확실하게 알려져 연구되어 왔지만, 아다 코헨이 그리스 예술에서 보이는 납치의 표현들에 관해 쓴 흥미로운 논문[4]이 암시하는 바처럼 때로는 약간 완곡하게 이루어지기도 했다. 내가 여성의 폭력에 관한 이야기와 여성에게 가해지는 남성 폭력 이야기 사이의 분절을 추구하던 시기에 이 논문은 나에게 한 가지 가설을 암시했다. 그것은 여러 텍스트에 대한, 표현에 대한 심도 깊은 조사만이 규명할 수 있으리라는 가설, 지금 내가 제시하는 가설이다. 그리스인들이 여성들의 폭력에 관해서 이야기할지라도, 그들은 여성들에게 가해지는 폭력을 제대로 발설하지 못한다. 성폭력이라는 부분에서 특히 그런데, 그들 이후의 현대 역사가들 역시 마찬가지이다. 사실 그들은 서로 다른 폭력들을 동일 자료에서, 이 글의 제목이 된 자료 안에서 사고하지 않는다.

그리스 자료라는 성격 때문에 여자들의 일상 속에서 '실제적인,' 그리고 억압과 제재의 경우를 포함해서 여자들에게 가해진 폭력의 흔적을 발견하기는 어렵다. 즉 법은 매우 드물다. 또 서문에서 강조했듯이 우리가 모델과 표현에 관한 연구로 인해 만들어지는 현실감 상실을 피하려 한다 해도, 고대 그리스 세계에 접근할 때에는 이 담화들을 다시 한 번 연구해야 한다는 사실을 받아들여야 한다. 이는 이들 담화가 말하는 바, 즉 살인·자살·강간으로부터 억지로 거리를 둔다는 것, 더군다나 담화가 말하는 바를 괄호 안에 넣는다는 뜻이 아니다. 그렇지만 지극히 동시대적인 이런 행위의 실제적 효과가 이들을 역사의 대상으로 생각하고 싶어하지 않는 나의 태도를 설명해 줄 것이다. 그러나 그것은 종종 우리의 역사가 된다.

집단적이든 개별적으로든 몇 가지 그리스의 이야기에는 폭력적인 여성들이 등장한다.[5] 이 폭력은 특정한 틀 안에서 특정 시기에 발전되고, 그리스인들이 행하는 이 폭력의 구축은 몇몇 규칙을 따른다. 첫번째 총체는 의식(儀式)에 관련된다. 여성들에게 성직자 역할을 자주 맡길 정도로, 그리고 여성들이 많은 의식에 자주 모습을 드러낼 정도로 그리스 다신교에서 여성들의 위치는 매우 중요하다. 그러나 한 가지 의식만은 금지되었다. 그것은 피를 흘리는 희생 의식으로, 여성이 피를 흘리게 해서는 안 된다는 규범 때문에 희생이 시민적 정체성을 규정하는 행위라는 규범 때문에 여성들은 시민 계급에서 제외된다. 그러므로 여성의 폭력은 남자들의 직접적인 통제를 벗어나는 상황에서 규범을 위반하면서 발전하게 된다. 이런 상황 속에 여자들끼리 하는 축제, 예를 들면 데메테르와 디오니소스를 기리는 몇몇 축제들이 있다. 여자들이 데메테르를 기리는, 남자들에게 금지된 데메테르를 위한 축제에서, 두 이야기는 여자들이 남자들을 상대로 한 폭력을 위해 희생의 도구를 이용한다는 사실을 보여 준다.[6] 키레네의 바토스 왕이 이 의식에 참여하자 그는 데메테르의 무녀들에 의해 거세당한다.[7] 메세니인들은 데메테르의 성소에 있는 라코니 여인들을 볼모로 삼으려 하지만, 여자들은 제물로 바쳐진 칼과 고기 굽는 데 쓰는 꼬챙이로 이들 메세니인들을 추방한다.[8] 이 이야기들에는 다양한 의미 작용이 있는데, 그 가운데 피를 보는 희생 의식과 이와 결부된 분배 의식을 독점하는 일이 남자들에게 중요하다는 점, 여자들끼리만 있을 때 이 여자들이 이 독점권을 파기할지 모른다는 두려움, 그리고 그리하여 그녀들에게 늘 금기시된 자리, 즉 도시 여인의 자리를 차지할 수 있다는 두려움이 있다. 거세된 왕 바토스나 패주하는 주요 전사 메세니인들의 경우, 돌파구를 열기 위해 공격당하는 대상은 당연히 남성성인 동시에 전투적 용기라는 의미인 **안드레이아**(andreia)이다. 그리고 이런 유의 이야기들이 드문 만큼 이 돌파구는 그리스 상상계에서 재빨리 아물려진다.

디오니소스를 기리기 위한 의식들 역시 가끔은 여성적 폭력을 언뜻 보여 주는 기회이기도 하다. 폭력적인 이들은 미리 정해진 의식을 수행하는 신의 충실한 여자 추종자들이 아니라, 당연히 디오니소스 숭배를 거부하는 여자들이다. 이때 디오니소스는 이들을 혼란에 빠지게 하는 광포한 분노로 이 여자들을 구타한다. 신의 소유하에 있으면서 남자 사냥에 빠져 있는, 에우리피데스의 연극 《주신 바코스의 시녀들》의 테베 여인들처럼 말이다. 여기에서 희생자는 이 도시의 우두머리인 팡테 왕이다.[9] 이때 여자들의 폭력은 신의 복수, 즉 이 도시의 제사를 인정하지 않고 받아들이지 않기 위해 테베 시 전체와 그 우두머리인 팡테에게 벌을 내리고 싶어했던 디오니소스적 복수의 도구처럼 나타난다. 이 폭력은 디오니소스 축제의 일상적 행위와 희생자를 끈질기게 괴롭히는 **디아스파라그모스**(diasparagmos)에 의한 희생을 지속적으로 극단화하고, 이때의 희생자는 짐승의 자리에 있는 남성이다. 거기에서 원인은 물론 남자이고 왕이며, 아주 탁월한 정치 우두머리인 팡테의 **안드레이아**에 있다. 그러나 이때 여자들의 폭력은 생명을 앗아간다.

이러한 사례들과 마찬가지로 폭력은 여자들 사이에서 벌어지기도 하는데, 때때로 이는 그녀들에게 어떤 자발성을 부여하는 의식(儀式)이 일어날 경우 그 의식 안에서 나타난다. 이때 그리스 남자들은 자기들이 이러한 의식에서 제외되어 있기 때문에 시민의 아내와 딸인 여자들이 저지르는 온갖 형태의 위반을 상상하게 된다. 이 폭력은 남성적 존재이고 정치적 존재라는 이중적 위상——이 두 위상은 의식에서 뗄 수 없는 것으로 나타난다——을 차지하는 도시의 남자들을 공격한다. 이 폭력은 어떤 경우에서건 그냥 생긴 것이 아니라 모두가 나름의 방식으로 종교적 규칙을 어긴 남자들의 폭력에 대응하는 것으로, 바토스는 어떤 희생을 치르더라도 여자들만의 축제인 데메테르의 축제에 참여하고자 했고, 더군다나 메세니인들은 성스럽고도 불가침의 장소인 성지를 공격했으며, 팡테는 산에서 디오니소스 제사를 주관하는 여자들, 즉 바샹트를 염탐했다.

그리스 이야기에서 여성 폭력은 결혼이라는 또 다른 경우에 발전된다. 젊은 처녀가 부인으로 전이되는 과정은 제도 혹은 종교라는 유일한 결정이 아니라 일련의 현실 참여, 의식(儀式)과 일상 생활로 두드러진다. 신분 변화의 이 모호한 특성은 시민 집단의 재생산과 정치적 개체로서의 도시 영속이 오로지 합법적인 아이의 잉태와, 남편과 아내의 위상을 인정하는 것에 전적으로 결부되어 있기 때문에 매우 뜻밖이다. 여자들은 결혼하지 않겠다는 뜻을 나타내기 위해 폭력을 사용하게 되지만, 이 폭력은 의식적(儀式的) 폭력보다 남성 폭력에 대한 훨씬 분명한 반응이거나 대가이다. 집단적이고도 개인적인 폭력으로 가장 널리 알려져 있는 에피소드는 다나이스 여인들의 이야기로, 강제로 그녀들을 소유하려는 이집트 왕의 50명의 아들들에게 추격을 당한 다나오스 왕의 50명의 딸들은 히페르메스트라를 제외하고는 결혼한 저녁에 모두가 남편들을 교살했다.[10) 같은 혈통의 사촌인 남자들의 폭력은 물리적(이 비극으로 인해 이들은 '찢는 이들'이라는 이름을 얻는다)인 동시에 제도적인데, 구혼자들이 아버지 다나오스의 동의를 얻지 못했기 때문이다. 여자들의 폭력은 이들에 대한 반응이다. 또 그 틀은 남자들과 여자들 사이의 진정한 전쟁으로, 결혼이 폭력 자체를 없애는 의례화된 계약이 되도록 신화가 극복하고 추월하려고 하는 대립이다. 여성의 결혼에 대한 폭력적 거부의 또 다른 예는 아탈란타이다.[11) 결혼하지 말고 도망치라는 충고를 내리는 신탁의 예언에 따라, 아탈란타는 자신의 구혼자들에게 경주를 청하고 거기에서 이겨 그들의 목을 벤다. 아탈란타의 모습은 선 뜻 결혼을 승낙하는 님프의 모습과 대조적이다. 그녀는 무기와 베일을 바꾸었고, 그녀의 경주는 사냥과 비슷하다. 그녀 자신만이 무기를 사용할 수 있기 때문이다. 한편 남자는 먹이, 사냥감의 처지다. 여러 판본에 따르면, 히포메네스(또는 밀라니온)가 그녀 앞에 던진 황금 사과에 현혹되어 경주에서 지고 결혼하게 된다는 아탈란타의 그 이후 이야기는 그것이 가능한 대안이 아니라는 사실을 보여 준다. 또 아무리 사납더라도 젊은 처녀는 결혼하게 마련이라는 사실을 보여 주기도 한다.[12]

아탈란타 같은 여인의 폭력은 그 독특함 자체로 충격적인데, 폭력을 당한 여자들의 폭력이 일반적이기 때문이다. 여자들에 대한 남자들과 신의 성적 폭력이 지속적이라 해도, 강간에 관한 이야기들이 많아지던 시기는 사실 젊은 처녀에서 부인으로의 신분 변화가 이루어지는 때이다. 그러나 이 폭력은 그런 식으로 언급되지 않은 채 그리스인들이 여자에게 할당하는 매우 높이 평가된 목적에 의해 미리 정당화된다. 여성 존재를 자연계와 야생의 삶에서 문화적 삶으로 전이시키듯이, 도시를 건설하듯이, 문화의 근본적인 요소들을 정돈하듯이 말이다……. 이런 폭력에 의미를 부여하는 일에 몰두하는 그리스 문명 연구자들 역시 강간의 현실을 상당히 자주 망각해 왔거나, 납치와 추적에 관해 말하면서도 그리스인들처럼 강간을 완곡하게 표현하거나, 혹은 그것이 삭제된 판본을 유지해 왔다. 나 역시 젊은 처녀에서 부인이라는 신분 상태로의 이동을 보여 주는 신화를 연구하고 있는 이상 그 사실을 거리낌 없이 말한다. 그것은 젊은 에트라(Aithra)에서 트레젠(Trézène)으로의 변화로, 모든 구조에 관심을 기울이고자 했던 한 분석에서 나는 이 이야기에 암시된 폭력을 전적으로 등한시 한 적이 있다.[13] 아테나가 보낸 기만적인 꿈을 믿던 에트라는 한 영웅의 무덤 곁에서 의식을 치르고 거기에서 포세이돈은 그녀와 결합, 엄밀히 말해 강간하는데, 이 결합에서 아테네의 왕인 테제가 태어나게 된다. 그리하여 이 사건에서 간교한 지능(la métis)의 역할, 신성성의 위상, 남성적 입사의 역전된 모델과 다른 많은 특징들이 역사적 분석에 있어서 내게는 폭력의 유일하고도 단순한 사실보다 훨씬 더 중요하게 여겨졌다. 거기에서 나는 **죄를 고백**하지는 않지만, 어떤 이유에서건 이런 유형의 이야기 안에 폭력이 다양하게 나타나는 점을 생각해 보라고 요구하는 최근의 몇 가지 연구들 안에 잠재된 노여움을 잘 이해할 수는 있다.[14]

이 담론으로 되돌아가기 전에, 고대 그리스에서 강간을 다루는 관습의 드문 자료들이 제공해 주는 여러 정보들을 떠올려 보자.[15] 6세기초 아테네의 입법자였던 솔론의 법은 자유 신분의 여인을 강간한 죄인에게 1백 드라크마의 벌금을 내린다.[16] 5세기에 기록으로 남겨진 크레타의 도시 국가 고르틴의 법은 이보다 훨씬 명확하다. "자유 신분의 남자나 여자를 강간하면 1백 스타테르를 벌금으로 내야 할 것이다. **아페타이로스**(apétairos)의 경우[17] 10스타테라를 내야 한다. 만약 노예가 자유 신분의 남자나 여자를 강간하면 두 배를 물게 된다. 만일 자유 신분의 남자가 노예를 강간하면 5드라크마를 물게 된다. 노예가 같은 노예를 강간하면 5스타테르를 물게 된다."[18] 벌금은 강간을 저지른 자와 피해자의 사회적 위치에 달려 있고, 남자든 여자든 희생자들은 모두 같은 차원에 있다. 고르틴법은 양성간 평등을 보여 주는 내가 알고 있는 유일한 예이다.[19] 마침내 4세기 연설가인 아이스키네스에 의해 알려진 정상에서 벗어난 형태(hubris)에 대한 법이 어린아이나 남자 혹은 여자에게 폭력을 사용한 이에게 벌을 내리고, 자유 신분의 여자를 강간하는 것과 이 시대에 해당되지 않는 여자 노예의 강간을 구분한다.[20]

강간이라는 중요한 용어는 존재하지 않고, 문헌 역시 이 행위를 지칭하기 위해 신체적 폭력이란 개념을 빌려 오고 희생자가 예민하게 느끼는 수치심과 명예 박탈을 어렴풋이 의미하는 표현들을 쓴다. 명예를 빼앗는다는 **아티마젠**(atimazein)이란 동사는 정치 용어에 속한다.[21] 법률

용어가 매우 정확하게 폭력 행위를 지칭해야 함에도 불구하고, 강간이
성행위를 총체적으로 지칭하는 '…와 결합하다'처럼 하찮은 용어 속으
로 사라지는 여러 이야기들에서는 그렇지 않다. 다른 많은 경우들에서
와 마찬가지로 에트라 이야기에서도 그렇다. 언어처럼 이미지도 폭력
을 위장한다. 강간을 나타내는 여러 표현들은 암시적이다. 성행위를 보
여 주는 대신——그리스 예술에서 에로틱한 장면이 많은 것으로 보아
문화에 대한 일반적 제재는 가해지지 않는다——사람들은 젊은 처녀
의 납치를 표현하고, 이는 오랜 세월에 걸쳐 여러 상이한 상황에서 보
이는 그리스 예술의 아주 흔한 주제이다.[22] 이런 영역에 있어서 현대 작
가들 역시 그리스인들을 답습하여 메타포를 형성한다. 그들은 납치를
결혼·비옥함·재생·죽음의 동의어로 만든다.[23] 항아리에 물을 길러
온, 그리스 세계에서 전형적으로 여성적인 모습을 띤 한 사내에게 잡힌
젊은 처녀가 나오는 샘에서의 폭력 장면들은 물을 이용하는 여자들에
게 내려진 계엄 태세일 것이다.[24] 베르기나 무덤 벽에 그려진, 하데스
가 페르세포네를 납치하는 장면처럼 죽음의 상황에서의 납치는 신격
화·구원·환생의 메타포로 해석된다. A. 코헨이 강력하게 주장하듯이,
이런 이미지는 단 한 번도 진정으로 강간의 상황에서 논의되지 않아
그 결과 강간과 여성이 겪는 그 경험은 사라지는 듯하다. 그런데 이 은
유적 의미 너머에서 이미지는 산 자들의 세계에서 벌어지는 강간에 대
한 걱정을 뜻하기도 한다. 이 이미지는 강간이 여성에게, 희생자에게 일
으키는 감정적 충격을 보여 준다. 페르세포네는 자기 동료와 침착하게
헤어지지 못하고, 그녀의 두 눈에는 앞으로의 운명이 그녀에게 가져다
줄 두려움이 서린다.

　이처럼 아탈란타 같은 여인의 예외적인 폭력에 남자들의 일반적인 폭
력이 상응하는데, 이들 남자들은 온갖 수단을 동원하여 아내들을 차지
하고, 이름 붙여진 적도, 나타난 적도 없는 폭력, 사람들이 그저 잊고자
하는 그런 폭력을 행사한다. 그러나 이 폭력은 종종 폭력의 또 다른 형

태, 살인적이기도 한 감춰진 폭력, 그녀들 자신에 대한 여자들 폭력의 원인이기도 하다. 이때 젊은 여인들은 강간당한 후, 혹은 강간당하지 않으려고 자살한다. 《일리아스》 이래 전쟁 중 강간 희생자와 노예가 되는 것이 여자들의 공통된 운명이다. 그리고 자살은 거기에서 벗어나는 유일한 방법이다. 그러나 그보다 덜 극적인 상황——평화시의 도시——에서 자살은 강간당한 젊은 처녀를 억누르는 개인적인 불명예, 모욕 자체에서 생기는 수치심, 우리가 이미 본 것처럼 일종의 동의라는 형식의 보다 은밀한 의혹에서 생기기도 하는 수치심에서 벗어날 수 있는 방법이다. 이러한 것들은 오늘날까지도 화제가 되는 주제들이다.[25]

　여자들이 같은 여자들에게 행사하는 폭력은 다른 이유 때문일 수도 있는데, 그것은 여자들이 이따금씩 자기 차례가 되어 행사할 수 있는 폭력을 설명해 주기도 한다. 도식적이고 신속하게 말하자면, 이 폭력은 그녀들에게 남겨진 유일한 위상, 즉 아내와 어머니의 위상이 중요해질 때 발전된다. N. 로로는 비극들 속에서 죽음에, 그들 자신의 죽음에 그런 식으로 이르는 여자들의 모든 면모를 연구해 왔다.[26] 그녀들은 오이디푸스와의 근친상간을 깨달았을 때의 이오카스테처럼, 자기 딸 헬렌의 비행으로 인한 레다처럼, 테제의 아내이면서 이폴리트를 사랑한 페드르처럼, 죽을 때까지 갇혀 있어야 하는 상태에서 벗어나기 위한 안티고네처럼 밧줄로 자살을 하고, 남편 헤라클레스의 죽음 앞에서의 데이아네이라와 또 다른 비극에서 아들의 죽음 앞에 있던 이오카스테처럼, 아들 하이몬의 자살 소식을 들은 크레온의 아내 에우리디케처럼 칼로 자살을 하며, 남편 카파네의 장례식 장작에 뛰어드는 에바드네처럼 불에 뛰어들어 자살을 하기도 한다. 이러한 죽음의 형태들은 여성에게 영웅적인 위상을 부여할 수도 있고 그렇지 않을 수도 있다. 칼을 쓰는 죽음, 용감한 죽음은 매우 높이 평가된다. 여기에서 내 관심은 이런 폭력 이야기들의 한 가지 양상 쪽으로만 향한다. 예를 들면 남편의 죽음 앞에서(데이아네이라, 에바드네), 쫓겨나기 전날 밤(페드르), 아내가 될 시간이 없는 절망감(안티고네) 앞에서 아내라는 위상이 위협받을 때, 혹은 어머니라는 위상이 아들의 죽음으로 위협받을 때(에우리디케와 이오카스테의 경우) 여자들은 자살을 한다. 어머니이자 아내인 이오카스테의 경우 이 두 위상이 결합된다. 그런데 이들은 같은 이유로 같은 상황에서 그들의 결혼이 위협받을 때, 그들의 합법적인 결합이 남편 때문에 문제가 될 때, 그녀들이 추방을 두려워할 때에도 살인을 저지를 수 있다. 그리하여 클리템네스트라는 아가멤논을, 데이라네이라는 헤라클레스를, 메데이아는 크레온과 아이들을 죽인다. 여성 폭력의 이 두 흐름은 적자를 잉태할 수 있는 아내의 위상이 드러내는 축 양쪽으로 완전하게 균형을 이룬다. 거기에는 개별적이고 사생활의 유일한 영역과 관련 있는 태도가 달려 있다고 생각할 수도 있을 것이다. 그러나 아주 잠깐 동안 도시 국가의 방어를 맡아 폭력을 행사하던 여성 집단과 관련된 이야기들은 그 가운데에서도 지속적으로 존재한다.

키오 시의 여자들을 예로 들어 보겠다. 이 도시는 데메트리오스의 아들 필리프에게 함락되고, 그는 자기네 노예와 이 도시의 여인네들의 결합을 명한다.[27] 그러자 매우 원통해하던 여자들이 성벽으로 가 돌과 화살을 군인들에게 나르고, 그들의 사기를 돋우고, 불화살을 마구 쏘아대면서 개별적으로 싸운다. 그러자 적군이 물러났다. 여자들의 폭력은 그 용기의 표시일 뿐이고, 다른 이야기들도 그 점에 끈질기게 매달린다. 멜로스의 여인들은 치마 속에 무기를 차고 다니는데, 이는 연회 밖에서 그들의 주인을 죽일 적기에 남편들이 쓸 무기이다. 티레니아 여인들은 옷을 바꿔입으면서 스파르타 감옥에 있는 남편들의 자리를 대신하고 "남편들이 길을 떠나면, 그곳에 남아 체념 속에서 매우 끔찍한 극한의 상황을 준비한다." 이는 여자들에게 가해지는 일상적 폭력을 암시한다.[28] 마지막 예는 아르고스의 여인들로, 스파르타와의 싸움으로 수많은 아르고 남자들이 목숨을 잃고 그들의 도시가 참혹하게 파괴된 후, 이 여인들은 남자 옷을 입고 마을을 지키며 전쟁의 폭력을 견딘다.[29] 남자들이 부족한 상태를 벗어나기 위해, 그녀들은 노예와의 결혼은 거부하지만 '주변 도시에서 가장 뛰어난 시민과의 결혼은 받아들인다.' 이 모든 경우, 그리고 다양한 이유들로 정치 공동체의 존속이 이루어진다. 여자들은 남성성(andreia)과 사내다운 용기, 게다가 폭력을 입증하지만, 이것은 도시 국가가 수락한 폭력이다. 그렇지만 이러한 폭력을 쓴 여자들은 남자로 인정받는다. 아르고스법은 막 결혼한 여인에게 명하기를 남편과 잠자리에 들 때에는 턱수염을 붙이라고 한다. 우리는 우리 여정의 한계 지점에 이른다. 여성들의 폭력은 남성적 폭력인 것이다.

폭력적인 여자들에 관한 이 몇 가지 이야기는 그리스 시대의 폭력 구축이 명백한 사실임을 입증한다. 외부에서 본 바샹트 여인들이 다나이스 여인들처럼 천성적으로 폭력적인 여자들처럼 보인다 해도, 그리스 시대의 이야기는 이와 반대로 여자들의 폭력과 문화적으로 규정된 그들의 위상 사이의 긴밀한 관계를 강조한다. 사람들은 여자들이 이유 없이는 결코 폭력적이지 않다는 사실을 말하고 싶어할 것이다. 비록 이 폭력이 남자들(andres)의 질서를 파괴시킬 정도로 혼란을 가져온다 하더라도 말이다. 멀리 떨어져 있는 관찰자인 우리에게 여자들의 폭력이 남자들의 폭력 위에서 분절하고 있다는 사실, 남자들의 폭력에 반응한다는 사실, 그리고 어떤 식으로든 남자들의 폭력을 문제로 삼는다는 사실은 분명하다. 그러나 아마도 그 지점에 가장 놀라운 불균형이 존재하는지도 모른다. 여자들을 상대로 하는 남성적 폭력은 고대 그리스 문화에서 최소화되고, 더 나아가 지워졌다. 마치 그것이 자연스럽고, 더 정확하게 말해서 그것이 시민성을 규정하는 요소인 것처럼. 그리스 시민은 사냥을 하고, 전쟁을 하고, 강간을 저지른다는 사실을 A. 코헨은 약간 호전적으로 상기시킨다. 나는 그리스인들의 담화에서 남성적 폭력이 동물들과 적군, 여자들을 상대로 이루어졌음을 말하면서 이러한 지적을 해석하고 싶다. 전쟁에서나 사냥에서나 여자들에 대한 폭력에는 지켜야 할 규칙이 있을 뿐이다. 폭력 그 자체가 위험시되지 않았다는 사실은 성폭력(강간)과 유혹(예를 들면 간통의 형식)에 대한 상이한 조치에서 명확하게 드러난다. 강간을 저지른 남자는 벌금을 물어야 하고, 이미 앞에서 보았듯이 (아테네에서) 자유 시민의 아내를 유혹하는 남자는 현행범으로 현장에서 살해되거나 다른 명예형에 처해지고, (키메에서는) 시민으로서의 자격을 상실하게 된다.[30] 그러므로 때로는 강간보다 유혹이 더 중요하다. 어쨌든 강간은 절대로 유혹보다 더 심한 벌에 처해지지 않는다. 아테네 법률보다 더 자유로운 고르틴 법전은 자유 신분의 여인과 간통을 저지른 현행범에게 1백 스타테르의 벌금을 내리는데, 이는 강간과 똑같은 액수이다. 간단히 말해 도시 국가에서는 시민 집단을 쇄신시키기 위해 가족 전원(oikos)의 순수성을 보호하고 적법한 자손을 지키는 것이 중요하다. 드문 법률이 강간에 벌금을 정하지만, 여러 문헌들은 그것을 망각하거나 그것을 '납치와 추적'으로 명명하며, 이미지 역시 마찬가지이다. 최소한 도시 국가는 분명 남자들로 구성된 도시 국가의 논리인 폭력만큼 유혹도 두려워한다.

여성들의 폭력과 여자들에 대한 폭력의 문제를 동시에 제기함으로써 우리는 이 관계의 분절이 이루어지는 때와 장소에서 멈칫거리게 된다. 그리고 고대 그리스 도시 국가에서 이러한 때와 장소는 종교 의식에서의 위상과 더불어 합법적인 아이를 잉태함으로써 시민 공동체의 생존에 필요한 역할로 규정되는 여성들의 위상에 직접 연관된다. 남성들에 의해, 그리고 남성들을 위해 기록되거나 그림으로 남게 되는 그리스 이야기는 이러한 핵심 속에서 여성의 폭력을 구축하고 그것을 여성의 천성에서 생기는 폭력으로보다는 여성들이 살아가는 문화적 조건에 의존하는 폭력으로 보여 준다. 이때의 문화는 결혼이 강제적인 문화, 아내-어머니라는 위상의 상실이 그리스 여성에게 인정되는 유일한 정체성 상실을 의미하는 문화인 것이다. 그것이 아무리 끔찍하더라도 여성의 폭력은 우연히 이루어지지 않는다. 여자들에게 가해진 폭력이 그러한가?

그리스적 상상계에서 그것은 내가 말한 적이 없는 중요한 요점으로, 사람들이 여성들에게 가한 폭력을 말하고 재현할 때 이용하는 야만인들, 센토처럼 반인반수의 존재들은 문명화되지 못한 존재들, 납치하고 강간하고 이유 없이 살인하는 이들이다. 게다가 전쟁이나 사냥에서 그들의 행동은 폭력 제어 불능 그 자체에 속한다. 그들의 폭력은 저절로 이루어진 것이고, 그렇기 때문에 비난의 대상이 된다. 그러나 그리스인들은 어떠한가? 신·영웅·일반 시민들은? 여자들에 대한 그들의 폭력은 자연적 상태에서 문화적 상태로 반드시 이동시켜야 하는 의무 속에서 결혼을 제도화하고 왕조를 형성하며, 신들에게 명예로운 부분을 나누어 줘야 한다는 필요성 속에서 그 정당성을 찾는다. 폭력 행위 자체는 침묵 속에서 희미해지고, 간과되고, 권리가 그것을 인정하고 제재하지만(강간의 경우), 후손의 합법성을 위기로 몰고 가는 합의된 성관계 그 이상도 그 이하도 아니다. 도시 국가에서 만들어진 진정한 폭력은 그 아내들을 납치하고 유혹하는 행위이다……. 결국 다음과 같은 사실을 상기해야 하는데, 여성 폭력에 대한 그리스 시대 이야기와 그림은 여성들에게 가해진 폭력에 관한 이야기와 그림들에 비해 그 수가 극히 적다. 한 마디로 폭력에 대한 이러한 불균형한 구축은 남성 상상계의 작용을 이해하는 데 유용한데, 그것에 관해 내가 주장하고픈 바는 이 남성 상상계가 폭력의 독특한 형태를 감춘다 해도 그것이 여성 폭력에 문화적 의미를 부여한다는 점, 그들이 여성이 본성적으로 폭력적이라는 영원한 주장보다 더 적절한 고안 작업 속에 있다는 사실이다.

　마지막으로 나는 과격한 여자들의 파노라마 속에서 어쩌면 기대될지도 모르는 아마존 여인들을 환기시키고자 한다. 이 여인들은 과격하지만 전형적으로 남성적인 전투적 폭력성을 지닌다. 그녀들이 굴복시킨 남자들은 전투에서 패한 이들이었다. 그녀들의 성적 위상이 매우 흥미로워 다시 상기해 보기로 한다. 사실 그녀들에게는 제 육체를 마음대로 할 수 있는 자유가 있고, 처녀 상태로 있거나 혹은 딸을 얻기 위해 남성 파트너를 고르기도 한다. 군사적 차원에서 후퇴인 결혼은 그녀들의 소멸을 나타낼 것이다. 아마존 여인들이 그리스 시민들의 상상에 있어서 악몽처럼 나타난다면, 이는 마땅히 그녀들이 남자들과의 관계에 자발적이기 때문이다. 이 자발성은 감내된 폭력의 영역에 있기도 하여, 아마존 여인들은 강간을 당하는 것이 아니라 이따금씩 유혹을 받아 온순해진다.[31] 말하자면 이것은 도시 국가에 맞서는 아름다운 이방인들의 기이함을 보여 주는 방식이다.

1) 호메로스, 《데메테르 송가 *Hymne à Déméter*》.

2) M. 안드로니코스, 〈베르기나 II, 'taphos tes Persephones,' 아테네〉: 《*Archaiologische Hetaireia*》, 1994.

3) F. I. 자이틀린, 〈그리스 신화에서 강간의 모습〉, 《강간 *Rape*》에서, S. Tomaselli 와 R. Porter ed., Oxford, 1986, pp.122-151. A. 스튜어트, 〈강간?〉, 《판도라 *Pandora*》 에서, E. D. 리더출판사, 볼티모어, 1995, pp.74-90.

4) A. 코헨, 〈그리스 예술에 나타난 유괴 묘사: 강간 혹은 메타포〉, 《고대 예술에서의 섹슈얼리티 *Sexuality in Ancient Art*》, N. B. Kampen출판사, 케임브리지, 1996, pp.117-135.

5) M. 데티엔, 〈여성이 지닌 폭력성〉, Annuaire de l'EPHE V^e section, Paris, 1977, pp.279-280.

6) M. 데티엔, 〈Violentes Eugénies〉, 《그리스에서 희생의 술책 *La Cuisine du sacrifice en pays grec*》에서, M. 데티엔과 J. -P. 베르낭출판사, Paris, 1979, pp.183-214.

7) 엘리엥, fr. 44 에르셰.

8) Pausanias IV, 17, 1.

9) J. -P. 베르낭, 〈에우리피데스의 바샹트 여인들에 감춰져 있는 디오니소스〉, 《신화와 비극, 이 두 가지 *Mythe et Tragédie Deux*》, Paris, 1986, pp.237-270.

10) M. 데티엔, 〈다나이스 여인들. 결혼의 근본적 폭력〉, 《오르페우스의 표기 *L'Ecriture d'Orphée*》에서, Paris, 1989, pp.41-57. N. 로로는 다나이스 여인들이 그들 주인에게 다익토르(daiktor)라는 이름을 붙인다는 점을 지적한다. 이는 흔히 번역하는 것처럼 '유혹하는 자'가 아니라 '찢는 자'라는 뜻이다. 《여자를 죽이는 비극적 방법들 *Façons tragiques de tuer une femme*》에서, Paris, 1985, p.36.

11) M. 데티엔, 〈향수를 뿌린 표범〉, 《죽음에 처한 디오니소스 *Dionysos mis à mort*》 에서, Paris, 1977, pp.49-132.

12) 여기에 요약되어 제시된 내용으로 아탈란타에 관한 여러 신화들의 복합적인 상황이 설명되지는 않는다. 위에 인용된 M. 데티엔의 논문을 보라.

13) P. 슈미트 팡텔, 〈아테나 아파투리아와 허리띠: 아테네 아파투리아인들의 여성적 양상들〉, 《아날 ESC *Annales ESC*》, 1977, pp.1059-1073.

14) A. 코헨, art. cit. note 4와 A. 파라디조, 〈Violenza sessuale, hybris e consenso nelle fonti greche〉, 《*Vicende e Figure femminili in Grecia e Roma*》에서, a cura di R. Raffaelli, Ancône, 1995, pp.93-109.

15) S. G. Cole, 〈그리스에서 성폭력에 대한 형벌〉, 《고전문헌학 *Classical Philology*》, 79, 1984, pp.97-113, D. 코헨, 법, 《섹슈얼리티와 사회 *Law, Sexuality and Society*》, 케임브리지, 1991; D. 코헨, 《고대 아테네의 법, 폭력과 공동체 *Law, Violence and Community in Classical Athens*》, 케임브리지, 1995.

16) 플루타르코스, 《솔론의 생애 *Vie de Solon*》, 23: "자유 신분의 여자를 납치하고 강간한 자에게(줄여 말해 폭력을 행사한 경우, *biazestai*) 솔론은 1백 드라크마의 벌금만 내렸다." A. R. W. 해리슨(Harrison), 《아테네의 법, 가정과 사유 재산 *The Law of Athens, The Family and Property*》, 옥스퍼드, 1968.

17) 아페타이로스(apétairos)란 고르틴의 정치 단체인 기본 정치 집단에 소속되지 않은 남자다.

18) 고르틴 법전, 제2열, 2행에서 16행까지. H. 반 에펜테르와 F. 뤼제 번역, 《노미마 II *Nomima II*》에서, Paris, 1995. 금 1스타테르는 (아테네의) 4드라크마에 해당된다.

19) 그리스 사회가 양성으로 이루어진 사회이기 때문에, 양성 모두가 성적 폭행을 당할 수 있다는 것과 입법자가 이 두 영역에 관한 법을 제정하는 것이 일반적이라는 사실을 생각해 보자. E. 칸타렐라의 《자연과 관습, 법에 따라 고대 사회의 양성성 *Selon la nature, l'usage et la loi (la bisexualité dans le monde antique)*》을 보라. Paris, 1991.

20) 에쉰느, I, 《티마르크에 반대하여 *Contre Timarque*》, 15.

21) A. 파라디조, art. cit. note 14, pp.97-98. *biasthai*와 *biazesthai*라는 동사는 신체적 폭력을, *ubrizein, aischunein, atimazein*라는 동사들은 희생자가 당하는 수치심을 지칭한다.

22) C. 수르비누-인우드, 〈일련의 에로틱 탐닉 행위들: 이미지와 의미〉, 《*Journal of Hellenic Studies*》, 107, 1987, pp.131-153.

23) A. 코헨이 art. cit. note 4에서 아주 명확하게 제시한 바와 같이 말이다. 다음에 이어지는 분석은 그의 논문에서 빌려 온 것이다.

24) C. 베르나르, 〈도상학, 도상해석학, 도상해석학의〉, 《문학 연구 *Études de Lettres*》, 4, 1983, pp.5-37. 다음과 같이 쓰고 있는 저자의 견해에 동의하기는 힘들다.

"이미지는 그리스인들의 행위를 암묵적으로 비난하는데, 적어도 그들이 설화적 전통에 나타나는 이러한 사실을 폭력, 폭력행위자들, 아실르, 아작스, 네오프톨레모스와 다른 도살업자들이 벌을 받아 자기들의 죄를 속죄할 것을 알고 있기 때문이다." (p.22) 이런 장면을 '계엄 태세'로 해석하는 것을 I. 만프리니는 〈샘의 여인들: 현실과 상상〉, 《작동하는 이미지 *L'Image en jeu*》, 로잔, 1992, pp.127-148에서 비난한다.

25) 그 원인이 분명치 않은, 젊은 처녀들의 자살에 관한 이야기들 가운데 밀레의 처녀 이야기가 있다. 플루타르코스 《여자들의 미덕 *Vertus de femmes*》, 249 c-d.

26) N. 로로, 《여자를 죽이는 비극의 방법들 *Façons trgiques de tuer une femme*》, *op. cit.*

27) 플루타르코스, 《여자들의 미덕 *Vertus des femmes*》, 244 e sq.

28) *Ibid.*, 247c.

29) 헤로도토스 VI, 77과 83. 플루타르코스, 《여자들의 미덕》, 245 c *sq.* 포사니아 II, 20, 8-9.

30) P. 슈미트 팡텔, 〈당나귀, 간통과 도시〉, 《소란 *Le Charivari*》에서, J. 르 고프와 J. -C. 슈미트출판사, Paris, 1981, pp.117-122.

31) 헤로도토스, IV, 110-117, 스키타이의 아마존 여인들에 대하여.

도시 여인들,
선동가들과 단두대에 열광하는 이들

프랑스 혁명중의 폭력을 상기한다는 것은 당연해 보인다. 많은 사람들에게 혁명은 격렬할 뿐 아니라 폭력 그 자체다. 그것은 육체에 가해지는 폭력, 행위와 감정의 폭력, 제도적 폭력, 사회·정치적 상황을 재형성할 때 생기는 폭력, 사람들에게 심어진 두려움의 폭력이다.

혁명중 여성들이 행한 폭력, 그녀들의 사나움을 상기하는 것 역시 당연해 보인다. 어떤 이미지가 단두대 앞에 멈춰선 서민층 여성들의 폭력보다 프랑스 혁명의 피비린내나는 폭력을 더 잘 구체화하는가? 반혁명적 전통은 그 시기가 여성들, 특히 서민 여성들의 특별한 폭력을 자극하거나 강조했다는 사실을 그런 식으로 제시하면서 이 여성적 폭력을 강조하는 데 부합한다. 쟁점은 명백하다. 여성들을 폭력적이고도 사납게 만드는, 그녀들의 본성을 변질시키는(여성들의 '본성'은 부드럽기 때문에), 그녀들을 괴물로 만드는 혁명 그 자체는 정치적 괴물이다. 반혁명세력은 마찬가지로 (귀족·종교계) 여성들에게 가해진 폭력도 강조할 것이다.

혁명을 지지하는 전통은 가장 빈번하게 이 주제에 대해 침묵한다. 비록 여성들의 폭력, 서민층 여성들이 구체적으로 드러내는 야만성이 '일탈'이었고 저지를 수밖에 없는, 부인할 수 없는, 그러나 연구할 수도 없고, 오히려 그것을 모르는 편이 더 낫거나 과장의 탓으로 돌리고픈 '과오'였다 하더라도 이 질문이 자극한 거북함에 대한 의미심장한 침묵인 것이다.

혁명에 참여하고, 그들의 권리를 위해 투쟁하는 여성들의 적극적인 모습을 보여 주는 '페미니스트' 사료 편찬의 측면에 거북해하는 침묵이기도 하다. 즉 이 여성들은 자신들에게 정치권을 인정하지 않고, 심지어 그녀들에게 등을 돌리기까지 하는 혁명의 제도적 폭력을 당한다——단두대에서 처형된 올림프 드 구즈 혹은 롤랑 부인처럼. 그러나 서민 여성들과 여성들의 폭력은 중요치 않다. 그렇다면 무엇이 중요한가?

고문서[1]를 읽으면서 우리는 여성 폭력에 관해 매우 의미심장한 첫인상을 받는다. 이런 인상은 그들의 말 속에 그들의 외침과 행위, 그들의 정치적 감정 도처에 나타나는 듯하다. 이런 질문이 합법적으로 보일 정도로 이런 인상은 분명하다. 그렇다, 이 여자들——여자들 가운데 특히 투쟁하는 여자들——은 매우 폭력적이었고, 때로는 사납기까지 했다. 그렇다, 서민 여자들에게는 현실적인 실존이 당연하게 존재했던 것 같다.

이 폭력으로 무엇을 하는가? 폭력을 인정하는 것으로는 충분치 않다. 이를 남성 폭력의 기준으로 평가하는 것(여자들이 남자들만큼 폭력적이었다)은 한정된 흥미만을 끌 뿐이다. 어쩌면 이런 인상을 넘어서려는 시도가 먼저 필요한지도 모른다. 좀더 자세히 살펴보면, 이 폭력이 기만적인 모습으로 드러나기 때문이다. 특히 여성의 폭력 행위 사례들이 존재하기는 해도 사실 맨 처음 독서가 추정하는 만큼 충분치도 않다. 그렇다면 왜 폭력에 대해 이런 인상이 드는가? 그것은 어디에서 비롯되고, 그것을 구축하는 것은 무엇인가? 이 문제는 이같은 인상이 이른바 이중적이라고 말하게 되는 만큼 더욱 필수적이다. 한편으로 이러한 인상은 여성과 폭력을 서민 여자들의 모습 속에 결합시키는 '집단 기억'을 통해 전달된다. 다른 한편으로는 고문서 안에 파묻혀 있는 역사가를 고통스럽게 한다. 이렇게 제기된 문제들에 대한 대답이 두 경우모두 똑같지는 않은데, 한쪽은 자신의 자료 앞에 직면한 역사가의 태도에 대한 의문 제기에, 다른 한쪽은 기억의 구축과 그 작용에 대한 의문

제기에 달려 있기 때문이다.

고문서에 나타난 폭력의 시기와 형태들

특수성을 드러내기 위해 여성 폭력을 연구하는 작업은 어떤 점에서는 그 특수성을 분리시킬 것을 요구한다. 그리하여 이 상황을 망각한 채 모든 이들이 지닐 수 있는 폭력을 여성들에게만 부여하는 것은 위험천만한 일이다. 한편으로는 혁명에 필요한 폭력, 시대적 폭력, 정치 자료에서 여성들의 폭력과 마찬가지로 남성들의 폭력으로 쉽게 발견할 수 있는 점은 망각하면서, 또 다른 한편으로 개인적 차원의 여성 폭력, 혁명기 훨씬 이전 그녀들을 구둣발로 때리고, 그녀들에게 죽음을 약속하면서('죽음이 그녀의 배를 갈라야 했다' 죽음은 '그녀의 심장을 쇠꼬챙이로 찍어먹는다') 난폭하게 위협하여 여성들로 하여금 가까운 경찰관에게 가서 규칙적으로 항의하도록 부추긴 폭력은 망각하면서 고문서에서 혁명기의 여성 폭력을 생각하고, 추적하고, 제시하는 일에 사기성은 없는가? 이를 상기함으로써 우리는 이 기억에 의문을 제기하기에 이른다. 혁명을 위한 폭력에서 왜 여성적 폭력만이 특별했는가? 또 왜 혁명 이전 여성들의 사적·공적 폭력이 아니라 혁명기 여성들의 공적·정치적 폭력만을 기억해 왔는가?

우리가 벗어날 수 없는 또 다른 경계가 있다. 역사가는 종종 억압의 기록이며, 남자들에 의해 씌어진 고문서에서 여성 폭력의 흔적을 찾아보려고 한다. 이 억압의 고문서에는 폭력과 유혈적인 몸짓과 발언이 메아리치기 때문에 사람들은 프랑스 혁명력 3년(1795)의 공포정치 지지자들과 혁명력 2년(1793-94)의 남녀 '공포정치가들'을 비난한다. 남자들과 경찰들이 기록한 고문서에서 그들의 시선과 말, 그들의 표현(여자들·민중·폭도들에 대한), 그들의 관심을 통해 당시 폭력에 지나치거나 왜곡된 부분이 있었을 것이라는 가정의 형태하에서 우리는 여성들의 혁명적 폭력을 파악한다.

이는 고문서에서 읽을 수 있는 것처럼 여성의 혁명적 폭력의 상이한 형태들을 우리가 파악해 볼 수 있다는 뜻이다.

정치적 견해가 다른 두 여자들 사이에 오고간 구타와 욕설로 시간을 끌지는 않을 것이다. 이런 개인적인 폭력은 혁명의 틀 안에 중첩된 '여자들 사이의 싸움'[2]에 불과하다. 일화에 따르면 이런 폭력은 권력의 특별한 논평도 일으키지 않고, 보통은 남자들의 웃음거리가 될 뿐이었다. 그리고 이따금씩 말로 자기들의 견해가 같은 쪽을 지지하기는 해도 남자들이 개입하지는 않는다. 싸움의 주제가 정치적이라 해도 거의 중요하지 않았다. 이 싸움은 '여자들끼리의 싸움,' 여자들만의 싸움, 남자들이 어깨를 올렸다 내리며 "여자들의 일은 대수롭지 않아"라고 말하게 되는 싸움으로 남는다. 개인적 싸움은 질서에, 남성/여성의 질서에도, 혁명의 질서에도 아무 영향을 끼치지 않는다.

여성 폭력이 집단이란 틀에서 부각되면 이야기는 전혀 달라진다. 혁명기가 되자 공식적 무대와 고문서에 '여자들'이란 특수 집단이 나타나는데, 이 집단은 더 이상 웃음거리가 아닌 집단 폭력의 행사자로 보여진다.

그것은 우선 고함 소리가 난무하고 폭동의 나날이 이어지던 시기의 군중 속에 있던 여성 폭력 혹은 여성 군중의 폭력이다. 모든 이들이 익히 알고 있고, 또 기대하는 선동가들의 전통적인 폭력이다. 주모자들의 원천적인 폭력인 것이다. 경험상 긴장된 상황이 되면 '여자들'이 '변화를 일으킬' 수 있고, 군중 모집과 선동에 박차를 가할 수 있다는 사실을 우리는 알고 있다. "특히 여자들 중에는 지독한 이들이 있고, 나나 당신이나 (…) 여자들이 일으킨 반란의 사례가 여럿 있다는 사실을 알고 있다."(1790) "여자들이 운동을 시작할 것이다. (…) 남자들은 여자들에게 기댈 것이다."(1793) "우리는 이 코뮌에 혼란을 일으켰던 격동의 시기에만 몸을 숨길 수 있다. 여자들이 선동자 역할을 수행했기 때문이다."(1795) 행동으로(시위, 폭동을 알리는 경종 울리기, 권력 비난하기, 행인 이끌기 등), 그리고 이보다 더 자주 말로써 효과적으로 반란을 일으키는 여성들 집단의 사례들이 늘어날 수 있었듯이, 권력에 의한 이런 유형의 사실도 늘어날 수 있었을 것이다. 선동을 일으키는 여성 폭력의 이러한 사회·정치적 역할은 위대한 '혁명의 날'이 되자 다소 강압적으로 생겨나지만 1789년 10월 5일, 6일과 1795년 봄에 특히 분명했다. 즉 혁명력 3년 목월 1일에서 4일(1795년 5월 20-23)까지의 봉기 이전과 그 사이에 말이다. 이때의 역할은 억압에 대한 두려움이 덜하기 때문에 전략적으로 군중의 제1열에 배치된 여성들과 관계 있을 뿐 아니라 '선동가' 역할을 하는 특별한 집단으로 받아들여진 여성들 집단과도 관계 있다.

그녀들의 폭력, 특히 언어 폭력을 국가 기관은 도발적이라고 묘사한다. 여자들은 (남자들과 반란자, 폭력, 흥분을) 선동하고 자극한다. 그녀들은 (불을 일으키는) '선동가들'이다. 이 용어에 대해 우리는 이렇게 자문하지 않을 수 없다. 반란에 가담한 여성 폭력을 묘사하기 위해 사용된 이런 말들이 성적 영역에 속하기도 한다면 이는 진정 우연인가? 그이면에 감춰진 사회 현실의 다른 형태가 슬쩍 나타나는 것은 아닌가? …….

여자들은 도전한다. 여자들은 모욕을 준다. 그녀들은 혁명을 일으키지 못하는 비겁자라며 남자들에게 모욕을 준다. 그녀들은 폭력적인 빈정거림과 비웃음으로 국가 기관을 모욕한다. 끝내 존중하지 않고 모든 사람들이 보는 앞에서 국가 기관을 조롱하면서 말이다. 대로에서 치마를 들어올린 후 남편의 '소집 영장으로 제 밑을 닦거나' 지휘관이 보는 앞에서 조소하듯이 찢어 버리며, 허구한 날 경찰을 '도피소까지' 쫓아다니면서 말이다. 이러한 많은 행동들이 목월의 봉기 이전, 국가 기관을 전복시키는 데 기여한다. 목월 1일 아침, 파리 전역에 봉기가 일어나자 포위당한 혁명의회에는 여성들의 '빈정거리는 웃음'과 '반란의 외침'이 뒤섞인다. 이때 의장은 그녀들에게 '의회를 인정하지 않는다면' 죽여 버릴 것이라고 선포하고, 봉기를 일으킨 이들에 대한 조치가 투표에 붙여진다. '악녀들'의 이 웃음은 회기[3]의 조서에 구멍을 내고, 위대함과 위엄, 확신을 쓸어 버려 위원들의 두려움을 드러낸다.

구역 경찰관에서 혁명의회 의원에 이르기까지, 봉기 실패 이후 그녀들이 퍼부은 '모욕' '욕설' '거만함' 때문에 그녀들의 처벌을 요구한 이들은 많다. 그리고 그 역효과 속에서, 보복의 말과 그 욕구 때문에 자신들의 권위가 무용한 것이 되었음을 확인하게 되지나 않을까 하는 두려움과 굴욕이 쉽게 추측된다. 그것은 그들의 권위가 여성들에게 공격 당했다는 사실로 배가된 모욕이었다. 거기에서 그들은 권력이 여성 폭력을 수락하고 용납하게 되는 한계에 이른다. 그리고 이때 여성들이 받는 (지극히 상대적인) 전통적 관대함은 사라진다.

목월 1일(혁명 9일째), 반란을 일으킨 남자들보다 먼저 혁명의회를 침입한 웃음과 외침을 가라앉히기 위해, 대표위원들은 채찍을 써 연단의 여자들을 직위에서 몰아낸다. 이 에피소드는 당시에는 충격적이지는 않았던 것 같다. 목격자들은 이 사건을 그 당일에도, 그후에도 결코 상기하지 않았다. 여자들을 매질하는 것이 동요할 만한 폭력 행위로 받아들여지지 않고, 남녀 모든 이들이 수긍할 만한 이치였기 때문인가? 반면에 여자들이 피를 흘리는 것이 수락할 수 없는 일에, 국가 기관의 야만성과 이에 대한 반항을 입증하는 일에 속하기 때문일까? 봉기에 가담한 여인이 병사의 칼에 맞아 손에 피를 흘리면, 즉시 이 소문은 사건을 왜곡시켜(병사들이 여자들을 '칼로 베고,' 그 여자들의 팔을 베고, 한 혁명위원이 여자의 손목을 베었다……) 혁명의회의 (남녀) 군인들은 여자들이 죽어간다고 믿으면서 남자들을 부추겨 무기를 들도록 한다. 소문이 어느 단계를 넘어서면, 여자들에게 가해진 신체적 폭력은 권력에 불리해지게 된다.

정치 참여 금지

여자들의 폭력에 대한 반응은 채찍질이나 칼을 휘두르는 것에 국한되지 않는다. 1795년 여자 선동가들의 전통적인 폭력 앞에서 관대함이 사라지게 된 원인은 단지 두려움과 모욕 때문만은 아니다. 혁명이 전통이 아니기 때문이다. 여기에서 당시의 전반적인 상황으로 되돌아갈 필요가 있다. 이는 새로운 정치 공간, 즉 여자들이 초대되지 않은, 하지만 그럼에도 불구하고 혁명 초기부터 그녀들이 공들인 민주적이고도 공식적인 공간이 창출되던 상황을 말한다. 그것은 여자들이 남자들과 동등한 위치를 차지하지 못했던 공간으로, 이는 여성 시민이라는 이름을 얻었음에도 불구하고, 스스로가 여성 시민으로 느끼고 행동하면서도 그녀들이 시민의 정치적 권리(투표권과 국민병 가입 권리)를 얻지 못했기 때문이다. 이런 권리는 분명 기존 질서를 전복시킨다. 그리고 불평등한 권리 분배는 도시에서 남성과 여성의 새로운 관계를 발전시킨다. 여성의 폭력이 봉기에서 제 몫의 위치와 용도를 지닌다 해도, 시민으로서 군대에 편성된 남자들의 폭력과의 차이 때문에 여자들의 폭력이 무장되지 않았다는 사실을 상기해야 한다. 이러한 동종이형은 혁명력 3년 목월에 명백하다.[4] 여성들이 대부분 봉기 초기(목월 1일은 종종 '여성들의 날'로 명명된다)와 말기(죄수를 풀어 주거나 저항 운동을 격찬하기 위한) 고문서를 차지한 반면, 입법의회에서 심의하고 혁명의회를 향해 대포를 조준하는 최고 민중이 주역이 되자 여성들은 고문서에서 완전히 사라진다.

그러나 여성을 전통만 제거하는 이로 잘못 알거나 이해해서는 안 될 것이다. 봉기에 참여한 여자들의 폭력이 정치 발언의 도구로 이용되었기 때문이다. 목월의 슬로건은 '빵과 1793년의 헌법'으로, 한 경찰이 "빵은 물리적으로 드러난 봉기의 기본이지만 헌법은 그 정신이다"라고 쓰고 있다. 그리고 군중 속에 나타난 여성 투사들은 매우 분명한 정치적 요구를 드러낸다.

그런데 봉기 실패 뒤에 일어난 억압에 가장 깊은 상처를 입은 쪽은 여자들이다. 여자들과 민중의 대대적인 혁명 참여의 마지막이 이 실패로 장식된다. 그러나 이들은 목월에 일어난 여자들의 집단 폭력이라는 명목으로만 상처입는다. 그리고 이 폭력으로 인해 '여성을 나약하게 여기는 시각들'(목월 4일의 법령)이 한쪽으로 밀려나게 되는데, 이는 여자들이 봉기에 가담을 했건 그렇지 않건 혁명력 2년 정치 활동을 한 여자들을 따르기 위함이다. 반면 국가 기관은 결국에는 그녀들에 대한 관대함을 증명하는데, 그녀들의 폭력으로 인해 굶주림으로 인한 '일탈'이 해결되었기 때문이다.[5] 여자들에게만 해당되는 탄압적인 네 가지 법령을 목월 혁명의회 의원들이 투표에 붙인다. 여기에 붙여진 이유들은 봉기 중 그녀들의 역할과 관련된 것이지만 그 목적은 당연히 혁명에 가담한 여성에 관한 정책, 시민권 부여에서 제외된 여자 시민들이 발전시킨 정책에 있었다. 입법의회의 연단에 들어서지 못하게 하고, 일체의 정치 회합('할 일이 아무것도 없이 문제만 일으킬 뿐인 여자들')에 참석치 못하게 하며, 다섯 명 이상 거리에 모이지 못하게 하는 조항이 그것이다. 여자들을 상대로 한 이같은 탄압은 이러한 것들을 늘 분리시킬 수는 없지만, 봉기 가담 여성이 행사하는 폭력에 대한 반발, 혁명력 2년과 파리의 (남녀) 서민 계급과 완전히 결별하려는 의지, 그리고 여자들의 정치 개입에 대한 거부감을 결집시킨다.

이것이 혁명 정치계에서 권력이 여성 시민들을 배제시키기 위해 여성 폭력을 이용하는 첫번째 경우는 아니다. 1793년 9월, 정치 공간이 여자들에게 허용되기에 이로운 상황이었을 때, 여성 서민 계급은 남자들이 강제로 다는 (당원) 모표를 여자들도 똑같이 달아야 한다는 운동을 벌인다. 이는 그녀들의 정치적 실존을 인정하는 것이다. 서민 사회에서 탄원이 이는 동안, '자코뱅당 여인들'과 남자들의 전유물인 시민권의 상징 표시를 거부하는 '하층민 여인들'[6]간의 충돌이 파리 거리에서 늘어난다. 여자들 사이의 폭력은 점점 확대되어 입법의회는 이 표시를 강제로 달 것을 정한다. 그러나 집단적인 이 폭력이 결코 남자들과 상관 없는 '여자들끼리의 단순한 싸움'인 것 같지는 않다. 이 갈등이 다양한 개인적 견해로 일어난 것이 아니라 남성/여성의 정치 관계 형성, 그리하여 도시 질서 자체의 구축과 관련되어 있기 때문이다. 이 모표에 대한 법령은 문자 그대로 몇몇 남성들을 불안으로 몰고 간다. 즉 여성들이 이제 자신들의 자리와 무기, 권리와 더불어 자유와 삶을 차지하려고 하는 것이다.[7] 이 사실에 속아 넘어가지 말아야 한다. 이런 타당성 없는 두려움이 일어나는 이유는 여성의 폭력 때문이 아니라 정치 권력의 평등을 가정함으로 일어난 생각, (혁명·사회·남자들의) 혼란과 파괴의 원천으로 여겨진 생각 때문이다. 그리고 이 제도적 폭력으로 사람들은 이런 두려움을 종결지으려고, 전통 질서로 되돌아가려고 한다. 여자들간의 폭력에 기대면서 말이다. 1793년 10월, 여성들에게 훨씬 더 불리한 상황에서 혁명 공화당파 여자들과 라알 지역 부인들간의 아주 격렬한 싸움이 터지자, 혁명위원들은 즉각 모든 여자들에게 클럽을 금하고 혁명 도시에 있는 여성들의 사회·정치적 이치에 대한 보다 일반적인 문제를 제기하기 위해 이 사건을 검토했다. 무장한 여자들에 대한 강박관념——이것은 혁명 초기부터 끝까지 이어진다——이 그 이유로 제기된다. 시민성의 속성이면서 남성성의 속성인 이 폭력은 전적으로 남자들 쪽에 남아 있어야 하기 때문이다. 여자들의 폭력이 공공 질서를 어지럽힌다는 핑계를 내세우면서, 여자들에게 가해진 제도적 폭력을 이용해 그들이 보존하려는 것은 바로 이 정치 권력이다.

서민 여성들의 쉰 목소리

'끔찍한 울부짖음' '격렬한 외침' '맹렬한 아우성' '찢어지는 고함' '날카로운 소리' '울부짖음' 등 여자들의 '아주 부드러운 목소리,' 그녀들의 '다정한 재잘거림'[8]은 고문서에서 가볍고 경쾌한 모습으로 남아 있지 않았다. 오히려 거기에서는 무시무시한 소리들, 게다가 여자들이 아니라 분노한 여자들, 사나운 여자들, 악녀들이 내는 소리들이 지배적이다. 1795년 이상하리만치 단조롭게 기록된 이 묘사에 여자들을 향한 폭력, 즉 언어 폭력은 없는가? 이상하리만치 효과적인 묘사에 말이다. 훨씬 전 여성 폭력으로 연상되는 인상의 상당 부분의 원천이 어휘의 반복적인 폭력이기 때문이다. 단두대에 열광하는 여자들이 아우성친다는 사실을 여러 번 읽은 역사가는 깨닫지도 못한 채, 또 거기에 어떠한 방법적인 저항도 대립시키지 않은 채 아무렇지도 않게 여성을 폭력에 결부시키는 결론에 도달한다.

그것은 무엇보다도 말과 목소리로 이루어진, 많은 기록에서 보이는 폭력이다. 물론 나는 여성 투사들이 맡았기 때문에 비난받은 유혈적 발언들은 한쪽으로 밀쳐 놓을 것이다. 그렇지만 초기, 그녀들의 지나침과 이국적인 야만성은 여자들의 폭력을 연구하는 이들의 관심을 끈다. "그녀는 반역자들의 피를 원했다." "그녀는 무릎까지 오는 피에 몸을 적시려고 했다." "그녀가 하는 얘기는 오로지 머리를 베고 자르는 내용뿐이었다." "그녀는 서민들에게 반대하던 이들의 심장을 먹고 싶어했다……." 이런 말이 얼마만큼 진실한가를 가늠하기는 불가능하다. 이런 말 모두가 혁명력 봉기 실패에 뒤이은 여러 가지 고발 속에서 진술되었기 때문이다. 게다가 이런 말들에는 특히 여자 시민들이 잘 구분되지 않는다. 그러므로 그들을 '흡혈귀'[9]로 만들겠다는 전략에 따라 지난 시대의 남녀 '테러리스트들'에게 이같은 속성을 부여하는 것은 흔한 일이다. 마지막으로 이 극단적인 말이 혁명과 무관한 개인적 갈등에서도 나타난다는 사실을 덧붙이자.

반대로 여자들의 목소리가 혁명기 갈등에서 매우 특수한 기능을 담당했다는 점을 강조하는 일이 내게는 중요해 보인다. 봉기(이전)의 여성 폭력은 신체적이기보다는 오히려 언어적이고 목소리에 의한다. 여자 시민들은 원칙적으로 그 목소리 때문에 선동가라는 역할을 수행하고 남자들을 혁명에 소집하며, 굴복하지 말라 하고, 그들을 자극하고 경멸한다. 여성 폭력의 특수한 형태로 여겨지는 이 목소리는 혁명기의 도시를 침범한 듯 보인다. 혁명력 이후 혁명에 가담한 민중이 결정적으로 무능력하다는 사실, 질서가 지배한다는 사실을 지적하기 위해 경찰은 이 수도의 거리를 어슬렁거리는 침묵의 속성을 강조한다. '여자들의 침묵' '여자들이 입을 다문다' '더 이상 그녀들의 말소리가 들리지 않는다' '그녀들은 벙어리가 되었다…'

여자들의 목소리는 적대자들의 귀에 불쾌하게 울려 퍼졌다. 이들에게 그녀들의 목소리는 '외침'과 '아우성'일 뿐이기 때문이다. 나는 18세기 엘리트들이 새로운 청각적 감성을 키운다는 가설[10]을 제시하고자 한다. 부정적으로 인식되는 소음·소란·언어 폭력은 민중과, 적어도 혁명기 동안 특히 민중 여자들과 결합한다. 고문서의 전반적인 기록들은 우리에게 거의 인간이 내는 것으로는 볼 수 없는 격렬한 떠들썩함만을 들려 주는데, 이 떠들썩함은 그것이 제시되는 방식 때문에 그 내용보다는 그 끈질김 때문에 훨씬 성가신 것처럼 보인다. 또 그 내용 자체도 거의 환기되지 않는다. 이 불명확한 소음 뒤에 사실 이미 만들어지고 합리화된 요구, 혁명으로 표명된 권리에 근거를 두는 요구, 즉 정치적 발언, 로고스가 있다는 점을 이해하기 위해서는 이 소란에 참여했다는 이유로 구속된 여자들에 대한 개별 심문 쪽으로 방향을 돌려야겠다. 그러나 이 발언과 지성을 야만적인 외침으로 남기는 기록 때문에 이것들은 부정된다. 민중 여자들에게는 담화가 없고, 그녀들은 그저 소음만 낼 뿐이다. 권력과 국가 기관은 정치적 발언을 불명확한 소음으로 축소하면서, 그리고 그렇게 함으로써 민중 여자들에게 말할 수 있는 위상, 정치적일 수 있는 위상을 거부하는 가운데 정치적이고 실제적인

폭력을 제시한다.[11]

  언어 폭력을 청각을 불쾌하게 만드는 원천으로만 간주하는 것, 그것은 여자들의 목소리를 견딜 수 없는 다른(중요한?) 이유, 즉 여자 시민들——격분한 여자들이나 사나운 여자들이 아닌——이 정치 공간에서 발언을 할 수 있다는 사실을 은폐하는 것이다. 그리고 그들의 목소리가 매우 정치적 공간인 입법의회에서 울려 퍼질 때만큼 그 묘사의 가혹함이 심하지는 않더라도 분명 이는 우연일 수 없다. 분개한 사람들의 증언이 군중의 불명확한 외침으로, 입법자들의 담화를 막는 '단두대에 열광한 이들의 아우성'으로 드러난다는 사실에서 다른 해석이 가능한데, 이것이 봉기에 참여한 이들의 드문 증언이 제시하는 바이다. 연단의 여자 시민들이 뽑은 대표 군중은 불성실한 위탁자들에게 말을 바꾼다.

  이런 점에서 더 나중에 여성 폭력과 가혹함을 상징하게 되는 이들인 서민 여자들이 혁명 중에 단두대 앞으로가 아니라 입법의회의 연단으로 가는 여자들을 지칭한다는 사실을, 그리고 사전에 나오는 첫번째 정의[12]가 다음과 같은 것임을 명시하는 일은 흥미롭다. "연단에 자리잡은 그녀들은 쉰 목소리로 모인 입법자들에게 영향을 끼치곤 했다." 혁명력 3년을 희화한 그림에서, 무시무시한 악마가 감미롭게 삼키는 것은 서민 계급 여자의 진홍빛 혀이다.

단두대에 열광하는 여자들, 사나움과 시민권

  우리는 처음에 이렇게 말했다. 기록에서 서민 계급 여자들은 혁명기 여자들의 야만적이고 유혈적 폭력의 상징이다. 우리는 다음과 같은 사실을 떠올렸다. **서민 계급 여자들**(tricoteuses)이란 말은 혁명중에는 단두대를 의미한 것이 아니었고, 당시 여자 투사들에 대한 비난은 그녀들의 정치 참여 때문도, 그녀들의 폭력 때문도 전혀 아니었다. 잘 알다시피 이러한 참여는 격렬한 양상을 띠게 된다. 그러나 특히 그것은 그 자체로 사회·정치 질서를 해체시키는 폭력의 형태로 인식된다. 그리고 정치에 참여한 여자, 혁명을 인정한 서민 계급의 여자는 전혀 그렇지 않음에도 불구하고 이른바 유혈 광경을 매우 즐기는 존재로 변질되고, 이탈한 괴물 같은 위험한 존재로 나타난다. 이것이 기록 속의 서민 계급의 여자다. 결국 기록이 서민 계급 여자를 정치연단에서 단두대 밑으로 강등시켰다는 사실에는 전혀 놀랄 만한 점이 없지만, 이러한 강등을 지적해야 함은 피할 수 없는 사실이다.

그럼에도 불구하고 혁명이 일어나자 여자들과 단두대 사이에 형성된 특수한 관계에 대한 질문을 성급히 포기해서는 안 된다. 당시에 **서민 계급 여자**가 여러 회의의 연단과 결속되었다 해도, 1795년 여성 투사들을 지칭하는 가장 흔한 호칭은 여전히 '단두대에 열광하는 여자들(furies de guillotine)'이었다. 분명 혁명을 구하게 되는 이 '성녀'의 이른바 신비적인 믿음에서 온 단두대를 진정으로 숭배하는 경향은 남자와 여자에게 공통적이었다. 매혹적인 가치가 더 이상 제시되지 않는 유혈 진술이 그런 것처럼 말이다. 그러나 증인들은 '난폭해진' 여자들의 수가 단두대 앞에 특히 많았을 거라고 밝힌다. 또 나중에 죄인을 실은 수레가 지나가는 것을 보면서 '이교도적 즐거움'을 드러냈다는 명목으로 비난당한 여자들은 처형식 참관을 부인하지 않는데, 이는 '그녀들이 선의의 사람들이었기 때문에' 혹은 '다른 사람들처럼 행동하기' 위함이었다.

남자들의 손가락질을 받은 것은 폭력보다는 오히려 여성의 사나움과 야만성이다. 여기에서 두 질문이 중첩된다. 남자 혹은 여자 중 어느쪽이 단두대 앞에서 그 수가 더 많았고 즐겼고 더 난폭했는가를 끈질기게 헤아리고 비교하고 생각하는 것에 나는 거의 관심 없다. 사람들이 피를 좋아한다고 여자들을 비난하는 반면, 이들이 혁명기의 파리에서 행해진 각기 다른 학살의 와중에는 특별히 눈에 띄지 않는다는 사실을 주목하자. 어떤 여자들은 이 학살에 참여했을 터이지만 개인적 자격으로였지 '여성' 집단을 형성하지는 않았다. 이 여자들은 과격하게 거부하지만 눈에 띄지 않는다. 여성 투사들은 정치적으로 이들에게 동의하거나 이들을 인정한다. 이러한 지적은 우리로 하여금 두번째 질문으로 이끄는데, 이 질문은 남자들이 혁명중에, 그리고 혁명 후에 여자들의 사나움에 관해 기록으로 남긴 것과 관계 있다.

정확히 무엇 때문에 그들을 비난하는가? 온순하고 감정적인 여자들, 이들에 대한 이미지에 일치하지 않기 때문인가? 하지만 우리가 알고 있듯이 이미지의 윤곽은 단단히 고정된 것도, 아주 명확한 것도 아니다. 경찰참관인들은 공포정치 기간 동안 여자들이 단두대 처형 장면에 싫증내지 않는 것처럼 보인다고 지적하고 있지만, 그들은 또한 그 장면에 실신하는 쪽은 늘 여자들이라는 사실도 밝힌다. 귀족정치를 옹호한다는 혐의를 받는 여자들은 그들의 감수성을 내세우는 것이 아니라 여성이라는 천성 안에서 그들을 극단으로 내모는 것, 그리하여 광적 존재로 만드는 것을 내세우면서 스스로를 정당화한다. (그들은 생리중이었거나 임신중이었다.) 그리하여 그것이 어떤 것이건간에 단두대 앞에서의 여성의 행동은 지나친 것으로, 지극히 폭력적이고 극단적인 것이라는 평가를 받는다. 여자들은 야만적인 기쁨도, 과도한 감정도 드러내지 않는 '단순한' 구경꾼이어야 하는 것처럼 말이다.

아를레트 파르주는 구제도하의 고문에 관해 여성의 사나움을 묘사한 남성의 기록이 어떻게 이용되는가를 잘 보여 준다.[13] 그리고 이러한 분석이 분명 혁명 기간에 되풀이되었다는 사실은 틀림없다. 그러나 여전히 정치를 시작하면서, 혁명은 보충적인 의미를 첨부하며 정세를 약간 변화시킨다. 정치 도구인 단두대는 구경꾼——이들 대부분이 실제로 피가 흐르는 것을 보지 못한다——에게 적에 대한 민중의 강력한 힘을 상징한다. 그리고 이를 정치적으로 이용하는 일은 처형대 앞에 운집한 개인적 자격의 군중을 남자 시민으로 구성된, 주권을 가진 국민으로 변형시킨다.[14] 그런데 합법적 폭력(국민병, 혁명재판소 등)에서 제외된 여자들에게 처형식에 나타나는 일은 그녀들에게 허용된, 민중의 힘을 확신할 수 있는, 심지어 상징적으로나마 거기에 참여할 수 있는 유일한 방법이다. 게다가 열려진 돌파구로 들어가 주권 쪽으로 향하는 것, 비록 정치권은 없지만 최고권에 참여한다는 사실을 제시하는 일은 혁명기 여성 행동의 특징이다. 그러므로 단두대 앞에 모습을 드러내는 여자들에 대한 어떤 쟁점이 특별한 의미가 있었을 것이다. 그리고 정치적 쟁점이 이들의 모습을 비난한다. 즉 우리는 사나움에 대한 남자들의 비난 뒤에는 최고 통치권을 공유하고픈, 여성 시민이 되고픈 쟁점이 감춰져 있지는 않았을까 하고 자문해 볼 수 있다. 여기에서 또다시 여성 폭력에 관한 문제는 혁명기 정치 영역에서 그들의 입장에 관한 문제와 결합한다.

결론: 묘사와 회고록

혁명기 폭력과 여자들에 관한 주제는 결코 고갈되지 않는다. 나는 여자들에게 가해진 물리적 폭력을 상기시키고, 폭력/(남성의) 용기/(여성의) 사나움이란 분절을 따를 수 있었을 것이다.[15] 나는 혁명중에 여자들과 폭력의 관계가 어떻게 형성되었는가를 여러 사실과 인식, 이 사실들에 대한 묘사와 회고록 속에서 이해하기 위해 혁명에 가담한 여성의 폭력에 집착하는 쪽을 택했다. 즉 여성 폭력의 정도를 분석하는 것이 아니라 혁명 와중의 어느 때에 이 폭력이 두드러진 이유, 그리고 회고록이 이 폭력을 담고 있는 이유를 찾는 편을 택한 것이다.

나는 그 이유를 알았다. 내 가설은 여성/폭력의 관계가 정치적 해석으로 해독될 수 있다는 것이다. 우선 혁명기 여자들의 폭력 형태가 종종 정치 권력에서 그녀들이 제외되었다는 점과 관련이 있으므로, 이들이 시민권을 상징하는 조직에서 완전히 제외되지만 정치 공간을 점유한다는 사실로 구축되기 때문이다. 게다가 관찰자들, 남자들이 여자들의 폭력과 사나움을 고집하고 강조할 때 중요하게 작용하기도 하는 것은 이 두 성 사이의 정치 공유이다. 이처럼 여자들의 개입을 드러내는 일은 그녀들을 야만적 존재로, 미개인으로, 불명확한 형태로 만들기 위해 정치 구조물로 이들을 쫓아내는 수단이기도 하다.

그렇다고 해서 일체의 껄끄러움을 지우고 지나치게 완화된 이미지, 지나치게 교화된 이미지를 제시하려는 것은 아니다. 혁명에 가담한 여자들은 매우 난폭했다. 그녀들은 소리쳤다. 적에게 죽음을 약속했고, 때로 그렇게 하기도 했으며, 죽음을 보러 가기도 했다. 그녀들은 두려움을 심어 줬다. 남자들처럼 말이다. 관찰자들이 이들을 특별한 폭력과 사나움의 수행자로 묘사할 때, 비록 우리가 이러한 묘사의 원동력을 찾아야 한다고 해도, 이는 그들이 그녀들을 난폭하게 느끼지 않았다는, 단지 정치적으로 뿐 아니라 물리적으로 거북해하지 않았다는 뜻이 아니다. 거기에는 두 가지 차원의 깨달음이 없었다. 정치 영역에서 여자들을 보고 싶지 않다는 점과 여성의 사나움에 대한 감정이 그 시기 남자들이 남긴 기록에 뒤섞여 있다는 점을 깨닫지 못한 것이다. 여기에 역사적 분석과 기록의 난점이 있다. 즉 여자들에게 가해진 첫번째 비난이 그녀들의 폭력이 아니라 정치적 실존과 유관함을 먼저 떠올려야 한다. 그렇다고 해서 이러한 폭력의 현실과 이를 파악하는 현실을 배제해서는 안 된다.

과거의 이야기, 문학적 허구, 이미지로 이루어진 회고록은 여자들이 정치 공간에 개입했다는 점은 '망각한 채' 오랫동안 그 폭력의 흔적만 간직해 왔다. 이러한 관점에서 서민 계층 여인이란 말의 역사는 내게 표본처럼 보인다. 단두대는 주권 있는 국민의 '감시권'이 행해지던 공공 재판소를 대체하고, 뜨개질은 말을 대신하며,[16) 단두대 앞에서 열광하는 여자들은 여성 시민을 대신한다……. 그리고 여자들은 정치 공간 바같으로 쫓겨난다. 그러므로 역사는 그녀 없이 기록될 수도 있었다. 내 생각에는, 이 글 초기 회고록 영향을 받은 분류에 대해 제기된 질문의 주된 대답이 거기에 놓여 있는 것 같다. 회고록은 그녀들의 정치적 역할을 감추고 서민층 여자를 여성 시민과 분리시키기 위해, 그리고 서로에게 적대적인 이들을 이용하기 위해 여자들의 폭력을 이용할 수 있었다. 그리고는 그들이 방어하려 했던 것이 무엇이냐에 따라 사람들은 서민층 여인 혹은 여성 시민을, 울부짖음 또는 탄원서를, 야만성 혹은 완결된 행동을, 피를 좋아하는 성향 또는 권리 주장이란 표현을 골랐다.

1) 낡은 이 자료는 본질적으로 다음과 같은 것으로 이루어졌다. 1) 국가 고문서, 즉 일반 안보위원회(F⁷ 4477에서 F⁷ 4575⁵³까지), 군사위원회(W 546-548)의 알파벳순으로 된, 그리고 1793년 3월에서 프랑스 공화력 3년의 제12월에 이르기까지의 경찰참관인 보고서 그리고 2) 경찰청 고문서, 1793년에서 1795년까지 경찰서 조서들(AA 48에서 AA 264까지)로 이루어진 것이다.

2) 이 책에 실린 아를레트 파르주의 논문을 참조하라.

3) 《세계신보》, nᵒˢ 244와 245, 혁명력 목월 4일, 5일(재판: XXIV권, pp.497-515).

4) 폭넓은 지식을 얻으려면 D. 고디노의 서민 계층의 여자들. 《프랑스 혁명 기간 동안 파리의 여자 군중들》, Aix-en-Provence, Alinéa, 1988, pp.305-332을 참조하라.

5) 구속된 이유가 확인된 1백23명의 여자들 중 53퍼센트가 봉기에 참여했다. 42퍼센트는 차후의 활동 때문에 그만두었다. 과거에 정치 활동을 했던 여자 투사들이 전체의 55퍼센트를 차지한다. D. 고디노, *op. cit.*, pp.334-341을 참조하라.

6) 시장의 여자들은 이 모표 착용을 거부하는데, 그녀들의 말에 의하면 "이 표시는 마땅히 남자들이 달아야 하고, 자기들은 시대적인 일이 아니라 집안일에만 전념해야 한다고," "그걸 다는 이들, 시민증을 받고, 지니고 다니는 이들은 창녀들과 자코뱅당 여자들뿐"이기 때문이다. D. 고디노, *op. cit.*, pp.163-166을 참조하라.

7) 1793년 9월과 10월에 경찰참관인들이 이런 뜻의 여러 제안들을 제기한다. 남자들은 술집에서조차 무장한 여자들이 '그들이 그렇게 생각지 않는 때에도' 자기들을 목조르려 한다고, 그리고 그녀들 중 '남자들을 잡아들이는 카트린 드 메디시스라는 여자'가 지배할 것이라고 믿었다.

8) 하늘이 "그녀들에게 너무나 달콤한 목소리를 선사한 이상 그녀들은 욕설을 내뱉을 수 없다." 루소, 《에밀 혹은 교육에 관하여 *Émile ou de l'éducation*》, Paris,

Garnier-Flammarion, 1966, p.483. "그녀들의 다정한 재잘거림으로 인해 그녀들의 일은 문지방을 넘어서지 못할 것이다."《파리의 혁명 *Les Révoluions de Paris*》, 혁명력 2년의 3월 1일에서 9일까지.

9) D. 고디노, 〈흡혈귀〉, 《사회-정치 용어 사전 *Dictionnaire des usages socio-politiques*》(1770-1815), fasc. 1, Paris, INALF-Klincksieck, 1985.

10) 이 가설과 그 뒤를 잇는 발전이 현재 진행중인 한 연구의 목적이다.

11) J. 랑시에르, 《불화. 정치와 철학 *La Mésentente. Politique et philosophie*》, Paris, Galilée, 1995.

12) K. F. 라인하르트, 《프랑스 신어 제조자 혹은 가장 새로운 프랑스어가 실린 사전, 증보판 *Le Néologiste français ou vocabulaire portatif des mots les plus nouveaux de la langue française, Supplément*》, Paris, 1796. 서민 계층 여자들에 관한 신화와 이 말의 역사에 관해서는 D. 고디노의 《프랑스 혁명의 이미지. 혁명 200년을 기념하는 세계회의》(dir. M. Vovelle)(Oxford, Pergamon Press, 1989, t. III)의 〈서민 계층 여자: 반혁명의 신화 형성〉과 《혁명》(1770-1815)의 언어. 정치 어휘론에 관한 제4차 국제 학회의 논문집(Paris, INALF-Klincksieck, 1995) 〈프랑스 혁명에서 현대에 이르기까지 서민 계급 여자(tricoteuse)라는 말의 역사〉를 참조하라.

13) A. 파르주, 《취약한 삶. 13세기 파리에서의 폭력, 권력 그리고 연대성 *La Vie fragile. Violence, pouvoirs et solidarités à Paris au XVIIIe siècle*》, Paris, Hachette, 1986, 두번째 출간. Seuil, 〈Points-Histoire〉, 1992.

14) D. 아라스, 《단두대와 공포정치에 대한 상상 *La Guillotine et l'imaginaire de la Terreur*》, Paris, Flammarion, 1987.

15) 특히 여자 병사들에 관한 담화를 연구하면서였는데, 여기에서 용기란 아주 분명하게 남자들의 차지로 나타난다. D. 고디노, 《서민층 여자들… *Citoyenne tricoteuses…*》, *op. cit.*, pp.264-265를 참조하라.

16) 디킨스의 소설 《두 도시 이야기 *A Tale of Two Cities*》(Londres, 1859)에 나오는 뜨개질하는 여인 테레즈 데프라주와 그녀의 뜨개질에 관한 이야기, 그리고 이에 대한 D. 고디노의 〈뜨개질하는 여자: 반혁명적 신화의 형성〉, *art. cit.*에서의 분석을 보라.

제 2 부
구속하는 사회, 일어날 수 있는 이동

다니엘 아스-뒤보스크

여자들에게 어울리는 미덕들(1610-1660)

> 내 생각은 투키디데스와 같지 않다……. 여자들의 미덕에
> 관해서 말이다. 그녀가 가장 덕성스럽고 훌륭한 여인이라 하
> 더라도 나쁜 일로나 좋은 일로나 사람들의 입에 거의 오르
> 내리지 말아야 한다. 명예로운 여인의 이름은 육체처럼 갇혀
> 있어야 한다는 사실, 결코 밖으로 나가지 말아야 한다는 사
> 실을 생각하면…… 로마인들의 법이나 관습이 매우 훌륭했다
> 는 생각이 든다. 그 법에는 남자들과 마찬가지로 여자들도
> 죽은 후 장례식에서 마땅히 인정될 만한 칭송이 공식적으로
> 기려졌다는 조항이 있다.
>
> 플루타르코스, 《여자들에게 어울리는 미덕들》

출발점으로 아브라함 보스의 판화——이 판화는 가나 지방 장군의
머리에 어떻게 못을 박는지 보여 주는 자엘이란 여인의 모습을 담고
있다. 이때 그녀의 냉정하고도 침착한 표정은 배경에 보이는 두려움과
놀라움 가득한 증인들의 표정과는 대조적이다——와 담화——이는 올
리비에 도르메송이란 재판관의 것으로, 그는 자신의 일기에서 16세의
아주 어린 소녀가 그녀를 납치한 이들에 맞서 어떻게 용감하게 싸웠는
가를 말해 준다. 이때 납치범들은 그녀가 피신해 있던 수도원 벽에 세
워둔 사다리에 묶여 있던 그녀를 어떻게 해서든 풀어 주려 했다——를
취하자.[1] 이 두 모습 중 어느쪽이 사회적으로 유용한가, 그리고 이 두
작품이 감추는 현실은 어떤 것인가? 한편으로 폭력적 여성은 **인위적 산
물**(un artefact)이다. 거기에는 성서에 의해 원하는 대로 거리감을 유지

하는 성스러운 대사부인(une ambassadrice)이 작용한다. 그녀의 종교적 영웅으로서의 자질은 어떤 점에서는 범죄 행위의 두려움을 없앤다. 다른 한편으로 일어났던 이야기를 서술하는 현재에서 폭력을 당한 젊은 처녀는 남성과 여성의 전통 개념의 결과로, 이 두 성의 사회적 관계는 지배자와 피지배자간의 관계가 구축하는(그리고 이 축은 종종 아주 견고하다) 축에 따라 조직된다. 이 둘은 서로를 돕는다. 즉 폭력적 여성의 모습은 가혹한 믿음을 정당화하고(이런 명목하에서 여자에게조차 살인을 저지르는 일은 합법적이다), 폭력당한 여자의 모습은 여자들의 사회적 종속을 확인시킨다. (법조인에게는 사회 질서를 교란시키는 자들로부터 여자들을 보호할 필요가 있다.)

그러나 이런 몇 가지 지적들은 그 일반적 범주가 어디까지이건간에 우리 주제의 역사적 특수성을 이해하지 못하고, 그렇기 때문에 자칫 17세기초 프랑스의 상황에서 폭력을 경험한 여자들이 '현실에 이르는 길'로 접근했다는 사실 자체를 감추고, 심지어 소멸시킬 수도 있다. 여기에서는 그때 상황의 특징을 드러내지는 않지만, 사람들은 두 사람의 섭정 여왕, 즉 마리 드 메디시스와 안 도트리슈가 이 상황에 아주 종종 망각된 특수한 시각을 부여했다는 사실을, 또 반종교개혁파의 정책과 법률——수도원에서의 수동적 위치보다는——이 사교계에서의 능동적 위치를 이들 여성에게 할당한다는 사실을, 그리하여 '성적 열등성'때문에 거의 모든 여자들이 이르렀던 예속에서 벗어난 존재로 여성을 규정한다는 사실을 상기하게 될 것이다.[2]

그리하여 우리는 정치·경제·풍습 영역에서의 여자들의 '미덕'에 의문을 제기한다. 사람들은 정신적 에너지, 호전적 용기, 자유와 자기 제어라는 남성적이고 공식적인 자질을 지칭하기 위해 virtus에서 파생된 '미덕(vertu)'이란 말을 쓴다. 때로 이 미덕을 스토아학파의 시각과 그리스도교 시각에 포함시키기 위해 fortitudo라는 라틴어를 쓰기도 한다. 여자들이 이러한 미덕에 접근하도록 도움을 주는 견해의 움직임은 문학사가들이 늘 한정시켜 온 **여자들에 대한 논쟁**의 틀을 크게 벗어나고, 당대의 문학 자체(가장 훌륭한 문학과 저급한 문학)를 관통할 뿐 아니라, 프랑스 의회에 올려진 조서와 사제들의 기록에서 보이는 것과 마찬가지로 당대인들의 여자들에 대한 판단에서도 나타난다.[3] 그곳으로 되돌아가야 할 것이다.

이러한 사실에서 흥미로운 문제 제기가 이루어진다. 모든 시대에 지속적으로 나타나는 다소 억압적인 여성혐오증에 따라, 주어진 상황에서 남성들이 이 여성적 '가치'의 평가를 기반으로 삼는 성의 사회적 관계들을 어느 정도 태연하게 주시한 어느 특정(시간적으로 제한된) 시기와 여자들을 집 안에만 가두지 않았던 권력의 공유가 대립될 수 있기 때문이다.

우리는 그 당시에 여자들에게 허용된 자유로운 공간이 현실적으로가 아니라 표현으로만 존재했다고, 혹은 이러한 자유 공간은 극히 적은 수의 여자들에게 한정되었다고 믿고 있다. 즉 양성의 평등에 대한 많은 담화들, 여자들이 '나약한' 성을 극복할 수 있기 때문에(그리고 그렇기 때문에 여자들은 남자들보다 더 '가치 있다') 분명하게 수행할 수 있는 자질에 대한 많은 담화들이 쏟아져 나왔던 시대에, 그럼에도 불구하고 프랑스를 통치하고 각료들과 내외 정치를 주관하며 평화를 협상하고 군대를 이끈 이들은——사실 살리카법에 의하면 여자들은 통치할 수 없었다——많은 여성들이다. 다른 여자들은 가족의 일이나 자신들이 책임지고 있던 종교 기관의 업무를 맡았다. 또 다른 여자들은 가정의 경영과 향상에 신경을 썼거나 장사에서 이익을 남겼다. 어떤 여자들은 문학·지식 살롱을 통해 사교와 문학이 혼합된 작업실을 발전시켰다. 여성 모두가——그들의 조건과 상황에 따라 다양한 방식으로——전통적인 여성혐오증에 상반되는 강력한 평등 기류로 인해 완화된 사회적 평가를 받고자 했다.[4]

그렇다면 여자들에게 있어서 폭력에 대한 사정은 어떠한가, 여자들이 행한, 혹은 (아주 빈번하게) 당한 폭력 속에 제 스스로 자리잡거나 타인에 의해 자리가 정해지는 방식들에 대해서는 어떠한가? 그리고 상상 속의 폭력(판화에 표현된)과 실제 폭력(역사적 진술로 기록된)을, 폭력적인 여성과 폭력을 당하는 여인을 이어주는 끈은 어떤 것인가?

그 시대 전체가 폭력적이라 하더라도——30년 전쟁과 황폐해진 평야가 시민법의 수많은 위반만큼이나 이러한 사실을 입증한다 하더라도[5]——이 시대가 다른 시대보다 더하지는 않았을 것이다. 이 시대의 특징은 폭력 속에서 이해되고, 폭력 속에서 나타난다는 점이다. 그 행보가 미학과 흔히 극단적 상황의 움직임 속에서 표현하기를 좋아한다고 알려져 있는 바로크 윤리 속에 새겨진다. 이러한 (아주 종종 폭력적인) 상황에서 민감하게 느껴지는 동시에 볼거리로 제시되는 것, 그것은 어떤 점에서 표현이라는 독특한 극적 능력에 사로잡힌 자아의 자발적이고도 열정적인 흥분으로, 이는 바로크 '세계에 있다'는 관대함과 '너그러움'의 코드에 따라 외부로 드러나고 '비대해진다.' 남자들과 여자들에 의해서도 말이다.[6] 여자들의 폭력과 여자들에게 가해진 폭력은 동시대인들에게 일반적으로 일으키는 열광 속에 위치한다. 여자들이 폭력적이건 폭력의 희생자이건, 여자들은 '한결같고 용감한' 이들로, 정신과 식견을 드러낼 수 있는 이들로 나타난다. (혹은 스스로를 그렇게 표현한다.) 그녀들은 동일한 이런 미덕을 기준으로 평가를 받게 된다.

'억센 여자들'과 '용감한 여자들'(아마존 여인들, 여전사들, 종교와 조국을 위해 살인하는 여자들)이 행한 폭력의 **인위적 산물**은 여자들과 남자들에게 찬사라는 일반적인 감정을 불러일으킨다. 특별한 여자들을 보여 주는 일련의 이미지와 '여성성을 드러내는 진짜 성화들'에서 여자가 '귀족'으로 여겨질 때(전쟁시와 권력 행사에서처럼) 폭력을 행사할 수 있는 여성의 '권리' 요구와 그 합법화가 동시에 나타나듯이 말이다.[7]

섭정기의 합법화는 프랑스가 아주 긴 세월 동안 여자들에게 통치될 수 있었다는 사실에 대한 동의가 있었음을 제시하는 데 이용되면서 분명 사회가 희구할 만한 것으로 평가되었다. 궁정의 아주 저명한 부인들은 특별한 위상을 부여받았는데, 이때 서열의 차이는 성(性)의 차이에 덧붙여졌다. 그 여자들이 자신의 권력과 사회적 위상을 굳히기 위해 '영웅적 여인들'이라는 중요한 이미지 산출을 부추기기를 바랐음은 그다지 놀라운 사실도 아니다. 1645년 섭정 초기, 안 도트리슈는 부에에게 팔레 루이얄의 자기 방을 '유명한 여자 행동가들'을 그린 그림들로 장식하라고 한다. 우리는 오늘날에도 아르스날에 있는 드 라 메이에라예 부인의 방을 볼 수 있는데, 그녀는 이 은둔 장소를 과거 위대한 여인들의 초상화로 장식했다. '호전적 정신'의 소유자였던 그녀는 구약(드보라·자엘·유딧과 에스테르)과 그리스 신화(아마존의 세 여왕 히폴리테·안티오페·펜테실레이아), 고대(세미라미스·루크레티우스·포르시아·폴린과 베레니스), 그리고 프랑스 역사(잔 다르크와 마리 스투아르)의 여성 정치인들과 여전사들의 모습으로 둘러싸여 있었다. 이런 그림들은 남자들처럼 의기양양했던 선조의 행동을 발견하고자 급급해하던 몇몇 귀족 여인들의 행동을 이끈다.[8]

우리에게는 전제 군주 권력에 대한 귀족의 투쟁에 아주 적극적으로 가담한 위대한 프롱드파 여인에 대한 기억이——종종 노골적으로나 위장의 방식으로——아직 남아 있다. 여기에서 재빨리 드 몽팡시에 양과, 1652년 오를레앙을 공격하여 빼앗은 여자들로 구성된 그녀의 중대와 부대를 회상해 보자. 그녀 자신은 엄격하고도 성공적으로 여러 부대를 지휘하곤 했다. 《회고록》에 그녀는 다른 상황에서와 마찬가지로 상식이 모든 것을 해결한다는 사실, "상식이 통할 때, 군대를 제대로 이끌지 못할 여인은 없다"라는 사실을 기록했다. 그리고 아버지 가스통 도를레앙이 그녀들에게 보낸 축하 편지를 인용하면서 자신과 함께 한 여자들 모두의 이름을 개인적으로 열거했다.

내가 오를레앙에 들어선 후, 어르신이 그녀들에게 편지를 써보내 나를 따라 사다리를 올라온 그녀들의 용기를 칭찬했다. 편지 맨 위에는 이런 내용이 있었다. 마자랭과 싸우는 내 딸 군대의 여준장 여러분께.[9]

그녀를 잡아들이기 위해 마자랭이 동원한 7백 명의 남자들에게서 도 망치는 드 롱그빌 부인을——빅토르 쿠쟁에 따라——생각해 보자. 그 녀는 바다로 도망을 시도하여 하마터면 익사할 뻔했으며, 노르망디를 방황하다가 기병대 복장을 하고 르아브르에 도착해 에스파냐 군대가 주둔해 있던 네덜란드에서 최고 영예를 받았다. 그리고 스테네이—— 콩데의 요새——에서 튀렌과 합류하여 그때부터 프롱드의 한 분파를 계속 이끌었다. 사람들은 (오래 전이라고 말할 수 있는 시대에) '왕국의 가장 지적인' 여자들 가운데 한 사람인 드 샤티용 공작부인에 대해서 는 아는 바가 거의 없는데, 그녀는 왕자들과 왕권 사이의 화해를 끌어 내기 위해 엄청난 위험을 감수했고 군사상 전략과 작전을 매우 잘 알 고 있었다.[10] 이 여자들과 계급이 낮은 훨씬 많은 다른 귀족 여자들을 남자들은 전쟁에서 결코 제외시키지 않았다. 이들의 개인적 용기, 지휘 능력, 승리에 대한 열망(개인적이고 가족적 차원에서 책략과 이익을 추구 하는 것과 마찬가지로)을 그녀들은 잘 알고 있었다. 이들이 모두 프롱드 파는 아니었다. 드 라 게르 부인은 건장하고 의연한 군인 귀족이었다. 그녀의 《회고록》에는 그녀가 얼마나 군인 생활을 좋아했는지, 겨우 10 세가 된 그녀가 어떻게 적극적으로 군사 작전과 임무에 가담했는지가 나타난다. '천성적으로 꿋꿋한' (그리고 신앙심이 아주 깊은) 드 생 발 몽 부인은 드 로렌 공작의 군대로부터 자기 땅을 지켰다. 그녀는 '4백 명 이상의 남자들을 직접' 죽이거나 잡아들였을 것이다. 그리고 몽토방 함락기에 회랑에 불을 지르기 위해 젊은 병사 대신 교체된 노파, 혹은 전쟁에 참여하여 팔을 잃자 스스로 그 팔을 외과의사에게 가져간 사과 파는 여인 같은 몇몇 서민층 여인들은 '가문 좋은' 여자들만큼이나 매우 영웅적인 존재로 여겨진다. 즉 여기에서 중요한 것은 성(性)이지 조건이 아니다.[11] 일반적으로 여자들이 만드는 '영웅적 사실들'은 지극히 광범위하게 인정된다. 《내전 일지 *Journal des guerres civiles*》에서 뒤뷔송 오베네이는 이런 사건들을 다루는 가제트 드 파리를 자주 자발적으로 인용한다.[12] 요컨대 폭력이 남자들과 동등한 미덕 관계를 유지하는 여자들을 보여 줄 때——적어도 이 폭력이 전쟁 때문에 작위를 받을 때——여자들의 폭력은 '선의'에서 생긴다.[13]

그리고 폭력을 행사하거나 그것을 감내하는 이유는, 그들이 남자와 여자의 미덕을 '똑같이 한결같고 용맹한' 행위로 동일하게 평가된다고[14] 생각할 수 있었기 때문이다. 즉 여성적인 것으로 분류된 자질은 어떤 점에서 남성적 자질을 **뛰어넘는다.**

여성들에게 가해진 폭력은 여성들이 행한 폭력보다 양적인 면에서 훨씬 압도적이다. 이 폭력은 다른 차원에 속한다. 이 폭력은 사회 조직에 새겨지고 법률가들과 신학자들이 맡는 제도적 담화를 촉발시킨다. 그러나 연극·소설·시·편지 같은 '문화적' 담화에서도 역시 더욱 광범위하게 이루어진다. 강간, 감금, 납치, 주인과 하인의 종속 관계, 학대, 결혼 승낙 명령을 거부함으로써 자신이 비웃음거리가 되기로 자처하는 경우와 이밖에 다른 의무들이 여전히 광범위하게 논의되고 설명되고, 종종 용납할 수 없는 것으로 판단된다. 여성들에게 가해지는 폭력이 가정의 원활한 기능을 해칠 때 (남자와 마찬가지로) 여성이 가정의 이익에 종속됨을 인정하는 사회가 개입하기 때문이다. 폭력에 맞서 법에 호소하는 여자들의 권리는 우선 이런 상황 속에서 나타난다. 그러나 법이 우위에 있는 남자에게 끌린 여자를 보호하기도 하지만, 친부 확인으로 인해 아이의 양육비와 보조금의 특권이 허용되기도 한다. 폭력에 '저항하는' 여성들은 실제적이고 제도적인 관심의 대상으로, 이 사실 때문에 그녀들은 '용기'를 보이라고 부추겨진다. 여기에 귀족층 여자들의 행동 혹은 서민층 여자들의 행동 사이의 극렬한 결렬 지점이 있다. 이들은 모두 그들에게 가해진 폭력을 상대로 온 힘을 쏟아 저항하게 된다. 우리는 사료(史料)와 의회 판결문, 사생활 기록과 편지, 회고록과 잡지에서 그 흔적을 본다. 예로 디에프 성에 감금당하지만 몇 주 동안 납치범들에게 대항하는 다블레주 부인의 행위와, 정황은 잘 알려지지 않았지만 강간범에게 붙잡힌 서민 리제트의 행동을 비교할 수 있다. 이 강간범은 그녀를 죽이려 하고, 그녀는 그를 고소한다. 이 두 여인은 각자 원하는 수단으로 방어한다.[15] 그러나 폭력에 저항하는 것이 그렇게 늘 극적인 모습을 띠는 것은 아니다. 소송이 벌어지면 여자가 결혼에 동의하지 않았다는 사실이 확인된다. 그녀가 서명할 줄 알면서도 집안 어른으로부터 강요받아 이 계약에 서명하지 않았다는 것이 분명해지기 때문이다. 다른 곳에서 떠돌이 여인과 양치기 사이에서 태어난 한 하녀는 자기 주인의 아들을 상대로 친부 확인 고소를 취하하기로 서명한다. 그러나 출산 나흘 뒤, 그녀는 어머니와 함께 법정으로 가 "그 고소 취하는 무효이고, 그것은 강제로 혹은 주인의 폭력 때문에 강요되었다고 주인에게 저항할 수 없었다"고[16] 주장한다. 판사들은 거부하는 여자들의 진술을 경청한다.

사제들이 하는 충고에서 여자들은 강한 여자, 이들이 당면한 극한 상황에서 판단력 있는 여자의 확실한 개념을 발견하기도 한다. 폭력의 위협 때문에 결혼을 승낙하는 여자를 보여 주는 한 '양심의 문제'는 특히 흥미롭다. 교권에 의해 사제는 이 여자가 '여성이란 성이 확실한 이'라면, 위협의 심각성을 판단할 수 있다고 주장할 수 있다. 실제로 위협당하는 여자가 자기 생명을 유지하기 위해 굴복하는 것은 당연했다. 강간한 후에 이루어지는 결혼 자체는 무효가 되어야 하고, 이 강간범은 고소당하고, 손해 배상을 해야 한다.[17]

'여성이라는 성이 확실한 이'라는 발언으로 인해 우리는 여자들이 행한, 혹은 (이와는 달리 가장 흔하게) 감내된 폭력 속에서 '용맹함'을 행할 수 있는 여자들의 모습을, 이러한 표현에 직접 접근할 수 없는 대다

수의 여자들에게 영향을 미치는 이러한 모습을 곰곰이 생각해 본다.[18] 평등의 분위기가 사회의 정치·경제적 힘으로 보장될 때, 이런 이미지는 말하자면 굴절에 의해 확산된다. (여자들을 보는 그들의 시선 속에서) 여자들이 스스로를 희생자가 아니라 동참자로 여기게 되면서 여자들을 중재한 이들은 행정 관리와 사제들, 속세의 법과 교회이다. 그리고 폭력 사건으로 인해 여자들에게 판결을 내리거나 충고를 한 이 남자들은 양성의 능력이 다르지 않다고, 적극적이고 독립적인 여자들에 대한 격찬을 부추기는 분위기의 문화 쪽으로 다가갔다.[19]

그러므로 이제 우리가 질문을 던져야 하는 것은 이 문화적 분위기이다. 양성의 차이에 관해서는 무관심하면서 남자들과 여자들 사이의 평등한 능력을 권장하는(혹은 인정하는) 이들은 많다.

> 그러므로 고백컨대, 비슷한 불길이
> 남자들과 여자들의 정신을 이룬다.
> 신은 우리와 그녀들의 정신을 만들었지만
> 더 약한 쪽을, 혹은 더 뛰어난 쪽을 만들지는 않았다.
>
> 그렇다. 정신, 지고한 위대함의 빛살은
> 그 고유한 미덕으로 정신이란 장르를 만들어 내고,
> 거기에는 성의 구분이 없다. 혹은
> 영광이 이 정신을 고귀한 노력으로 이끌 때에 비로소[20]
> 이 정신은 훌륭한 것이 된다.

차이에 대한 이런 무관심에는 양성간의 어떤 혼동에 대한 (차이를 주장하는 남자들의) 두려움도, 남자들과 여자들 사이의 경쟁심도 수반되지 않는다.[21] 이러한 견해의 소유자들에게 여자들의 폭력은 그 충동을 억제해야 하는 비이성적인 성적 '악행' 앞에서 나타나는 끔찍한 반응을 일으키지는 않을 것이다. 폭력은 결국 이 두 성 모두에게 공통된 기준에 따라 평가되게 된다.

그리하여 여자들의 폭력이 범죄로 판단되어 행정관이 벌을 내릴 때, 그들은 여자들의 **천성**을 비난하지 않는다. 어머니와 딸에게 사형을 언도한 (예외적인) 경우에 도메르송은 자신의 생각을 이렇게 피력한다.

　……렌 지방 의회는 귀족 신분의 이 두 여자에게 매우 무겁고도 눈에 띄는 구속영장을 발부했다. 드 비뇨리 공작부인과 그녀의 딸 드 뷔시 당부아즈 후작부인은 리옹의 서기 아들인 딸의 남편 팔레르므를 냉혹하게 살해했다는 이유로 철저하게 조사받았다. 이 살인의 유일한 동기는 그녀가 그를 혐오했고, 그녀의 어머니는 그를 훌륭한 가문의 자제로도, 결혼할 만한 상대로도 인정하지 않았다는 점, 이러한 이유로 그녀 곁에서 그를 아주 오랫동안 괴롭혔다는 점이다.[22]

남자들에게 적용될 수 없는 것은 이 중에서 아무것도 없었다. 가족의 의사를 거역하면서 결혼하기 위해 납치를 한 경우 종속 관계, 혹은 유혹에 의한 납치라는 죄명을 쓴 여자는 여성이라는 이유로 비난받는 것이 아니라 유혹한 남자와 동일하게 법에 어긋났다는 이유로 비난을 당한다. 이 두 경우 제재 조치는 동일해진다.[23] 이는――아무도 법적으로, 관습으로도 반박하지 않은――동종이형의 성적 사회 관계가 당시 남자와 여자의 **천성** 차이에 근거를 두지 않았기 때문이다.[24]

이러한 무관심은 (때로) 양성의 차이가 **부재**한다는 페미니스트적 주장과 어울린다. '영혼에 성구분이 전혀 없다'면, 영혼 '스스로가 그 성을 만든다'면 여자는 몸은 여성적이나 정신은 용맹한 존재가 될 수 있다. 그리하여 여자는 '특수한 존재'가 된다. 17세기초 계급 사회에서 예외적 존재라는 이 위상으로 인해 심오한 분석이 이루어진다. 여기에서는 간단히 무엇이 규범적 사고의 구속에 균열을 가하고 홀리고 뒤흔드는가. 그리고 새로운 발견을 가능케 하는가를 사회 전체가 알려고 집착한다고 말하자.[25] 특별한 여자, 남자와의 정신적·실질적인 평등 관계를 맺을 수 있다는 것을 보여 주는 그런 여자는 '경탄을 불러일으키고,' 그리하여 모든 여자들에 대한 전통적 사고에 의문을 제기한다. (당연히) 역설적으로 보이는 이 개념——그렇지 않은 여자들과 구별될 경우에만 특별한 여자가 된다——은 바로크 논쟁으로 해명된다. 처음에는 평범한 여자에 대한 사고를 지배하는 규칙에 예외를 보여 주면서 놀라움을 일으켜야 한다. 두번째로는 모든 여인들의 미덕에 관한 질문이 제기될 것이다. "이 시기의 여자 영웅은 전통적 태도와의 근본적인 불화를 구체화한다."[26]

우리에게 특별한 여자라는 개념——여기에서는 여전사들과 폭력에 굴하지 않는 여자들로 연출된다——과 '변치 않는 성'의 소유자라는 확대된 개념——여성이라는 성 전체에 있을 수 있는 속성에 기초하기 때문에——사이에 느껴지는 거리감은 자유라는 영역을 (한정짓고) 표시한다. 이 영역에서 17세기 초기 여자들은 그들의 사회적 조건이 어떠하든 스스로를 인생의 주체로 여길 수 있었다.[27]

그러므로 예외에서 규범으로 가는 길을 모방하면서——그러나 이 길이 어떻게 넓어지는가를 이해하는 것이 중요하다——자신의, 타인의 폭력에 대항할 때 여자들이 어떻게 스스로를 이미지와 담화로 치장했는가를 우리는 비로소 포착하게 된다. 우리가 살펴본 예들——그것들이 어떤 식으로는 공공연한 사실이 되었기 때문에——은 우리에게 폭력적인, 혹은 폭력을 당한 여자들을 보여 주었다. 이 여자들은 공적 무대에 들어설 수 있었다. 그것은 '타인들과 함께' 어울리는 무대, 우정과 전쟁에 대한 기호에 동참할 수 있었던 무대, 혹은 그녀들을 구해 준 이들을 지지함으로써 혜택을 얻게 된 무대이다. 타인들과 함께 어울린다는 것, 타인들의 시선에서 자기 확신을 가능케 하는 존중을 발견하는 것, 여성들에게는 이미 이것이 승리이다. 자신의 정신적·신체적 통제로 획득된 승리에 대한 17세기초의 취향과 동시에, 평등을 향한 여성들의 깊은 갈망에 부합하는 당시의 화려한 승리 속에서 그녀들이 어떻게 표현되었고, 또 스스로를 어떻게 드러냈건간에 말이다.

그러나 투키디데스처럼 "그녀가 가장 덕성스럽고 훌륭한 여인이라 하더라도 나쁜 일로나 좋은 일로 사람들의 입에 거의 오르내리지 말아야 한다"라고 평가한 남성들의 지배 속에서 스러져 갔기 때문에 우리가 거의 흔적을 모르는 여성들의 경우는 어떤가? 그 시대가 '여성 중심적(féminocentrique)' 이고, 적어도 공식적인 분야에서 여자들을 중시하는 쪽의 흐름이 강했다 하더라도 프랑스 사상의 여성 혐오적 조류는 사라지지 않았다. '낡은 골로아적 바탕' 의 가장 격렬한 여성 혐오 사상이 지속되고 있다는 사실을 이해하기 위해서는, 알렉시스 트루세의 《세상에서 가장 악한 여인에게 바치는 여자들의 불완전함과 악에 대한 기본 지침》을 참고하면 된다. 거기에서 여자는 아직도 사라지지 않은, 그 이후에도 변함없이 쓰이게 될 용어로 지칭된다.

이 아름다운 얼굴과 노골적인 육체는 (오, 여자인) 너의 매력, 너의 유혹, 너의 여성적인 술수는 음탕하고 잔인한 행동, 이성적인 인간들보다 더 야만적인 행위들만 목적으로 삼는다는 사실을 보여 준다.(6-7)

가장 흔한 일은 때때로 여성들로 하여금 가장 부당한 대접을 묵묵히 견디게 하는 남편들이 여자들의 운명을 어떻게 생각하는가에 대해 침묵한다는 사실이다. 그럼에도 불구하고 사람들은 여성들이 당하는 고통의 흔적을 본다. 그녀들이 별거와 재산 분할을 공식적으로 법에 요구할 때 당하는 폭력과 온갖 고통을 어렴풋이 이해하게 된다. 그녀들이 털어 놓는 하소연이 받아들여지지 않아 다시 '결혼의 삶' 으로 돌아갈 때, 변호사들은 그녀들을 기다리고 있는 것이 죽음일지도 모른다는 사실을 알고 있다. 그리하여 프로방스 의회에 제기된 조서에서, '어쩔 수 없이 적에게 되돌아가 얼마 후 남편이 저질렀다는 의혹 속에서 죽은 채로 발견된 여인'과, 법정에서 남편의 부당한 대우를 입증한 여자가 어쩔 수 없이 남편의 집으로 되돌아간 후, 다음날 네 차례나 칼에 찔려 죽음을 당한 엑스의 또 다른 여인은 중요하게 대두된다.[28]

이러한 사례들은 당시 담화들의 어떤 의기양양함을 배가시키지 않기 위해, 그리고 여자들이 당한 폭력을 비현실적인 것으로 만들지 않기 위해 필요하다. 그러나 플루타르코스의 《여자들에게 어울리는 미덕들》이 남녀 양성의 정신적·실제적 평등에 대한 고찰에 필요한 자료가 될 때, 여성 혐오 사상과 그 결과가 곡해되고 비난까지 받았다는 사실도 주시하자. 트루세의 주장에도 불구하고 루이 13세의 통치가 시작되자, 치명적이고 악마적 존재로 발설된 여자들에 대한 혹평은 시대 착오적인 것이 되고, 더 나아가 웃음거리가 된다.[29] 한결같은 여성혐오증과 성적 사회 관계에 종속된 여자들의 불변 요소가 17세기초에 사라지지 않는다 해도(늘 존재한다는 사실은 쉽게 제시된다) 이런 요소에 강한 소송이 제기되고, 그것이 더 이상 피할 수 없는 것처럼 보이는 것도 아니다.[30] 이 사회가 그 유용성을 판단했을 때, 17세기초 평등주의적 흐름이 정교해질 수 있었던 방식을 이해하는 일——이것은 이 연구를 벗어난다——은, 지배의 폭력에 근거하는 초시간적인 성의 사회적 관계에 관한 사고 전체에 영향을 주고 여러 가지 뉘앙스를 품게 된다.

1) 이 판화는 C. 비뇽에 따르면 아브라함 보스의 것으로 P. 르 모옌의 1647년 작품 《강한 여자들의 그림들 La Gallerie des femmes fortes》에 실려 있다. 라 메이에라예(뒤에 가서 나오는) 부인의 방에는 가나 지방의 장군 시사라의 머리에 망치로 구멍을 내는 영웅적인 유대 여인 자엘의 모습이 나타난다. 젊은 처녀 드 생 크루아의 악착 같은 싸움은 그의 일기, I, pp.470-471에 1648년 3월 28일 O. 도메르손에 의해 묘사된다.

2) 특히 성 프랑수아 드 살과 성 뱅상 드 폴이 공포한 《헌신적 생활에 대한 소개 Introduction à la vie dévote》(1608)와 여성의 새롭고도 긍정적인 이미지로 인해 여

자들, 유부녀들마저도 자기들의 능력을 높이 평가하게 되었다.

3) I. 매클린의 책 《의기양양한 여자: 1610-1652년 프랑스 문학에 나타난 페미니즘 *Woman Triumphant: Feminism in French Literature, 1610-1652*》은 문학과 예술에서 보이는 여성의 모습 연구에 귀중한 토대가 된다. 나는 그의 〈싸움(Querelle)의 소멸에 관한 그의 분석〉 p.63에 신세를 지고 있다. J. 디진의 《까다로운 지형: 여자들과 프랑스 소설의 기원 *Tender Geographies: Women and the Origins of the Novel in France*》이 그 뒤를 이어 17세기 여자들과 문화에 관한 연구를 연장 심화한다.

4) I. 매클린은 1640년과 1647년 사이의 여자들을 기념하여 출간 혹은 재출간된 26권의 책을 열거했다.(pp.76-77) 이 목록에는 소설도, 연극도, 종교적 문학 작품도 없다. 우리는 16세기 여자들의 정치적 힘을 알아보기 위해 E. 비엔노의 《마르그리트 드 발로아의 삶과 작품: 당시의 역사적·문학적·전설적 담화(*La Vie et l'œuvre de Marguerite de Valois: discours contemporains, historiques, littéraires, légendaires*)》와 그의 보고서 〈16세기 '시민 여성들'에 대하여: 리그 가문 공주들과 역사에 관한 글쓰기 작업〉을 참조할 것이다. L. 팀메르망의 《책 문화에 접근하는 여자들(1598-1715) *L'Accès des femmes à la culture(1598-1715)*》은 종교와 교육, 여자들에 대한 많은 사실을 알려 준다. 여자들의 권리를 알려면, J. 포르트메르의 《구제도의 마지막 두 세기, 왕정 체제하에서의 여성》(pp.441-457)과 J. 고드메의 《17세기 혼인 관계에 대한 교회법과 속인들의 태도》(pp.15-30)를 보라. 가족의 이익이 우선이지만 여성도 그 이익을 누릴 수 있다. 가정의 경제적 상황이 위협받을 때엔, 결혼한 여자라도 당시에는 아직까지 대리인을 내세워 가장으로 처신하거나 요구하고 분리된 재산을 받을 수 있었다. 미망인은 어느 누구의 보호도 받지 않는다.

5) 자신의 《회고록 *Mémoires*》에서 마담 드 라 게르는 로랑인들이 브리 지방으로 되돌아오자(1652) 마을 처녀들과 여인들을 피신시키기 위해 취한 조치를 이야기한다. 민사 재판으로는 일반법이 쇠락하여 지방에서 왕의 결정권을 행사했던 왕궁의 대리인을 언급하자. 위대한 날들 동안 위원회는 조사를 했다. 1634년 포이티어의 위대한 날들 동안 이 위원회는 '서둘러 살인·암살·절도·유괴·납치·처녀와 부인들의 강간 사실'을 신고하라고 명했다. 1665년 오베르뉴의 위대한 날들 동안에는 귀족 87명이 처형되었다. R. 무니에, 《프랑스의 제도, II *Les Institutions de France, II*》, pp.83, 454, 474.

6) '자아의 비대한' 표현은 C. -G. 뒤부아의 《바로크: 외양의 깊이 *Le Baroque: profondeurs de l'apparence*》에 사용된다. 또한 J. 루세의 《치르체와 공작: 프랑스 바로크 시대의 문학 *Circé et la Paon: La littérature de l'âge baroque en France*》과 P. 베니슈의 《위대한 시대의 정신 *Morales du grand siècle*》을 보라. A. 마레샬의 《용감한 누이, 혹은 사랑에 눈먼 여인. 희-비극 *La Sœur valeureuse, ou l'aveugle amante. Tragi-comédie*》과 C. 보이에의 《관대한 누이. 희-비극 *La Sœur généreuse. Tragi-*

comédie》 같은 연극 작품들은 여자들에 대한 바로크 시대의 태도를 입증한다. 즉 위대한 정신, 열정과 물리적 용기를 극복할 수 있는 능력은 찬탄을 일으키고 때로는 남자들의 사랑을 불러일으킨다. 이는 여자들의 감정(과 더불어 감수성)·관능성·비장함과 섬세한 영혼이 그들의 모습을 기호화하게 되는 18세기와는 매우 대조적인 태도다.

7) 특히 우리는 그르나이유의 《유명한 여자들의 화랑, 1643 *Gallerie des femmes illustres, 1643*》과 1645년과 1648년에 두 개의 '화랑'을 여는 퓌제 드 라 세르를 참조할 것이다. 이 두 화랑 모두가 안 도트리슈와 특히 24점의 판화들로 이루어진 작품 《강한 여자들의 화랑 *La Gallerie des femmes fortes*》의 예수회 신부 P. 르 모안을 기린다. 거기에는 견고하게 성립된 장르에 대한 기여와 유덕한 여자들에 대한 칭송이 담겨 있다. 르 모안은 '강한 유대인 여자들'과 '강한 바바리아 여인들,' '강한 로마 여인들'과 '강한 그리스도교 여인들'을 보여 주면서 이 전통을 따른다.

8) N. 키예리에가 1645년 이 초상화들을 그렸을 것이다. 1645-1655의 금융가들과 귀족들의 집안 장식에 나타난 강한 여자들을 주제로 삼은 A. 메로의 《사교계 은신처들 *Retraites mondaines*》의 pp.156-165를 보라. J. -P. 바벨론의 《17세기 아스날의 호텔 *L'Hôtel de l'Arsenal au XVIIe siècle*》과 《앙리 IV와 루이 XIII 때 파리인들이 살던 곳 *Demeures parisiennes sous Henri IV et Louis XIII*》을 보라.

9) 드 몽팡시에 양의 《회고록 *Mémoires*》, pp.41, 191과 221. 드 피에스크 양과 드 프롱트나크 양이 준장을 맡고 있었다. 이는 비젤레이가 〈역사에 나타나는 몽팡시에의 여성화〉, 《회고록 다시 보기: 17세기 프랑스 여자들의 픽션과 회고록 *Revising Memory: Womens' Fiction and Memoirs in Seventeenth-Century France*》, p.101에 인용한 구절이다. 이 위대한 처녀는 유배를 겪으면서 자신의 두번째 군사적 공적을 이루었다. 이때 그녀는 바스티유 사령관에게 왕의 호위대를 향해 발포하라고 명령했고, 콩데 군대가 있는 생 앙투안가의 문을 열게 했다.(1652년 7월 2일) 1671년 피에르 부르기뇽은 그녀를 여전사로 묘사한다.

10) 루이 14세와 루부아가 주저 없이 그녀에게 1678-1679 브룬스윅 조약을 협상하라는 가장 복잡한 외교 임무를 맡겼다는 점에서 그렇다.

11) 《짧은 이야기들 II *Historiettes II*》, p.597에서 탈르망 데 레조는 생 발몽 이야기에 나오는 서민층 여자들의 이야기를 들려 준다. 그리고 그는 이 책에 '꿋꿋한 여인들'이란 부제를 단다.

12) I. 맥클린이 인용했다, p.77. 그 예로 《파리인들을 구한 프랑스의 아마존 여인. 혹은 슈브르즈 공작부인 군대의 접근(1649) *L'Amazone française au secours des Parisiens. Ou l'approche des troupes de Madame la duchesse de Chevreuse(1649)*》을 보라. 내가 알기로는 《가제트 드 파리 *Gazette de Paris*》와 1631-1660 시기의 《가제트 드 프랑스 *Gazette de France*》를 체계적으로 검토해야 한다.

13) 그러므로 이 태도는 —— '과격한' 여자들에 대한, 그리고 이들의 행동을 긍정적

으로 인정하는 사회에 대한——섭정기와 프랑스의 아주 위대한 몇몇 여인들에 한정되지는 않는다. 이 위대한 여인들은 이런 태도를 만들어 내기보다는 그것을 이용한다. 르네상스 시기에 정치 참여자, 예술 창작 참여자로서 여성을 '각인'하고 '정의'하는 과정을 P. J. 벤슨은 《르네상스 시기 여성의 창조 활동: 이탈리아와 영국의 문학과 사상으로부터 독자적인 여성의 도전 *The Invention of the Renaissance Woman: The Challenge of Female Independence in the Literature and Thought of Italy and England*》에서 연구했다.

14) 이러한 명구는 뒤 보스크 사제의 《용맹한 여인 *La Femme héroïque*》 첫장에 씌어 있다. 그는 이런 식으로 이 명구에 의미를 담는다. "남녀가 때때로 서로의 이익을 위해 간다면, 결국에는 남자와 여자가 선천적으로 동등하다는 사실을 보다 현격하게 제시하게 된다. 또 결국에는 종의 평등을 명백하게 입증하게 된다. 남녀의 차이가 몇 가지 다양함을 가져온다 하더라도 말이다."(II, p.189)

15) 탈르망 데 레조, 《짧은 이야기들》, II, pp.734-737, 주석 1486-1489과 O. 도메르손의 《일기 *Journal*》, 1644년 10월 1일, I, p.217.

16) 첫번째 사례로, 뒤 프레네의 《의회 방청 일지 *Journal des audiences du Parlement*》 t. II, 1, III, chap. 12, pp.242-246을 보라. 두번째 사례로는 H. 드 보니파스의 《프로방스 의회 법정의 유명한 판결들 *Arrests notables de la cour de Parlement de Pro-vence*》, chap. 14를 보라. 이 하녀의 이름은 카테린 모렐이고, 그녀를 유혹한 이는 장 게랭이었다.

17) J. 퐁타스, 《양심의 문제 혹은 결정에 관한 사전 *Dictionnaire de cas de conscience ou decisions*》, vol. I, 〈두려움에서 벗어나기〉, 사례 IX. 겁탈당한 여자가 굴복하지 않으면, 그녀는 자기를 겁탈한 자를 고소하게 된다. 이것이 뷔시 라뷔탱이 납치하자 드 미라미옹 부인이 한 일이다. D. 아스-뒤보스크, 《구제도하의 여자들과 권력 *Femmes et pouvoirs sous l'Ancien Régime*》의 〈17세기에 강간당한 여인과 납치당한 여인〉을 보라.

18) A. 파르주는 서민 문학, 특히 기사도 이야기는 서민 여자들에게 여성성의 치명적인 모습만을 전해 줄 수 있었음을 입증했다. 그리고 《여자들의 거울 *Le Miroir des femmes*》에서, 그녀는 여자들의 이 부정적 견해에 대한 지지도를 측정하는 방법을 생각한다. 그들의 삶에 직접 끼어드는 대표적인 두 개의 제도적 힘, 다시 말해 관리와 사제가 여자들에 대해 갖는 시각은 여자들에게 전혀 다른 실제 이미지를 부여한다.

19) 이 말은 행정 관리와 사제가 어떤 '페미니스트'적 태도를 취했다거나 개인적으로 특정 이미지에 '영향을 받았다'는 뜻이 결코 아니다. 거기에는 사회의 취향, 적어도 그 구성원 일부가 이롭게 여기는 태도를 반영하고픈 취향이 작용한다. 나는 가상의 산물과 역사적 산물을 결합해 주는 비교 방법을 완성한 M. 바산달의 논문의 도움을 받았다. 사회적 사건, 문학적 사건, 혹은 예술사를 연구하기보다는 문화를 연구하

기 위해 현실과 상상 사이의 공통 분모를 찾아내는 일은 두 영역의 밀도를 측정할 수 있는 출발점을 찾아내는 우리의 역량에 달려 있다. 〈예술, 사회, 그리고 부저 원리 *Art, Society, and the Bouger Principle*〉(pp.40 sqq).

20) 강조 표시는 내가 한 것이다. G. 드 라 테소네리, 《바르샤바의 공작, 시지스몬트, 희비극 *Sigismond, duc de Varsav: Tragi-comédie*》(pp.101-102) 사람들은 《양성의 동등함에 대하여 *De l'égalité des sexes*》를 쓴 풀랭 드 라 바르가 이 시대와 동떨어졌다고 흔히 말해 왔다. 이 사실은 맞기도 하고 틀리기도 하다. 그의 사고가 150년 이상 동안 어떠한 정치적 효과를 이끌지 못했다는 점에서는 맞고, 문화적 분위기를 고려해 볼 때에는 틀리다는 것이다.

21) 철학에서도 이러한 사실을 주시할 수 있다. "남자는 여자와의 차이에 대해 거의 걱정하지 않는다. 그리고 특히 데카르트와 스피노자가 살았던 17세기는 양성의 차이에 관한 사상을 교묘히 피해 간다." G. 프레스, 〈역사와 역사성〉, 《양성의 차이 *La Différence des sexes*》(p.64)를 보라.

22) 《일기》, 1649년 7월, p.756.

23) 예로 아들과 귀족 처녀와의 결혼을 파기하려는 아버지 쪽 변호사가 자신의 생각을 피력하는 이런 방식을 보라. "상소인 아버지 빌랭은 요즘 아이까지 만드는 유혹보다 더 흔하고 일반적인 일이 없다고 말한다. 즉 부모들은 자식들에게 스스로를 방어할 수 있는 인위적 산물을 준비하라고 한다. 그들은 서슴없이 서로 눈이 맞는다. 아버지들은 이들의 열정도, 운명도 더 이상 통제할 수 없다. 자식들이 아버지들만이 그렇게 할 수 있다고 바란다 해도 말이다." 뒤 프레네, *op. cit.*, t. II, 1. II, chap. 12, pp. 179 sqq. 동종이형적 성의 사회 관계가 형 적용에 있어서 작용한다는 사실을 늘 주시하자. 이때 남자는 (종종 궐석 재판에서) 사형을 언도받고, 여자는 가장 일반적으로는 교도소나 수녀원에 수감된다.

24) 나는 이 논쟁을 내 논문 〈여자들의 천성과 17세기 권력 행사와의 양립성에 관하여〉에서 발전시킨다. 양성의 차이에 관한 의학적 이론으로는 Th. 라케르의 《성 제조: 서양인의 육체와 성에 관한 고찰 *La Fabrique du sexe: Essai sur le corps et le genre en Occident*》을 보라. 여자들의 천성에 대한 오래 된 아리스토텔레스적 이론이 17세기 여성 혐오적 자료들에 있다 하더라도, 사실 이 시대는 성의 사회적 관계를 19세기 사람들이 한 것처럼 천성의 차이에 근거를 두지 않는다. 여기에서는 G. 프레스의 논쟁이 타당하다. (Cf., 이 책 p.203)

25) R. 무니에는 《프랑스의 제도들 *Les Institutions de la France*》에서 사회의 모든 계급에게서 벗어나는 위상의 기능을 제시한다. 철학적으로 놀라움을 일으키는 일체의 현상——예외적 존재가 이 범주에 속한다——앞에서 쏟게 되는 경탄이 이러한 사상을 가능케 한다. 그리하여 《영혼의 열정에 대한 개론 *Traité des passions de l'âme*》에서 데카르트는 첫번째 열정을 극찬하는데, 그것은 모순이 없는 것, 그리고 어떤 점

에서는 인간의 모든 발견 가능성의 기초이다.

26) I. 맥클린, *op. cit.*, p.265. 《용맹한 여인》(1645)처럼 교훈적 작품들에서, 뒤 보스크는 여자들로 하여금 과거의 용감한 여인들의 행동을 모방하라고, 또 그녀들의 의기양양함에 동참하라고 부추긴다. 그리하여 그는 주디스의 이야기를 서술한 후 이렇게 덧붙인다. "그녀가 승리하는 순간, 모든 여자들은 정신적으로 당당해지고, 모두가 그녀를 닮고 싶어하며, 그녀의 영광을 누리고 싶어할 것이다." 《용맹한 여인》, I, pp. 226-227, I. 맥클린이 인용함. *op. cit.*, p.189. 마들렌 드 스쿠데리는 《유명한 여인들 *Les Femmes illustres*》(1642)에서 여성 독자들로 하여금 "진정한 미덕은 성(性)과는 아무 관계가 없다"고 생각하는 제노비의 용맹함을 모방하라고 한다.

르 모안은 무장한 제노비 같은 여인. 권위와 에너지로 충만한 여인을 보여 준다. 제기된 '정신적 문제'는 '여자들이 군대의 미덕을 수행할 수 있는지……'를 결정하는 것이다.(《화랑 *La Gallerie*……》 p.144) 17세기초 무엇이 '칭송받을 만한' 여자의 모습을 뒤흔들었는가를 명확하게 알려면 제노비와 그리제리디스를 대립시켜야 한다.

27) 서민 여자들은 획일적 대중에 근거하지는 않는다. 산파, 사서, 여자 상인, 속옷 상인, 세탁부, 농사짓는 여인, 하녀, 여관 여주인과 떠돌이 여인은 사회에서 서로 다른 서열을 차지한다. 결혼 정책의 틀에서 사람들은 선원의 딸과 음악가의 아들, 직공의 딸과 서기 아들 사이의 평등성 혹은 불평등한 조건을 판단한다. 의회의 체포 명령서를 읽으면서 우리는 각 범주의 여자들이 '불변의 성을 지녔다는' 이유로 유죄 (혹은 무죄) 판결을 받았다는 사실을 확인하게 된다.

28) H. 드 보니파스, 《유명한 판결들 *Arrests notables*》, *op. cit.*, vol. I, chap. 3, pp. 383 *sqq.* 오늘날까지도 법이 남편의 폭력 사건에 개입할 때, 여자가 항시 보호를 받는 것은 아니다.

29) I. 맥클린의 *op. cit.*, p.63을 보라.

30) 이러한 관점으로 N. 엘리아스는 《풍속의 문명화 *La Civilisation des mœurs*》에서 왕궁의 결혼에서 "여자에 대한 남자의 지배는 완전히 폐지되었고" "(여자의) 사회적 능력이 이때 거의 남자의 그것과 동등하다"라고 쓸 수 있었다. 왜냐하면 "사회적 여론이 남자에 의해서와 마찬가지로 여자에 의해서도 결정되기 때문이다."(p.267) 이러한 사고에는 여러 의미가 풍기는 것 같다. 왕궁이라 해도 여자들은 아직 전통적인 역할에 복종하고, 적어도 일부는 그러했다. 남·녀 양성의 평등은 문화적 조류에 의해서만 부추겨진다. 이 문화적 조류에 전통 가치를 결합시키고, 여자들을 공식적 위치에서 배제하려는 이들은 강력하게 반발한다. 17세기 후반에는 이러한 배제에 도달하려는 공모가 나타나기 시작한다.

【참고 문헌】

《L'Amazone française au secours des Parisiens. Ou l'approche des troupes de Madame la duchesse de Chevreuse》, Paris, Jean-Henault, 1649.

Babelon, Jean-Pierre, 〈L'Hôtel de l'Arsenal au XVIIe siècle〉, 《L'Œil》, CXLIII, 1966, pp.26-35, 55-59.

Babelon, Jean-Pierre, 《Demeures parisiennes sous Henri IV et Louis XIII》, Paris, 1965.

Baxandall, Michael, 〈Art, Society, and the Bouger Principle〉, 《Representations》, 12, 1985, pp.40 sqq.

Beaseley, Faith, 《Revising Memory: Women's Fiction and Memoirs in Seventeenth-Century France》, Rutgers University Press, 1990.

Bénichou, Paul, 《Morales du grand siècle》, Paris, 1948.

Benson, Pamela, 《The Invention of the Renaissance Woman: The Challenge of Female Independence in the Literature and Thought of Italy and England》, Penn State University Press, 1933.

Boniface, Hyacinthe de, 《Arrests notables de la Cour de Parlement de Provence, Cour des Comptes, Aydes & Finances du mesme Pays》, Paris, René & Jean Guignard, 1670; BN, F 2145-2146.

Boyer, Claude, 《La Sœur généreuse, Tragi-comédie》, Paris, Augustin Coubé, 1647.

Dejean, Joan, 《Tender Geographies: Women and the Origins of the Novel in France》, Columbia University Press, 1991.

Descartes, René, 《Traité des passions de l'âme》, in Œuvres, Gallimard, Paris, 1937.

Dubois, Claude-Gibert, 《Le Baroque: profondeurs de l'apparence》, Paris, 1973, Larousse 〈Université〉.

Du Bosc, Jacques, 《La Femme heroïque ou les heroïnes comparées avec les heros en toute sorte de vertus》, Paris; Antoine de Sommaville et Augustin Courbé, 1645, 2 vol.; BN, R 5989-5990.

Dubuisson-Aubenay, 《Journal des Guerres Civiles de Dubuisson-Aubenay 1648-1652》, publié par Gustave Saige, Paris, 1883, 2 vol.; BN, 8 Lb 375055.

Du Fresne, Jean, 《Journal des audiences du Parlement depuis l'année 1623 jusques en 1657; avec les arrests intervenus en icelles》, Paris, 1678, in-fol. F2100(pour d. 1646: F12666)

Elias, Nobert, 《La Civilisation des mœurs》, Paris, Calmann-Lévy, 1973.

Farge, Arlette, 《Le Miroir des femmes》, Bibliothèque Bleue, Paris, Montalba, 1982.

Fraisse, Geneviève, 《La Différence des sexes》, 《Histoire et historicité》, Presses universitaires de France, 1996.

François de Sales, 《Œuvres》, Paris, Gallimard, 1969.

Gaudemet, Jean, 〈Législation canonique et attitudes séculières á l'égard du lien matrimonial au XVIIe siècle〉, 《XVIIe siècle》, CII-III, 1974, pp.15-30.

《Gazette de France》(pour les années 1631-1660) et 《Gazette de Paris》.

Gillet de La Tessonerie, 《Sigismond, duc de Varsav, Tragi-comédie》, Paris, 1646, in-4°, BN, Rés. Yf 252.

Grenaille, 《Gallerie des femmes illustres》, 1643.

Hasse-Dubosc, Danielle, 〈De la nature des femmes et de sa compatibilité avec l'exercice de pouvoir〉, 《La Démocratie à la française ou les femmes indésirables》, Presses universitaires Denis Diderot-Paris 7, 1995, pp.111-125, et 〈Ravie et enlevée au XVIIe siècle〉, 《Femmes et pouvoirs sous l'Ancien Régime》, Paris, Rivages, 1991, pp.135-152.

La Guette, Madame de, 《Mémoires》, Micheline Cuénin (éd.), Le Temps retrouvé, Paris, 1982.

Laqueur, Thomas, 《La Fabrique du sexe: Essai sur le corps et le genre en Occident》, Paris, Gallimard, 1992.

Lefèvre, d'Ormesson, Oliver, 《Journal d'Olivier Lefèvre d'Ormesson et extraits des mémoires d'André Lefèvre d'Ormesson》, A. Chéruel (éd.), Paris, Imprimerie nationale, 1860-1862, 2 vol.

Le Moyne, Pierre, 《La Gallerie des femmes fortes》, paris, A. de Sommaville, 1647.

Maclean, Ian, 《Woman Triumphant: Feminism in French Literature, 1610-1652》, Oxford University Press, 1977.

Mareschal, André, 《La Sœur valeureuse, ou l'aveugle amante. Tragi-comédie》, Paris, Anthoine de Sommaville, 1634.

Mérot, Alain, 《Retraites mondaines》, Paris, Le Promeneur, 1993.

Montpensier, Anne-Marie-Louise-Henriette d'Orléans, duchesse de, 《Mémoires de Mademoiselle de Montpensier》, A. Chéruel (éd.), Paris, Charpentier, 1858-1859, 4 vol.

Mousnier, Roland, 《Les Institutions de la France sous la monarchie absolue》, t. I: 《Société et État》, t. II: 《Les Organes de l'État et de la société》, Presses universitaires de France, 1974.

Plutarque, *Les Œuvres morales et meslees de Plutarque, traduites de grec en françois, revues, corrigées & enrichies en cette derniére édition, de Prefaces generales, de Sommaires au commencement de chacun des Traitez, & d'Annotations en marge, qui monstrent l'artifice & la suite des discours de l'Autheur*, tome premier, à Paris chez Antoine Robinot, en sa boutique sur le Pont-neuf, devant le Louvre 1645, XXXV, 《*Les Vertueux Faits de femmes*》.

Pontas, Jean, 《*Dictionnaire de cas de coscience ou decisions des plus considé rables difficultez touchant la Morale & la discipline Ecclesiastique*》, à Paris, 1715.

Portemer, Jean, 〈La femme dans la législation royale des deux derniers siècle de l'Ancien Régime〉, 《*Études d'Histoire du droit privé offertes à Pierre Petot*》, Paris, 1959, pp.441-457.

Poullain de la Barre, 《*De l'égalité des sexes*》, Paris, 1673.

Rousset, Jean, 《*Circé et la Paon: La littérature de l'âge baroque en France*》, paris, Corti, 1953.

Scudéry, Madeleine de, 《*Les Femmes illustres*》, paris, Sercy, 1642, 1648.

Tallemant des Réaux, 《*Historiettes*》, Antoine Adam (éd.), Paris, Gallimard, 1961, 2 vol.

Timmermans, Linda, 《*L'Accès des femmes à la culture*》(1598-1715), Paris, Honoré Champion, 1993.

Trousset, Alexis, 《*L'Alphabet de l'imperfection et malice des femmes⋯ dédié à la plus mauvaise du monde*》, Paris, 1617, Rouen, 1631.

Viennot, Éliane, 《*La Vie et l'œuvre de Marguerite de Valois: discours contemporains, historiques, littéraires, légendaires*》, thèse Paris-3, 1991, et 〈Des 'femmes d'État' au XVIe siècle: les princeeese de la Ligue et l'écriture de l'Histoire〉, 《*Femmes et pouvoirs sous l'Ancien Régime*》, D. Haase-Dubosc et E. Viennot (éd.), Paris, Rivages, 1991, pp.77-100.

아를레트 파르주

생각해 볼 수 있는 유사 개념들과 명백한 불평등
파리, 18세기

객체-여성이 성의 차이에서 보편성이라고 말할 수 있는 유일한 사회적·문화적 매개체를 끌어내는 시선에 의해 저절로 부상될 정도로 거기에 현혹되지 않는 것,[1] 고통과 베껴 써야 할 하나의——혹은 여러——이야기가 있는 사회·정치 현상을 비현실화하지 않는 것, 이제 이 두 위험 사이에서 18세기 파리에서의 폭력과 여성이 논의되어야 할 것이다.[2]

이 두 상황——여성들의 폭력, 여성들에 대한 폭력——은 역사상 특정 순간에 특수한 영역에 표시될 수 있다. 폭력의 이런 형태는 매우 특수한 사회적으로 구축된 상황 속에서 그들만의 독특한 수용 방식을 정면에 두고 떠오르는데, 이 방식은 규정된 후에야 분석 가능하다. 여성을 폭력적인 존재인 동시에 어떤 상황에서는 흔히 알려진 바대로 여성이라는 성 '때문에' 폭력의 대상으로 만드는 관계는(구직이나 공간 이용으로 나뉘는 일상적 관습에 전념하는) 사실 양성 사이에 실제적인 유사성과 둘 사이에 충격적인 권리의 불평등, 법률적·경제적 불평등이 존재함을 즉각 드러내는 방식과 닿아 있다. 반면에 여자들은 모두가 서로 다른 방식으로 그녀가 의지하는 공적 사물 전체와 맞선다. 이제 차츰 알게 되겠지만 우리 앞에는 변화하고 유동적인 세계가 놓여 있다. 그것은 문화적으로 익히 알려지고 답습되는 규범(권리에 대한, 철학과 민중 문학에 대한, 서민 문고와 의학에 대한 담화들) 내부에서 이동과 서로간의 간격이 현실의 여러 순간들을 조직하는 이 규범과 관계를 맺으면서 어렴풋이 모습을 드러내는 세계이다. 그리고 이 현실에서 여성의 주체는 남성에게서 빌려 온 자기 정체성의 형식과 전통적으로 역할에 순응한다고 일컬어지는 것 사이에서 만들어진다. 변화하는 이 장소에서 독특한 장면들이 작용하고, 그로 인해 양성 사이의 가능한 공간들이 분명하게 드러나는 한 세기가 제시된다. 이때 남성과 여성은 성적 불평등의 가장 직접적인 범주화(와 현실)에 의해 추방당하고 구속당한다.

연관 있는 접근

　남성 세계와 여성 세계는 서로 지속적인 관계를 맺는다. 이 관계는 집에서 건물에 이르는, 작업장에서 사거리에 이르는, 센 강가에서 묘지와 교회에 이르는 다양한 공간과 도시에서 그날그날 경험된다. 여자들과 남자들은 도시라는 공간에서 어떻게 보면 그야말로 혼합체를 경험한다. 이는 분명 유사성 없는 혼합체, 권리의 혼합체가 아닌 사실상의 혼합체일 것이다. 어쨌든 남자들과 여자들이 서로 나란히 있지 않는 한, 지속적으로 서로를 마주 보며 살아가는 방식이다. 그리하여 술집과 오락 시설들, 교회와 (공식적 징계가 이루어지는) 파업 현장 같은 공식적 장소, 세관, 장터, 축제의 장소 등에서 이들이 함께 어울리는 모습이 보인다.
　잘 알고 있는 것처럼, 이 유동적이고 변화하며 지속적인 관계가 명백한 불평등 한구석에서 드러난다는 사실을 즉각 명시해야 한다. 저작으로 입증되고 상상 속에서 전이된, 권리의 불평등 한구석에서 말이다. 기억을 돕기 위해 법적·시민적·사회적 유형의 모든 불평등과 여성의 남성에 대한 전적인 의존성을 떠올려 보자. '아둔한 성'을 이룬다고 여겨지는 여자는 흔히 무책임한 이들로 지칭된다. 과부가 되었을 경우를 제외하고 말이다. 흔히 사람들은 지극히 대조적인 생물학적 기질 체계와 의지를 억누르는 자궁의 힘에 굴복하는 여자의 육체, 아둔한 남자가 통제하려는 육체가 나약함에서처럼 폭력에서도 그녀 자신을 벗어난다고 말한다.[3)]

다량 유포된 민중 문학(서민 문고)은 불평등이라는 주제에 관해 아무런 도움도 못 된다. 또 이 문학에는 탐욕적이고 잔인하며 죽음보다 더한 파멸을 초래하는 여자의 치명적 주제가 지나치게 많이 담겨 있다. 많은 대중이 읽는 이런 책들 속에서 여자는 애초부터 후회라고는 없이 남자에게 오랜 기간의 불행을 갖다 주는 존재이다. 병적인 이런 도식에서 벗어나는 예외는 보통 사람 이상의, 칭찬받아야 마땅한 뛰어난 여자들에게서 온다. 그러나 평소 여자는 남자의 비극적 사건이자, 남자의 피와 돈을 탕진하는 흡혈귀이다. 여자와 잘살려면 남자는 그녀를 사회적으로 무가치한 존재로 만들어야 한다. 그리하여 서민 문학은 여자의 얼굴에 죽음이 드리워져 있을 때, 남자가 이 위협을 소멸시켜야 한다고 말한다. 그리하여 남자는 여자를 하찮은 상태로 몰고 가려고 한다. 우리는 현실이 때로는 허구적 색채를 띤다는 사실, 전설과 아이들의 노래와 더불어 상상이 합리적 외양을 갖춘 두 세계 사이의 불평등과 갈등이 공통적으로 나타나는 정경을 조작한다는 사실도 알고 있다.

(법과 의학, 문학이 주된 힘이 되는) 이 불평등한 포장 밑으로 삶은 어떤 점에서 약간 밖으로 나오고 균열을 만들고, 있을 수 있는 여지를 만들어 내는데, 이는 무엇보다도 살아남기 위해 혹은 아주 버거운 덧없음에서 벗어나기 위해 남자들과 여자들이 함께 그리고 서로 다른 방식으로 공적 공간을 움직이기 때문이다. (종종 시골에서 단신으로 상경한) 여자들이 아주 쉽게 도시에 적응하는 것처럼 말이다. 그리고 때때로 그녀들이 목소리가 높고 크며 행동이 외설적이며 시장에서 순식간에 싸움을 하고, 혹은 소식을 전해 주는 이들 곁에서 몹시 조바심을 낸다고 흔히 일컬어진다면, 이는 단지 그녀들이 양육자, 어머니로서의 역할 때문에 어쩔 수 없이 도시와 도시의 여러 제도에 관한 사회적 지식을 갖

게 되었다는 뜻이다. 이로 인해 그녀들은 적극적이고 까다로운 사람이 되어 시장과 물건 가격에 영향을 주고 경찰에 대한 정보, 직업 생활과 그들이 맡은 가정 생활에 리듬을 부여하는 왕정에 대한 정보를 조사하게 된다. 남자들과 아이들이 단순하고 자연스럽게 이 의무를 이용하는 이상 남자들은 이런 관리자로서의 의무를 다소 자유롭게 방치할 수 있다. 이것이 여기에서 말해야 하는 여성 권력의 용어인가? 꼭 그런 것은 아니다. 여자들에게는 자신들의 자리를 점유하기 위한 어떤 직함도 없다. 여자들은 미리 만들어진 자기들의 정체성을 해체하면서, 그리고 복종의 상징적 질서에 문제를 일으키면서 극히 단순하게 그 자리를 차지한다.[4] 이따금씩 자기들이 해야 할 일을 하면서 여자들은 한 우주 내의 합법성을 불법화한다. 그곳은 고정되지 않은 우주, 질서와 이름, 그렇지 않으면 담화가 이동하는 우주이다. 이렇게 도시에서 살아가는 여자들은 (특히 시장에서) 타협할 때와 마찬가지로 일을 추진함에 있어서도 남자들과 '단합한다.' 능력 때문이 아니라 익숙하고도 필요한 습관과 과정 때문에.

　도시에 들어서는 여행객에게는 반드시 그같은 장면이 눈에 띈다. 연대기 기록자와 모든 이들 역시 그런 모습을 묘사할 수 있다. 도시에는 육체들간의 뒤섞임 같은 것, 남자들과 여자들, 아이들과 사물들 사이의 명백한 공모(혹은 적극적인 협조)가 존재하고 또 펼쳐진다. 파리에서 "이 모든 의미는 한순간으로도 강력하다. 사람들은 부수고 방출하고 광내고 만들어 낸다. 쇠는 용해되고, 온갖 형태를 띤다. 지칠 줄 모르는 망치, 늘 타오르는 도가니, 항상 움직이는 다듬는 날카로운 줄은 재료를 녹이고 부수고 조합하고 뒤섞는다. (…) 불·물·공기는 무두질하는 일꾼과 대장장이, 빵 굽는 이의 일터에서 작용한다. 사물의 이름과 형태를 바꾸려면 석탄·유황·초석이 필요하다."[5] 남자와 여자 역시 '이름과 형태'를 바꾼다. "파리의 여자들, 공식 장소에 모습을 드러내고 남자들과 한데 섞여 있는 것에 익숙한 이들은 거만하고 뻔뻔하며 그들만의 견해와 태도까지 지닌다."[6] (유사한 것이라곤 전혀 없는) 이 도시적인 다공성(cette porosité urbaine)[7]에서 각각의 존재는 (때로 거기에 녹아 들어가 제 모습을 감추게 되는) 도시적 불투명함 속에서, 그리고 매순간 의 사회적 덧없음 속에서 가장 잘살아 보려고 애쓴다. (메르시에와 레 티프가 책에서 줄곧 표현하는) 육체는 분명 가시적이고 외적으로 표출 된다. 파리는 이 육체들을 과시한다. 일종의 관능성이 이 도시를 관통 하고 도시인들의 관심을 끈다. 그렇다고 행복이 늘 이 관능성의 유사 어는 아니다. 사실 육체가 가시적이라면 이는 남녀 각자가 타인의 시 선 너머에서, 혹은 그 아래에서 자기도 모르는 사이 요란한 몸짓을 만 들어 내며 움직이기 때문이다. 하지만 분명 능동적인 육체에 뚜렷한 질병이 결합한다는 사실도 덧붙여야 한다. 상처로 볼에 주름이 파이고, 두 다리는 절룩거리며, 입 안의 치아가 빠지고 비틀린 체형은 뚜렷이 드러난다. 거리와 작업장에서의 사고는 육체에 이런저런 흉터를 만들 어 낸다. 그리하여 삶의 거주지와 노동의 여러 조건들은 전혀 감출 수 없는, 일어난 사건이 여지없이 드러나는 육체 위에 새겨진다. 고통은 거기에 있고 기쁨과 축제도 그리고 다른 몸짓들, 다른 혼합된 자세들도 거기에 있다. 겉으로 뚜렷이 드러난 남자와 여자의 몸뚱이들이 도시에 서 살아가지만, 도시는 이들에게 모습을 '꾸미라고' 강요한다.

　이때 양성간의 관계들 감정상의, 성적 접근의 형태들 역시 가시적임 을 확신한다 해도 놀랄 일은 전혀 없다. 남자와 여자 사이의 '사적' 관 계는 거칠게 '공적으로' 경험된다. (모든 이들이 보는 앞에서 관계를 인 정받기 위해 이를 공고히 하고 합법화하는 식으로 말이다.) 사실 폭력 속 에 난폭함과 감정의 표현은 나란히 있다. 폭력은 사실상 일반적 사회 성의 형태들을 드러낸다. 18세기의 파리는 소음과 순환, 삶의 조건들, 만남과 육체가 이동하는 형태 등 모든 점에서 폭력적이다. 이런 상황에 서 남자와 여자에게 특별한 만남이 존재하는데 이것은 때로 삶의 일상 적인 형태를 본뜨지만, 다른 입장에서는 전혀 다르게 해독된다. 이때 남자·여자 어느쪽도 그들에게 만들어진 이미지, 규범과 이들을 에워싸는 명령에 갇혀 있지 않은데, 이는 결국 다른 (순간적인) 정체성을 다소 일시적인 탈출을 결정하기 위함이다.

폭력적인 여자

여러 담화에서 이 이미지는 단순하고 수월하고 다루기 쉽고 유용하다. 이 이미지는 도시의 많은 사례들에 쉽게 적용될 수 있고, 필요하다면 전해지는 이야기들이 있을 법한 일이 아니라 사실임을 입증할 수도 있다. 현실과 상상이 상충하지 않는 혼미함 속에서 이 사회가 '여자는 폭력적이다'라는 특징을 편안하게 지지할 수 있는 이 혼미함 속에서, 여러 메커니즘과 역할들의 정확한 흐름을 검토하자. 그것은 표현된 폭력의 매순간과는 다르다.

잔인하다고 흔히 일컬어지는 처형의 순간에 그녀는 눈도 깜박이지 않은 채 모질고도 오랫동안 이루어지는 죽음의 광경을 끝까지 쳐다본다. 이것이 아무렇게나 중요한 질문도 없이 화제에 오르내리는 토포스(topos), 여러 잡지와 회고록, 연대기 전체에 나타나는 토포스이다. '운 좋게도' 이런 모습이 포악한 여성이 나오는 조잡한 민중 문학으로 확인되는 이상, 이는 펜이 수월하게 다루게 되는 익숙한 모습이다. 그러므로 이 여자들은 그레브 광장에서 맨 마지막으로 눈을 감는 이들이고, 이 사실은 확실하다. 무엇보다도 사물이 그런 식으로 흘러가는지, 혹은 사물이 일부 남성의 불확실하면서도 흔히 이야기되는 여러 이야기 속에 스며들어 있는 기억으로 재구성되는지를 제대로 파악해야 할 것이다. 그 다음에 사실인즉 남자들의 시선을 기록하고 이 극적인 순간에 그들이 정말로 보지 않기로, 맹인이 되기로 결심했는지를 파악해야 할 것이다. 국립 고문서에 보관되어 있는 **AD III** 7에는 겔레트 검사가 직접 쓴 18세기의 형사 재판 조서들이 있다. 때때로 그는 중요한 처형에 대해 주석을 달고 여자들에게 내려진──드문 경우이지만 필요했던──처형에 관해 자세히 이야기한다. 몸의 형태와 안색에 나타나는 즐거움, 모자 밖으로 삐져 나온 머리채를 친절하게 묘사하면서 말이다. 마찬가지로 L. S. 아르디는 자신의 《일기》에서 처형당한 여자를 감동적인 그림처럼 묘사한다. "나는 양쪽으로 머리카락이 한 타래씩만 늘어져 있는, 해수욕복 차림의 곱슬머리 여자를 보았다." 그러므로 남자들도 보고 있었던 것이다. 그들은 여자의 육체가 당하는 고통, **그리고** 유혹을 본다. 이 (미학적-관능적) 측은함 때문에 그들은 자기들이 쳐다본다는 사실은 잊고 눈을 뜬 채로 있었던 여자들을 거리낌 없이 비난할 수 있는 것이다. 사실 어떻게 여자와 남자가 그레브 광장에서 벌어지는 행사에서 공식적으로 멀리 떨어져 있었다고 생각할 수 있단 말인가. 공시대 (pilori), 축제, 전제 군주제 의식과 **테데움** 같은 명목으로 거리의 일상적 행사에 참석하면서 이들은 아주 빈번하고 조직적으로 전제 군주의 행렬에 참여했던 것이다. 여자에 대한 남성의 담화는 여러 전설에 충실한 완서법이 되어, 이 공포 앞에서의 유죄 의식──공유된 매혹──으로부터 자신을 면제시키기 위해 효과적으로 작용한다.[8]

여자들 사이의 폭력: 잔인한 여자보다 건물의 계단이나 시장의 광장에서 이웃집 여자의 머리채를 휘어잡는 여자가 더 익숙하고 우스꽝스러우며 분명한 이미지이다. 싸움 때문에 시장에 출두한 어느 경찰관은 "여자들의 싸움은 어느 누구에게도 흥미롭지 않다"라고 쓸 것이다. 시장에서 일어나는 싸움은 희극의 한 장면, 유쾌함을 일으키는 인위적 산물이다. 여기에서 사실과 그녀의 모습, 그리고 그녀의 무가치함, 이 모든 것은 서로 뒤죽박죽이다. 그러나 '여자들 사이의 싸움'은 다른 메커니즘, 경솔하게 고백된 메커니즘을 소집한다. 이 싸움이 비교적 자주 일

어난다면, 이는 남성과 여성의 역할이 충돌하여 구경꾼의 간섭과는 다른 어떠한 개입 없이 저절로 일어난다는 뜻이다. 여자들의 가격 협상은 일상적인 일이다. 게다가 이때 동업자들 집달리나 빚쟁이들에게 맞서기 위해 (남편이 자진해서 종적을 감춘) 상점 혹은 작업장에서 주인 여자들이 맡는 역할을 상기해야 한다. 여자는 싸우고 협상하고 세금 관리[9]에게 맞설 줄 알고, 그에게 자신의 방식을 강요할 수 있다. 여기에서 남자와 여자의 역할은 서로 이어져 사회적으로 매우 유용한 상태를 완성하게 된다. 그 다음으로 시장에서 단골 여인과 상점 여주인이 서로 싸울 때와 두 단골이 서로 다툴 때의 사회적·경제적 상황 역시 비슷하다. 집안의 공동 재산을 지키기 위한 가격이 문제인 것이다. 평이한 이 갈등의 익숙한 형태 앞에서, 여성의 유능함이 인정되어 경찰도 개입하지 않는다. 그리고 나서는 더 이상 비꼬지도 웃지도 않고, 다양하고 사소한 사실을 성난 폭력적이고 손톱으로 할퀴는 여자들이 차지하는 항목과도 얼른 결합시키지 않는다. 그러나 이 행위와 이미지 사이의 공간은 텅 비어 있다. 이 폭력이 남자에게 도움이 된다는 사실, 어떤 식으로든 남자의 능력이나 권위를 약화시킨다는 사실은 결코 입증되지 않는다. 여자가 행하는 폭력은 제도나 남성들이 방치한 빈 공간을 차지한다. 여자는 역사에 의해 이미 회복된 형태로, 이 옆걸음을 충분히 알고 있는 형태로 그 흔적을 남긴다.

폭동[10]·보복·파업·군중 집회. 우리는 다른 곳에 기록된 폭동과 정치에 개입하던 여자들의 역할로는 되돌아가지 않을 것이다. 여기에서는 다음과 같은 식으로 질문을 제기하면서 두세 가지를 강조할 것이다. "혁명이 고조될 때 여자들은 어떤 명목으로 부재했을까?" 아마도 혁명에 **참여하고** 싸우고 봉기를 일으키고, 그녀들에게 금지된 게다가 빈민층 전체에 금지된 정치 영역에서 나름대로 가능성을 조정하는 만큼 많은 여자 선동가들(비록 이것이 폭동을 일으키는 여자들에 대한 **사후에**

구축된 이미지라 하더라도)이 있지는 않았을 것이다. 사태는 이렇다. 사태는 오히려 비교적 단순하다. 이런 형태의 행동에 대한 남성의 동의는 분명하다. (그는 그녀들을 먼저 내보낼 수 있었고, 붙잡히면 여자들이 덜 처형되리라는 사실을 알고 있었다.) 어떤 점에서 여자는 이러한 관습의 효과를 인정하고, 자신이 어느 정도의 능력을 지니는가를 확신한다. 여기에서 사회적 유용성이 입증되는 것은 아니다. 그 시기에 부드러운 여인/강한 여인이라는 이중적 토포스를 다지는 여성의 파괴적 이미지가 주조된다 하더라도 말이다. 폭동에서 여자는 영웅이 아니라 용어상 강한 의미의 지나가는 여인(PASSANTE)이며, 이것이 모든 것을 바꿔놓는다. 18세기에 극히 적은 숫자의 여자들이 폭동을 일으키는 군중 속에서 두각을 보여 그후 알려지게 되는 얼굴을 드러낸다. 만일 몇몇 사건의 세부 사항을 좇아간다면(1750년 아이들 납치로 일어난 폭동, 1775년 밀가루 폭동), 우리는 이 운동의 몇몇 결과들에서 한 여자가 두드러지고, 다른 이들과 함께 특정 행위를 기획한다는 사실을 발견한다. 그러나 그녀는 곧 이 자리를 다른 여자에게 넘기고 군중 속으로 들어간다. 여자 영웅도 후에 다른 상황에서 올림프 드 구주 같은 이들이 그렇게 되는 것처럼 위대한 인물도 아닌 채로 말이다. 여기에서는 역사의 흐름이 신화적 혹은 영웅적인 특수한 관계를 이 몇 명의 여성 지도자들에게로 연결시키지 않는데, 일상적으로 그렇듯이 이 여자들이 '혁명에 참여하지만' 혁명을 위해 자기들의 특성을 드높일 필요도 그들의 진정한 영향력을 확대시킬 필요도 없었기 때문이다. 게다가 그녀들의 요구가 (그녀들이 새로운 정치 창달에 참여한다 하더라도) 늘 정치적 차원에 있지 않았고, 그녀들의 자리가 전통적인 것으로 고려되었기 때문이다. 이상한 것은 18세기 파리에서 여자들이 폭동의 순간에 자기들의 업무상 자리를 비우고 있었다는 사실일 것이다. 아마 거리에서의 업무와 일시적 업무에 참여하는 데 익숙한 성격 때문에 그녀들은 곧장 '집으로 되돌아갈' 수 있었을 것이다. 그녀들이 잠시 맡았던 이 역할에 아무 의

문 제기도 없이. 그럼에도 불구하고…….

이 분명한 질서, 남성 세계와 여성 세계가 합의한 질서, 폭동중에 만들어진 이 질서에도 불구하고 합의된 이미지 너머에는 분명한 현실이 존재한다. 그것은 개별적인 상황마다 간격이 넓든 좁든 다른 여자들보다 더 적극적인 몇몇 여자들이 새로운 정체성과 나중에 '형상화할 수 없는 공동체'[11] —— 다른 기호들에게로 열리고, 다른 사건들을 위한 —— 를 이루는 몸짓을 만들어 내는 현실이다.

얀센파 광신자, 생 메다르 공동 묘지에서 일어난 혼란스러운, 특히 여자들의 광란으로 익히 알려진 여러 에피소드(1732-1750)에서[12] 폭력은 끔찍했다. 연루된 여자들은 타인을 자기들의 탄원서 쪽으로 변화시키기 위해, 그리고 신에게 죄로 물든 이 사회를 용서하고 구해 달라고 기도하기 위해 그녀들 자신에게 거의 견딜 수 없는 폭력을 행사한다. 그녀들은 주변 사람들에게 신음을 낼 때까지 나무 몽둥이로 때려 달라거나 사지를 죄어 달라고 요구한다. 이것이 '구원'이다. 이처럼 그녀들은 비열함과 유죄 판결을 내리는 교회 앞에서 신의 이해를 얻기 위해, 그리고 그로부터 구원받기 위해 스스로에게 폭력을 가하는 편을 선택해 왔다. 대부분의 가난한 여자들은 포기, 혁명, 그리고 자기들에게 되돌아오는 고통의 신비적이고 물리적인 과정에 접어든다. 이는 단지 자신이 꿈꾸던 (영광스럽고 천상적인) 다른 실존뿐 아니라 그녀들을 견딜 수 없는 일상의 현실 너머로 인도하는 신성한 본질을 소유하기 위함이다. 이 현실에서 그녀들은 그야말로 최후의 존재로, 가장 가난한 이들로 살아간다. 얀센교도는 다른 모습이 되기를 갈구한다. 이를 위해 그녀는 흥분의 현실을, 과도한 여성성으로 익히 알려진 이미지를 빌려 오고, 이 표현과 현실을 몸소 체험한다. 이때의 현실은 그녀에게 충격을 주어 성스러운 공동체가 맞이할 수 있는 (천상의) 장소로 현실을 변화시킨다. 자신에 대한 이 폭력, 서로 뒤엉켜 있는 모든 사회 계급인 남녀로 구성된 거대한 대중에게 볼거리로 제공되는 이 폭력에는 난폭하고 날뛰는, 사로잡힌, 탐욕적이고 가혹한 여성의 부정적 이미지를 특별히 더 배가시키는 특수한 점이 있다. 희생자 되기를 기꺼이 수락하면서, 다시 말해 서민 문학에서 자신을 짓누르는 이중적 명령 장면 같은 것을 재연하면서 말이다. 얀센교도는 그녀가 그 공동체와 폭력을 당한 여자를 표현하고자 한다는 점에서 폭력적이다. 사실 관객에게 이미지와 현실은 합치된다.

여자들에 대한 폭력

거리·집·건물·술집·센 강가·입시세관 같은 파리 온 지역에서 남자들과 여자들 사이의 갈등과 한쪽이 다른 쪽에게 행한 구타, 가해진 폭력이 중요하다. 이런 경우의 폭력은 1765, 1770, 1775, 1780, 1785의 하층민 형사 재판에 제기된 탄원서를 출발점으로 연구되었다. 이들 연도마다 거의 1천5백 건의 탄원이 들어왔는데, 그 중에서 6백 건은 폭력 사건과 관련이 있다. 다른 나머지는 절도·사기·날치기·공해 등을 내용으로 삼고 있다. 폭력 때문에 제기된 6백 건 전체에서 (거의) 60건이 남자들을 상대로 한 여자들의 탄원이다. 경찰이 보는 앞에서 표현된 폭력 전체의 10퍼센트가 여자를 상대로 한 남자의 성폭력이다. 남자를 상대로 한 여자의 폭력은 지극히 미미한 비율로 나타나 드러나지도 않는다. 동종이형은 분명하다. 남자들과 여자들 사이에 폭력이 있다면, 이 폭력은 여자들을 상대로 한 남자들의 폭력일 **뿐**이다.

(수치로 드러난) 이 현실은 다른 광경을 그려내는데, 그곳에서 여자들의 폭력 언저리에 초벌로 그려진 첫번째 풍경이 공존한다. 이때 다른 것과 관계 있는 한 가지 '대응'을 단순한 용어로 연구하는 것은 중요치 않다. 반대로 커플이 갈등에 처해 있는 (유혹하는, 결혼하는, 혹은 내연

관계에 있는) 특수 영역 속에서 다른 세계의 윤곽을 추적해야 한다. 이는 함께 있기 위한 매혹적이고 충동적인 방식으로 남자와 여자가 서로 맞대면하고 있는 세계다. 앞서 연구된 여자들의 폭력은 광범위한 총체 속에 새겨져 있는데, 이 총체에서 (경제적·치안적·정치적·종교적) 도시는 성적으로 구분된 행위로 구축된다. 이때 여자들에게 가해지는 폭력에 관한 연구에서 남자와 여자는 욕망과 공동 생활이란 점에서 성적으로 다른 입장에, 정반대에 처한다. 이들의 갈등과 긴장은 가정 생활의 안정을 그 내용으로 삼는다. 게다가 집안 생활은 주의를 기울이는 이웃의 시선하에서만 현실적 합법성을 띤다. 여기에 남자, 여자, (옆집의, 같은 동네의) 이웃의 삼각형이 이루어지기도 한다. 이때 이웃의 시선은 관계의 명확함을 입증하기 위한 필수 불가결한 요소이다.

잘 알다시피 공간이 명확하다고 믿는 것은 우매한 일일 것이다. 그렇지만 여자를 상대로 한 이 많은 폭력에서 또 다른 장면이 벌어진다. 그것은 18세기 서민 남자와 여자 사이의 감정적·성적 관계를 특징으로 삼는 실제적인, 또 그렇게 표현된 장면으로, 여기에서 지배는 현실적이지만 반면에 둘이서 살고픈 욕망과 그 필요성이 작용하기도 한다.

탄원서에는 당연히 이름이 기록된다. 즉 여자의 고통이 기술된다. 그 괴로움은 무겁다. 여자가 긴 고통을 당한 후, 구타를 당한 후에 비로소 경찰관 앞에서 탄원을 하는 만큼 이 삶은 분명 소모적이다. 폭력은 가볍지 않다. 연장과 부엌 살림 도구, 둔기로 가해지고 실행된 아주 모진 구타가 문제이다. 여자의 말과 남자의 말이 다 드러나는, 심문으로 상세히 조사된 이런 부당한 대접 속에(우리는 그 스타일과 어휘·내용을 따로 연구할 수 있다) 양극단이 온전히 드러나는 긴 이야기가 있다. 그 중에 하나가 우리가 편안하게 마주치고 농을 던지고 유혹하는 수많은 육체들, 스쳐 지나간 육체와 당대의 재치 있는 말에 따라 무수한 '교태'가 뒤섞인 실질적인 극단이다. 18세기 파리는 이처럼 상대적으로 수월하고 흥에 겨운 유혹을 위한 성적 접근을 허락한다. 그것은 눈에

띠고 오만한 성욕으로 표시되는 접근이다. 그리고 이 성욕 안에서 육체
와 몸짓은 굳이 제 모습을 감추지 않고, 거리 축제와 연극에서처럼 직
업 생활 전체와도 잘 일치된다. 행동과 말하는 능력, 그 '자유' 영역을
증대시키는 이 실질적인 극단에 부정적이고 음울한 또 다른 극단, 첫번
째 극단을 이기는 또 다른 극단이 나란히 위치하는데, 그것은 다른 증
거물로 구축된 남성 폭력의, 특히 여성에 대한 남성의 육체적 소유라는
폭력의 극단이다. 어떤 점에서 도시 생활은 서로 뒤엉켜 살아가는 나날
중에, 그리고 도시에서의 이동과 노동, 개입의 여러 방식 속에서 경험
된 평등의 형태들을 소유할 수 있었다. 그러나 이 가능한 공간은 가정
생활에 파묻혀 거리감을 드러내는 여자를 상대로 한 폭력적인 남자에
의해 거부당한 것이 아니라, 일상적인 구도에 의해 아주 종종 와해되고
파기된다. 남자는 이때 여러 역할들을 차지해야 하고 그의 폭력은 가장
직접적인 자신의 권리를, 그리고 자기 명예를 드러내는 가장 흔한 표현
이다. 예로 들 수 있는 몇 가지의 남성 발언들로 우리는 이러한 상태를
이해할 수 있다. 이들은 자기 여자들의 탄원 때문에 심문을 받는 법정
앞에 선 남자들이다.

"그가 자기 아내와 아이들의 버릇을 고칠 때 아무도 그의 집에 가서
그를 나무랄 필요는 없다." "그의 아내가 결코 그에게 아무것도 설명하
지 않았기 때문에 그는 낙담했다. 그녀가 살림 전체를 맡는 완전한 안
주인이 되었다는 사실, 그녀가 살림을 지배하고 싶다는 사실을 말이다."
"그가 저지른 잘못은 그녀를 너무 폭력적으로 대했다는 것이다."

이 불화에 관한, 그리고 폭력에 관한 이야기들을 따라가다 보면 진정
으로 중요한 인물이 출현한다. 그것은 타인이다. 애정 관계는 어쩔 수
없이 이웃, 동네 사람들, 직장 동료들의 시선하에서 조작된다. (18세기
사회성에서 어찌 달라질 수 있었을까?) 모든 이들에 의해 자극받은 이
시선은 부부 생활의 여러 버팀목 가운데 하나를 만들어 낸다. 이 시선
은 애정 관계의 성립을 합법화하고, 불화와 구타가 발생할 경우 커플에

게 일어난 비정상적인 일에 대한 증거로 여겨진다. 자기의 상황을 드러내는 각 개인은 이 사실을 경찰관 앞에서 정확하게 제대로 배열하기 위해 동네와 이웃과 한편이 되어 동네 사람들의 기억을 조사한다. 유혹을 당했다가 버림받은 여자는 자기들의 '깊고 긴 키스'를 목격한 이웃들에게 의지한다. 이것은 그녀가 약속받았음을, 남자가 출산 비용에 일조해야 한다는 사실을 입증한다. 여자에게 속았다고 털어놓는 남자는 여자의 나쁜 행실을, 예전에 내연 관계가 있었음을, 혹은 잠시 머물다 간 군인이 있었음을 증언해 달라고 이웃들의 기억에 호소한다. 폭행당한 여자는 사람들을 불러모으고, 이 모임 자체가 범죄 상황을 입증한다.

분명한 공모, 그러므로 매우 분명한 불화인 것이다. 즉 남성 폭력에 대한 사회적 저항이 가능해지는 것은 개방된 공간에서이다. 솔직히 말해서 아무도 여성에 대한 남성의 지나친 폭력에 의한 술책을 관대하게 보아넘기지는 않는다. 그리고 이런 태도는 여자를 보호할 수 있다. 그러나 (하층민 형사 재판에 제기되거나 경찰관에게 제기된) 탄원 전체는 이런 사건들이 시작된 지 한참이 되어서야 세상에 드러난다는 사실을 말해 준다. 사실 여성에 대한 남성의 폭력은 아우를 수 없는 현실이다. 또 바로 거기에서 여러 역할들이 복종과 수동성, 거리화, 남자의 물리력, 남성의 '권리,' 살림을 하고 아이들을 돌보면서 경제적 안정을 지키고 픈 욕망들 사이에서 드러난다. 이 역할들은 다소 분명하게 지배/억압의 역할에 대한 여자와 남자의 복종을 표현한다.

남성의 이런 폭력이 어떤 부분을 문학적 도식과 여러 이야기들에서 본떠 오는가? 때때로 여자들의 폭력이 일으키는 전이, 분명하기도 한 이 전이와 더불어 이런 형태의 신체적 소유는 어떻게 만들어지는가? 여성의 몸에 가해지는 일반적인 남성 폭력의 거의 획일적인 색채가 나타나는 이 현실은 어떤 것인가? 보다 적극적인 여성 민중에게 이 현실은 어떻게 경험되는가?

사회는 ——18세기 같은—— 과거 메커니즘에 관심을 갖는 역사가인 우리가 분석하는 것과 같은 식으로 자신들의 모순을 경험하지 않았을 것이다. 18세기 파리, 이 도시의 엘리트들, 정치가들과 민중은 몇몇 특정 시기에 적극적이고 폭력적인 여자들을 참고 견뎠을 것이다. 이 현실이 성적 동종이형으로 이미 완결된 영역에 아무런 혼란을 일으키지 않으리라는 확신 속에서 말이다. 역사의 진정한 목적이자 가상적이고, 제도적이며 정치적으로 무거운 도식을 가장 잘 이해할 수 있게 하는 것은 정확하게는 이 복잡한 구조, 여성의 분명한 안락함과 남성의 여성에 대한 절대적 지배가 공존하는 이 복잡한 구조이다. 18세기 정치·종교·사법권은 일종의 분명한 혼합체를, 제시된 명백한 불평등으로 움푹 파인, 때로는 이 상태를 조절하고 혹은 반대로 부추기는 대중에게 드러난 이 혼합체를 다 유지시킬 줄 안다. 사회 관계의 총체로 여겨지는 것이 아니라 대중이 참여하는 몇몇 개별적 사건들에 영향을 미치면서 말이다. 남자와 여자간 관계의 혼합체·불평등·명백함은 사회를 고정시키는 것이 아니라 강력하게 결정시킨다. 동시에 거기에서 우리는 가능한 장소, 규범의 창출과 그에 대한 무관심을 구분하게 된다. 우리가 이러한 것들을 여기에서 불평등을 줄이는 방식으로 파악한다면, 아마도 우리 사회에 대한 동일한 연구를 진행시키면서 미래에 영향을 끼칠지도 모른다고 생각해 볼 수 있을 것이다.

1) R. 샤르티에의 〈양성의 차이와 상징적 지배〉, *AESC*, n° 4, 1993을 보라.

2) 이 자료는 오래 된 법률 문서에서, 그리고 본질적으로는 1765, 1770, 1775, 1780, 1785년 소(小) 형사재판소(Y급)의 탄원서와 조서들에서 행해진 조사에서 차용된다. 해마다 철저하게 검토되어 재조사된 매년마다 열두 묶음의 자료들이 해당되었다.

3) 18세기 왕립의학회에서 쓴 의학 보고서 전체를 보라. (의학 아카데미도서관)

4) J. 랑시에르, 〈종속화와 표현 사이의 여성사〉, 아날 *ESC(Annales ESC)*, n° 4, 1993.

5) L. S. 메르시에, 《파리의 모습 *Tableau de Paris*》, Mercure de France, 1994 t. I, chap. 1: 〈언뜻 보기〉, p.25.

6) *ibid.*, t. III, chap. 249 : 〈여인들〉, p.624.

7) D. 로슈, 《파리 민중들 *Le Peuple de Paris*》, éd. Montalba, 1979. O. 허프톤, 《18세기 프랑스의 빈민들 *The Poor of Eigteenth Century France*》, 옥스포드대학 출판사, 1974.

8) 이 점에 관한 광범위한 발전이 A. 파르주의 《18세기 파리에서의 취약한 삶, 폭력, 권력과 연대감 *La Vie fragile, violence, pouvoirs et solidarité à Paris au XVIIIᵉ siècle*》에 기록되었다. 〈Points〉, Seuil, 1992.

9) 여자들이 마을에 들어와 세금을 걷는 이들을 피했던 일 드 프랑스 지역에 명백한 예가 있다.

10) N. Z. 데이비스와 A. 파르쥬(dir.)의 《16세기-18세기 여성사 *Histoire des femmes XVIᵉ-XVIIIᵉ siècle*》의 〈분명한 여자 선동가들〉을 보라. Seuil, vol. III.

11) J. 랑시에르, art. cit., p.1014.

12) 여자들이 충동적으로 한 발언은 아르스날도서관에 보관되고, 그날그날 경찰 호위대의 관찰자들에 의해 주석이 붙여진다. 바스티유의 고문서들 10196-10206. Cf. C. L. 메르, 《생 메다르의 얀센교도들 *Les Convulsionnaires de Saint-Médard*》를 보라, 〈Archives〉, Gallimard, 1985.

19세기 사회의 약한 여성들과 강한 여성들

위험한 계급들, 의기양양한 가정, 이중적이고 반복되는 이 주제는 19세기 고전 사료 편찬을 관통하고 거기에 명백하면서도 모호한 비극적 결과를 새긴다.[1] 그리하여 대대적인 문맹 퇴치 시대, 지방의 개발과 기술의 전개 시대가 양성의 불균형·불법·출산·영아 살해·다양한 문란함 같은 독특한 증상을 확산시켰을 것이다. 범죄와 가난은 산업화와 도시화라는 이름의 현대성을 기반으로 중독된 꽃처럼 확산되었을 것이다.

범죄에 관한 통계 자료들, 《판결록 *Gazette des tribunaux*》과 발행 부수가 많았던 신문에서 끄집어 낼 수 있는 사회면 기사들, 외젠 수·위고·발자크의 상상력에서 비롯되는 전형적 형상들로 이루어진 이 그림에서 사료 편찬은 동시에 어린 소녀 모델들, 활짝 피어오른 모성과 부드러운 내면이라는 보다 밝은 면을 다룰 줄도 안다.

대혁명은 남자들에게 소위 천부적 질서를 역전함으로 생기는 위험을 증명했다. (군인·당원을 표시하는) 모표에서 무기까지의 간격이 한 걸음에 불과한가? 어쨌든 근사한 출구와 그 가능성에 대한 기록은 고작 한순간 동안만 지속되었을 것이다. 시민법은 어머니들을 결혼의 권위 속으로 황급히 몰아간다. 그리하여 이 여성들은 미래 시민들의 교육을 맡게 된다. 사회·정치적 안정은 우선 가정의 질서로 시작된다. 이혼과 클럽, 발언하기 등과의 영원한 이별인 것이다. 부르주아지의 논리가 전면으로 나선다. 그리하여 광명과 인권 선언의 소산인 이 시기는 여자들에게는 후퇴의 시기, 더군다나 감금의 시기로 드러난다.

놀라지도 않은 채, 여자들은 집안에서의 역할을 맡는다. 이들이 '보호'벽 너머의 공식 무대를 침범하여 중요하고도 의심스런 거리 방황에 사로잡히는 사태가 벌어진다. 그러나 사회적 시나리오는 선포되지 않는다. 주동자들의 입장과 몸짓이 불확실하게 전개되지도 않는다. 폭력에 나름의 이유가 있고 논리가 있다 하더라도 그 이유와 논리를 재구성하고, 거기에서 균열과 광기를 발견하는 일은 역사가의 소관이다. 확실한 위기의 징후, 그러나 규범의 요소이기도 한 이 폭력은 특히 보다 지속적이고 보다 일상적인 체제에 속한다. 그리고 이 체제에서 권력 관계가 협상된다.

19세기 폭력에 대한 역사적 자료를 바탕으로 우리는 음지(매맞는 아이들, 강간, 근친상간 등)를 표시하고, 흔히 '노동 계급'과 동일시되는 '위험한 계급'이 전적으로 지지하는 특징을 흐릿하게 할 수 있으며, 특별한 것에 현혹되는 대중에게 능숙하게 영합하는 사실주의 문학의 과장을 비꼬을 수 있다. 카드를 바꾸지도, 늘리지도 않은 채 우리는 다른 식으로 섞어 새로운 배열을 시도할 수도 있다.

처음에는 범죄 기록이 많은 사료를 다시 찾아봐야 할 것이다. 죄인은 어떻게 명명되고 구분되며, 그 원인과 결과는 어떤 관계를 맺는가? 죄인은 어떻게 처형되고 비난당하고 처벌받게 되는가? 간단히 말해, 그는 사회 전체 상황과의 관련하에서 어떻게 고려되는가? 즉 역사가에게 있어서 폭력은 우선 법과 법전을 넘어 당대의 전반적 상황 속에서 출현하는 것으로 확인된다. 고문서들이 보여 주는 흔적은 다소 연계성 있는 중요한 목록, 서로 상충되는 정치 목적에 이용된 목록을 구축한다. 폭력의 이 사회적 관습이 이들 자료에 제기해야 할 첫번째 질문이 된다.

육체의 폭력, 사회, 이념적 고통이 교차하는 지점에서 현실과 표현이 긴밀하게 뒤섞인다. 이와 마찬가지로 폭력은 틀림없이 사회·문화적 관계의 내밀한 원동력 속에 매복해 있을 것이다. 성찰의 바로 이 지점에서, 접근할 수 없고 즉각적이지 않은 덜 가시적인 이러한 층위를 이해할 수 있게 하는 개념적 도구의 문제가 제기된다. 매끈하고 자명한 외양 너머 움푹 팬 지점에서 움직이는 유혹의 동기가 탐험이란 명목으로 이같은 성찰에 자극을 주게 된다. 기호와 의식(儀式)에 속하는 기초적이면서 복잡한 이 행위들이 여성과 남성을 대립시키기만 하는 것은 아니다. 이 행위들의 목록은 육체와 말의 쾌락과 자발성의 장소이다. 각각이 기회와 위험을 변화시키게 되는 다소 즉흥적인 연출에서, 이 역할이 결코 미리 얻어지지는 않는다. 그리하여 끌림과 거부의 다양한 형태 속에서 이 양성의 만남은 역설적인 사회 관습(거짓 유혹, 매춘 등)[2]의 주요 인자가 된다.

범죄와 유혹 사이에서, 우리는 범죄를 남자들과 여자들의 어긋난 관계가 흘러나오게 되는 배출구로 변화시킬 소지가 있는, 또 유사 법전을 폭력의 완화된 표현으로 축소시킬 소지가 있는 인과 관계를 설정하려 들지는 않을 것이다. 교차되고 회복된 길을 통한 이중적 접근은 결정적으로 사회 생활의 근본적인 초석으로 이끈다. 즉 주동자들을 당대의 문화적 맥락과 이어 주는 일련의 사회 관계들 쪽으로, 규범적 담화들과 조정 기관, 다수의 개인들의 조정 사이에 놓여 있는 분규의 전면 지대 쪽으로 말이다. 이런 조건에서 범죄와 같이 유혹도 마치 사회 조직의 문법처럼 접근될 수 있다. 규칙을 확실하게 다져 주는 여러 예들과 예외적인 유혹이 특별한 때와 장소에서 표현 방식을 수락할 수 있는 기준을 결정한다. 욕망과 폭력 사이에 놓인 이 비판적 기준에 대한 연구는 버겁지만 여성의 역사에 다급한 임무로 부과되어야 할 것이다.

강력한 이미지가 우리에게 아득하면서도 암시적인 관념들의 결합체를 풀어 주는 실마리를 제공한다. "아주 오래 전, 반항적 빈곤 상태의 불쾌한 얼굴을 하고 있는 창백하고 냉혹한 한 늙은 여인은 소요가 일어난 어느 날 자신의 모든 과거의 고통을 보복하려고 한다."[3] 발자크 작품에 보이는 다른 수많은 것들 가운데 전형적인 세부 사항에 불과하더라도, 다른 작품에서 그렇듯이 그는 서로 연결된 재앙과 폭력의 모티프가 여성의 모습을 띤다는 사실을 부인하지 않는다. 이런 일시적인 모습에서 그같은 행동은 있음직하지 않은 일이다. 또 복수는 사회 정의로는 바람직하지 않은 늙은 여인의 힘없고 바랜 손을 차용한다. 안주인은 조용히 잠들 수 있다. 발자크가 그려낸 사실주의 문학이 좋아하는 주제에 속하는 장면——사회 전체의 병리학——은 우선 알레고리로 나타난다. 그곳에서 각 요소는 한 관념의 여러 양상들을 세세하게 환기시킨다. 이때 재앙의 현실과 해방에 대한 상상이 맞서고, 여자들을 가난의 희생자로 보는 일과 일어날 수 없는 부와 권력의 공유가 서로 맞선다. 반항을 잉태하는 고통, 이 모티프에 19세기는 괴로워한다. 우리는 상상적 표현이 이 모티프를 당연히 여성과 결부시킨다는 사실을 주시하게 된다. 그저 미학적인 관심에 불과한가? 물론 이 부분은 소설적 짜임에 새겨지고, 《금지》는 인간 조건 묘사의 보다 일반적인 계획에 속한다. 글쓰기는 이 장르의 법칙에 따르고, 발자크적 담화는 한 사회의 두려움과 욕망으로 발전된다……. 그러나 이 발화가 폭력과 여성을 성찰함에 있어서 명구가 될 수 있다면, 그것은 다음과 같은 패러다임을 나타내기 때문이다. 즉 기이함과 예외적인 것에 폭력적인 여자가 놓이고, 일상적이고 규범적인 쪽에는 희생자로서의 여자가 놓이는 패러다임이다. 발자크의 상상은 응축된 여러 표현 속에서 이 이중적 증거가 어떻게 분절하는가를 암시한다.

형사 재판 해명에 대한 진단[4]은 극도로 냉혹하게 그 세기 처음에서 끝까지 이 동일한 사실을 되풀이한다. 성적 동종이형은 자명하다. 풍년이든 흉년이든, 기소된 이들 중 15퍼센트가 여자들이다. 보통은 풀려나거나 감형의 혜택을 받으며 투옥되는 경우는 극히 드물고, 처형되는 일이 거의 없는 여성 범죄자들은 통계에서 열외로 나타난다. 열매를 수확하는 일과 같은 전통적 경제 활동과 관련된 곳에서 일어나는 일, 즉 숲에서의 경범죄나 음식을 준비하면서 독을 넣는 등의 여성 폭력이 일어난다는 것을 보면서 사람들은 그리 놀라지도 않는다. '윤리학'[5]의 창시자인 게리에게, 여자들은 가정 내에서 범죄를 저지른다. 공모의 선동자인 여자들은 공모자의 힘센 팔을 무장시키는데, 이때 이 여자들 자신이 살인으로 내닫는 광기나 열정에 사로잡히지는 않는다. 폭력의 흔적은 고독·포기·가난으로 인한 행위와 배 안의 생명을 파괴하는 어머니의 흉악성을 이어 주는 긴장감 속에서 파악되는 여성 영아 살해범에게서 특히 두드러진다. 폭력적 여자들을 지칭하는 이런 범죄 너머에, 아이들에 대한 의무는 일련의 통계 자료들의 사각지대로 남는다. 명확하지 않지만 집단 무의식 안의 이 억압적 의무는 그럼에도 불구하고 여성적 관습의 상당 부분을 드러낼 것이다. 극히 한정된 이러한 주장에 누구보다도 여성들 자신이 그 첫번째 희생자가 되는 온갖 종류의 비리, 즉 치정 사건, 수치심 침해, 미풍양속 위배, 구타와 상처, 공적·사적 공간에서 취약한 여자들의 입장을 강조하는 수많은 범주의 경범죄들이 대립된다. 대부분의 강간과 매춘 알선은 이같은 구분을 벗어난다. 이러한 행위들은 생활보다는 미풍양속을 위협하는 만큼 주의를 끌지 않는 것처럼 보인다.

그러나 폭력적인 여자들은 관찰자들에게 의구심을 안겨 준다. 과학의 시대, 실증적 시대의 의기양양한 범죄학은 생리학과 윤리학, 경제학과 사교 생활의 관계 속에서 '범죄 사실'의 여러 법칙과 규칙성을 포착하려고 애쓴다. 그들은 재산과 사람들을 겨냥한다는 점에서(두 프랑스의 고전적 도식에 따라) 경범죄가 주어진 지리적 공간에서 전개된다는 사실을 입증한다. 관심을 끄는 것, 그리고 성찰의 완충 장치 같은 것이 되는 것은 생물학적 요인을 탐색하는 일이다. 롬브로소의 〈천부적인 범죄자〉에서처럼 말이다.[6] 개혁자들과 박애주의자들은 경제적 요인에 더 많은 가치를 둔다. 이러한 맥락에서 게리, 케틀레, 졸리, 베르티용……에서 타르드와 뒤르켐에 이르는 이들은 각기 나름의 방식으로 천성적인 부분과 사회적 부분을 혼합시키려고 한다.[7] 어쨌든 범죄는 무엇보다도 인간들의 일로, 도시에 있는 민중의 비참한 부식토에 침투한 난폭한 행위로 출현한다. 여성의 입장에서 범죄에는 균형이 없다. 여성에게 그 원인은 무엇보다도 생물학 속에 각인 된다. 한참 유행하는 의학 담론에 기대고 있는 범죄학은 성적 병리에 대한 나름의 해석을 구축하기에 이로운 입장이다. 롬브로소의 주제가 이러한 시각의 대표적인 경우이다.[8] 여자가 '관능적 절정에 거의 접근할 수 없는 존재'인 반면, 그녀의 범죄는 바로 지나친 여성성에서 출현한다. 창녀는 이러한 일탈을 적절히 그려낸다. 그 결과 "성적 현상을 제거하면 여성 범죄자는 더 이상 존재하지도 않고, 창녀는 훨씬 줄어들 것이다." 이러한 전망에도 불구하고 매춘은 '파생된 수단,' '공공 윤리를 위한 안전한 마개'로 자기 변명을 한다. 우리는 심지어 '여성의 악덕을 통하면서까지' 여성의 유용성에 직면하게 된다. 더군다나 이 자연주의적 견해에는 여성의 범죄가 전염되고, 이런 점에서 더 위험하다는 생각이 담겨 있다. 마찬가지로 여성의 도덕성이 더 팽창적이기 때문에 훨씬 유용해 보인다는 생각도 담겨 있다.[9] 미슐레가 많은 의구심을 품은 여성의 '천성'은 그 취약한 태도에 관해서 의사들과 범죄학자들 쪽으로 기운다. 많은 젊은이들이 자신들이 얼마나 혈기왕성한가에 따라, 어느 정도의 방황인가에 따라, 어느 정도의 야망이냐에 따라 시달릴 터이고, 몇 살이 되었든 많은 여자들은 단지 이 '천성적인' 취약성 덕택에 무죄가 될 것이다.

일단 이 게임의 법칙은 시민법을 통해 모든 여자들에게 확정된 것 같다. 유부녀의 무능력은 특히 남편의 보호하에서 권리뿐 아니라 위치마저도 상실케 한다. 아이와 같은 자격인 피보호자라는 위치는 그녀를 가혹한 판단에서는 분명 면제시키지만 그녀의 육체와 재산을 남편의 그늘 속으로 밀어낸다. 현장에서 붙잡힌 여인의 강간 같은 갈등이 일어날 경우, 남자는 자신의 삶을 쉽게 이어간다. 이처럼 남편이 갖는 자기 정당화의 권리는 취약하고 무책임하다는 추정과 대립한다. 아내의 정절로 상징되는 성적 명예는 법으로 유발된 의존성과 수동성의 관계 속에서 본질적인 쟁점을 구축한다. 일반적으로 명예 지칭은 상처입은, 약한 남자 앞에 있는——형법과 판사들의 태도 속에 한꺼번에 드러나는——어떤 관대함을 남성 정체성 쪽으로 유도한다. 환경에 따르면 자기애가 입은 상처는 자신만의 독특한 코드에 따라 표출된다. 부르주아지 사회에서 비명과 속삭임은 거의 들리지 않는 반면, 서민 계급의 난투극과 복수는 거리까지 그리고 법정 앞에서까지 자주 울려퍼진다.[10] 어쨌든 이 취약한 이미지에도 불구하고 여자는 생명이 위험에 몰릴 정도의 구타를 견딘다. 그녀 쪽에서 폭력을 가하면 이 범죄는 아주 가공할 만한 것으로 드러나는데, 그것이 천성적으로 나약한 존재에게서 일어났기 때문에 이 범죄가 일상적 임무에서 벗어난 일시적인 무기를 드러내기 때문이다.

여성의 무책임성에 대한 사법적 접근은 분명 모성 문제와 접목된다. 사실 나약하다는 생각은 어떤 점에서는 생명을 탄생시킨다는 특수한 능력을 상쇄시키는 듯싶다. 프랑수아즈 에리티에[11]가 명확히 제시한 이 변함없는 요소는 19세기에서 매우 유효한 설명을 발견해 낸다. 그것은 폭력과 모성 기능간에 만들어진 분절 속에 있다. 권리에서보다는 판례에서 훨씬 더 모성 때문에 징벌의 예외가 생긴다. 임신했다는 가정 때문에 여자 죄인은 혜택을, 감형 혹은 다른 벌을 받을 수 있다. 임신한 여자는 보통 감형된다. 분명 여성 범죄자는 강인한 어머니이기도 하다. 아마 이런 자격 때문에 미슐레가 "여자를 단두대에서 처형하는 정부는 스스로를 처형하는 셈이다"라고 분개할 수 있었을 것이다. 그녀가 처벌을 받는다 해도, 그녀가 낙태, 영아 살인, 아이를 보호하기 위한 살인 혹은 아이에 대한 의무를 이행하기 위한 살인 같은 범죄 행위를 막지는 못한다. 이때 모성이 사회 조직의 균열 속에서 발생한다. 우월한 위치에 있던 카미유 그라니에는 《범죄를 저지른 여자》에서 이 역설을 약간 투명하게(혹은 순진하게?) 표현한다. "아직도 여자를 가르치는 스승으로 있는, 흔히 그 전체의 허구성을 그의 탓으로 돌리는 조직에서 항상 가장 큰 혜택을 끌어낸다고 비난받는 남자는, 그가 유일한 판단자로 있든 그렇지 않든 때로는 자신에게 책임이 있는 행위를 진압할 때면 반드시 스스로를 주인으로, 관대한 이로 표현한다.”[12] 생명체를 탄생시킨다는 궤도 밖의 능력 앞에서 판단자인 동시에 모두가 한패인 남자들은 모든 영역, 이를테면 법적·경제적·정치적 영역에서의 특권을 공유하지 않으려고 아주 조심한다. 약간 거만한 태도로 체면 세우기를 무릅쓰면서 말이다. 무책임이란 개념은 결국 여자들을 보호하는 것인 만큼 이들이 하위 입장을 계속 고수하도록 만드는 데 이용된다.

그리하여 행정관들이 영아 살인을 저지른 여자들에게 아량을 베풀 때, 이들은 당시의 정치적 목적에 참여하는 것이 된다.[13] 맬서스가 살던 시기에는 그다지 심각하지 않았던 영아 살해가 민중 체제하에서는 국가적 존속을 공격하게 된다. 더군다나 임신이 전시의 적군에 의한 강간에서 비롯될 때에 이 영아 살해는 영웅 행위가 된다.[14] 사실 이러한 태도 변화는 더 이상 자연 현상뿐 아니라 집단의 이익으로도 여겨지는 인구에 대한 역전된 전망을 도출시킨다. 그러므로 정부는 ‘생존자들을 셀 수 있게’[15] 된다. 정치인들과 마찬가지로 의사들의 입장에서 절박한 비명은 인구 감소의 주요인으로 인식된 영아 살해의 끔찍한 치명성을 드러내기 위해 훨씬 더 멀리까지 울려퍼진다. 특히 1870년의 충격 이후 유아 보호가 국가의 주된 생존 원칙이 됨에 따라, 모성 훼손은 더욱 가혹하게 비난받을 뿐이다. 그리하여 영아 살인 혹은 낙태 판례의 조정이 (다른 관점으로는 사생아를 ‘외가’에서 받아들이는 사회적 조치로, 혹은 미혼모에게 지급되는 출산 전·후 수당을 바꾸는 등 여러 방법으로 권장되는) 모성 기능을 통제하고 훈계하려는 정치적 관심에 일치한다. 영아를 살해하는 어머니에 대한 관대함이 친부를 정해 주기도 하고, 법적으로 친자 확인과 공식적 처벌을 면하게 해준다는 점을 강조해야 한다. 재산과 가정은 혼란을 피해 있어야 한다.

이 모든 일은 마치 가정과 모성 그리고 미풍의 책임자인 여자들, 그리하여 사회 계약에서 매우 부담스러웠던 여자들이 법의 균형 위에서 갑자기 가벼워지듯 일어난다. 시민법에 새겨진 사회적 역할과 형법이 인정한 관대함 사이에 복잡한 관계들이 서로 이어지는데, 그것은 성의 차이를 바탕으로 하는 폭력과 같은 개념을 구축하는 관계들이다. 여기에 미셸 페로가 공식화한 본질적인 문제가 남는다. "사실 이 관대함이 의심스럽지 않은가? 여성에게 범죄 본성을 거부하는 것, 그것은 여전히 여성을 부정하는 방식이 아닌가?"[16] 19세기 사회는 나약함과 무책임성 주변으로 상징적 폭력과 시민권 배제라는 동일 원리를 연관지으면서 역설적인 대답을 제시한다. 여성이 지닌 잠재적 폭력을 인정하지 않는 태도는 당시 소녀들을 위한 교육 프로그램에 강력했던 규범 흡수 작업을 부정하는 방식이기도 하다. 사실 여자들로 말하자면 이들은 지식 습득보다는 신체적 훈련, 집안에서의 시간과 공간 의례화, 수많은 행적들이 주는 교훈(예를 들어 편지 쓰는 숙제, 일기 쓰기, 혹은 생밀랍 만들기 등을 하면서), 일상적인 성찰과 고해신부를 찾아가 의식을 통제하는 등의 기술 취득에 몰두한다.[17] 우선 가장 안락한 계급들과 관련 있는 장치, 이들 계급을 통해 여자들의 잠재적 공동체와 관계된 이 모든 장치에는 풍습을 완화시키고 거친 공격을 우회시키며 욕망의 즉각적인 충족에 제동을 걸고 감정을 조절하려는 목적이 있다. '여자 시민'의 이러한 모습은 역사에 따라 각 시대 고유의 양식에 맞게 재부상하고, 모든 여자들의 생각과 육체 안에서 지칠 줄 모른 채 반복되고 각인된 여성 하위성의 표현과 짝을 이룬다. 마치 격자 같은 이 이중적 이미지의 힘은 여성사에 상이한 단계들을 표시한다.

관찰되고 구분된 타당한 이 범죄성이 분명 폭력 자체를 다 아우르지는 않는다. 확실히 범죄 행위를 생각해 볼 수 있는 것으로 만드는 이 권리는 폭력의 특수한 형태를 지칭하고, 이 형태들을 유도하려고 한다. 우리는 산업 사회가 모든 것을 체계화하면서 '경범죄를 꾸민다'는 점을 어느 정도는 인정할 수 있다.[18] 그러므로 그 범주의 논리와 다양한 이용법을 복구하는 일은 폭력사로의 이로운 접근 방식이 된다. 그러나 덜 수치스럽고, 보다 일상적이며, 더군다나 이데올로기와 존경할 만한 기관이 보호하는 관습들은 고전적 관찰에서는 빠져 나간다.

또 다른 시선이 사회 조직을 이루는 실타래의 긴장감 속에서 기본적으로 폭력을 더 이상 흠집이나 눈에 보이는 균열이 아니라 비사건으로 꾸준히 고려할 것이다. 양성 사이의 매매를 지배하고 사랑을 일으키는 유혹이 반대로 증오와 공격을 일으킬 수도 있는 것처럼 말이다. 인간 관계에 배어들기 쉬운 이 잠재적 폭력의 진가를 이미 철학자와 심리학자들은 알아보았다.[19] 이러한 전망에서 역사가에게는 과거의 흔적에 다가가기 위한 장비가 갖춰져 있지는 않지만, 함축적인 코드나 그 조정 혹은 전이에 대해서보다는 규범적 담화에 관한 자료들을 더 많이 보유하고 있을 것이다. 그럼에도 불구하고 우리는 여기에서 몇 가지 제안을 어렴풋이 그려 볼 수 있다.

어휘에 대해 깊이 생각하는 일이 이미 역사를 드러낸다.[20] 라틴어 seducere의 구성은 분리(se) ‘떨어뜨려 놓다’ 와 동시에 인도(dux, ducis, 우두머리)를 나타낸다. 종교계에서 쓰였다가 서민층에서 쓰이게 된 라틴어 유혹하다(séduire)는 부패하다(corrompre), 진실을 외면하다(dé-tourner du vrai)를 의미한다. 남자든 여자든 실수를 저지르게 하는 사람을 유혹하는 이(séducteur)로 지칭하면서 이 의미는 고전주의 시대에까지, 특히 **유혹하는 영혼** ‘사탄’ (1690)의 의미로 통용된다. 우리는 부패라는 개념에서 ‘여자를 항복케 한다’ 라는 현대적인 뜻으로 옮아온다. 그리고 난 후 17세기말 즈음 “모든 수단을 이용해 쾌락을 줌으로써 누군가를 굴복시킨다”는 의미, 즉 요즘 시대에 뒤떨어진 의미로 옮아간다. 그리고 이 말에는 더 이상 지적인 의미가 없다. 유혹한다는 것은 ‘쾌락을 준다’ 라는 뜻에 부합할 뿐이다. 이러한 가치는 유혹하는, 유혹하는 이, 그리고 유혹이라는 말을 계속 사용함으로써 18세기에 발전한다.

그럼에도 불구하고 양가성은 그대로이다. 종교적·정신적 의미를 지켜온 법적 측면에서 '사기성 유혹'은 남자가 여자를 사기로, 권위를 남용하거나 결혼을 약속하면서 혼외 관계를 받아들이게 한다는 뜻이다. 이때 이러한 관계는 본질적으로 불균형적·불평등적 관계이다. 요즘 언어에서 유혹은 이와 반대로 교환과 균형의 개념 위에서 작용한다. 유혹은 매력에 저항할 수 없게 하는 다양한 방법을 환기시킨다. 쾌락을 주는 기술은 이처럼 '사로잡기'라는 문화 자체를 개발한다. 이때 다른 미끼들 가운데 말(la parole)이 주된 역할을 한다. 몸짓과 모방, 멋과 매력이라는 거대한 팔레트는 유혹의 역할에 속하고, 여기에서 역사적 맥락에 따르는 다양한 여러 법칙들이 말로 표현할 수 있는 것, 수용할 수 있는 것이 무엇인가를 결정한다. 구속과 동의의 아주 미묘한 한계를 지니면서 말이다.

이러한 전망에서 유혹의 역사는 우선 말하는 방식과 일반적인 사회성을 획득하기 위한 다양한 방법들을 탐색해야 할 것이다. 상황에 따라 유혹의 관습과 코드는 남자들과 여자들을 동일선상에 두지 않는다. 예를 들면 몸을 치장하는 행위가 유혹이라는 상이한 행위에서 어떻게 새겨지는가를 봐야 할 것이다. 코르셋을 착용하고 새침하게 구는 허락된 장소와 상황에서 남들 앞에 전시되는 여자는 '유혹하는 여자'에 불과하지만, 주변 사람들과 자기 행동에 있어서 주도적이고 구속을 덜 받는 남자는 스스로 '유혹하는 자'의 역할을 자처한다. (정복자의 전투적 색채를 과시하는) 사내아이들에게는 정복이란 가치를, (반복의 보충적 이미지를 숙고하는) 계집아이들에게는 정숙함이란 가치를 주입함으로써 어떻게 사내아이들이 힘과 도전을 합법적으로 이용하고, 계집아이들은 술책과 위선으로 연구된 전략을 사용하게 되는가를 파악해야 할 것이다. 흉내와 미소, 모호한 추파로 이어진 여성들의 유혹의 무기는 관심을 끌만도 하다. 즉시 매춘과 색광증 혹은 히스테리와 비슷해지는 이 무기에 아담의 후예들을 원죄와 불행 속으로 몰고 갈 위험이 없지도 않다. 19세기에 그토록 특징적이었던 양성의 차별 양상을 살펴보는 일이 아직 남아 있을 것이다. 학교 생활과 여가 활동이 이루어지는 시기(예를 들면 여자들을 대화에서 빼는 영국 사회의 클럽과 모임 방식)와 마찬가지로 노동의 장소에서도(비단 공장 작업장에서 그랬듯이) 뒤섞임에 대한 강박관념의 미덕과 결과들을 살펴봐야 한다. 그리하여 우리는 의학과 법학이 관심을 둔 '미풍'이 본질적으로 사회 질서를 움직이기 위한 윤리적·정치적 범주이면서 유연한 도구라는 사실을 드러내게 된다.

남자들과 여자들간의 관계 조절은 마치 윤리적·정치적 논리를 보장하듯 그 출구와 위반도 퍼뜨린다. 조심성과 '신비의 벽'[21]은 횡령과 공격을 일으킨다(실망과 압박감을 일으킨다). 그 증거로 예를 들어 제보당에서 막내들을 재산 상속에서 제외시키는 의미심장한 결혼 관습은 이들이 젊은 농촌 처녀들에게 저지르는 강간을 일반적인 것으로 만들어버린다. 그리하여 강간은 마치 "남녀 관계에서 일반적인 행위의 변이체로 여겨진다. (…) 고소하겠다는 생각 자체는 품을 수도, 표현될 수도 없는 것처럼 보인다. 정상적인 성욕은 폭력·횡령·죽음 같은 폭넓은 결과를 아우른다."[22] 다른 상황들이 있다. 철저한 감시가 이루어지는 장소에 여자 직공들을 재편함으로써 이들은 몇몇 감독관들의 기호와 음탕함에 내맡겨진다. 하녀들이 가책도 느끼지 않는 집주인의 강압적인 수작에 따르는 일은 감금이라든가 일상적 폭력과 같은 논리 속에서 포함된다.[23] 가정 내 질서는 신중함과 은밀함이라는 치장 속에서 혼외 관계와 매춘 이용을 그대로 받아들인다.[24]

유혹 문화의 우여곡절 때문에 합법적이 된 이런 행동들은 대부분 법적 통제의 함정을 벗어나고 특수한 상황일 경우에만 남녀 관계를 폭력의 논리 속에 둔다. 부자 관계를 확인하지 않는 것은 부르주아지의 자유주의에 이용된 이 악순환을 완벽하게 설명한다. 이 특수한 입장을 통해 시민법은 어떤 점에서 '점잖은' 남자들을, 유혹자들을 그들에게 내려진 구속으로부터 해방시킨다. 구제도에서 유혹에 넘어갔다가 버림받은 처녀들이 했던 법에 대한 호소로 그들에게 가해진 구속을 말한다.[25] 성적 쾌락을 향한 더 자유로운 태도는 무엇보다 남자들을 위한 일이지만 그 상대는 여자들이다. 19세기 중반까지의 사생아 출생, 업둥이들, 영아 살인 범죄의 증가는 규범을 상대로 한 가장 거대한 무례함이 감춰진 고통스런 측면으로 해석될 수 있다. 이 무례함에 대해 남자들과 여자들은 사회적 입장에 따라 같은 대가를 치르지는 않는다.[26]

우리는 연애 감정의 표현이나 유혹의 제의에서 중요한 변화를 관찰할 수 있었다. 예를 들면 가벼운 연애의 출현 같은 것이다. 코드화된 접근 방식인 이러한 일시적 연애는 처녀성, 조심성과 욕망의 명령을 절충할 수 있다.[27] 만일 이 새로운 코드의 발달이 감정 통제에 있어서 진보를 입증한다 하더라도, 정확히 말해 자기 통제라는 조건이 붙은[28] 풍속으로부터 상당 부분 해방되었다는 가설이 19세기 내내 지속적으로 이루어진 명백한 부부간 폭력을 없애지는 못한다. 부르주아지 사회에서 굴종적이고 수치심을 느끼던 매맞는 여자는 (법정에서의) 고통스런 재현을 피하기 위해 입을 닫고 숨는다. 서민 사회에서 매맞는 여자는 반발하는 모습, 혹은 악녀의 형상을 하는데, 이때 그녀는 외양을 지키는 일보다는 자신과 자식들을 지키고 보호하는 데 더 전전긍긍해한다. 종종 생명이 위협당할 정도로 말이다. (남자에게 죽음을 당한 여자들의 반 이상이 매맞아 죽은 이들이다.) 고문서의 U분류에 속한 문서들에는 빙산의 일각이 드러날 뿐이다.[29]

19세기 폭력에 대한 이런 접근은 결국 우리로 하여금 남자들과 여자들간의 관계가 서로 협상하는 사회·문화적 초석에, 그리고 서로 다르게 살아가는 방식에 의문을 던지게 한다. 범죄와 아주 복잡한 관계를 맺는 유혹을 비판하기 시작하는 시기에 시선을 던짐으로써 동일 현상의 양면, 즉 가시적인 것과 감춰진 것, 우연적인 것과 일상적인 것, 피상적인 것과 내면적인 것, 이성적인 것과 무의식적인 것이 명암으로 드러난다. 여성 폭력과 남성 폭력의 여러 형태를 대립시키는 대신, 이 형태들을 명백한 동종이형의 상태로 두는 대신에 전망의 이러한 변화는 위법과 양성간 습성의 있을 수 있는 분절을 슬쩍 드러낸다. 겉으로 보기에 대립되는 여러 기록들 속에서, 남녀의 차이는 당연히 사회 질서의 영원한 관건으로 여겨진다.

같은 문제가 국가의 폭력에 대해서도 발전된다. 미셸 푸코가 증명한 것처럼[30] 바로 19세기에 이 국가적 폭력이 본성을 바꿔 놓는다. 민중에게 내려진 죽을 권리, 패배와 대량 학살이 뒤따르는 전쟁에 참여할 수 있는 것으로 표명되는 이 권리는 생체 관리 권력에 결합한다. 본질적으로 집단 훈련과 인구 조절에 기반을 둔 이 '생체-권력(bio-pouvoir)'은 군대·경찰·감옥·학교·의학·가정 등 다양한 제도를 통해 이루어진다. 일종의 현상 수렴 과정에서 이들 기관들은 육체와 정신에 대한 수많은 구속 요소로, 차별과 사회 서열화 요소로 작용한다. 자본주의적 논리가 무엇보다도 이 '19세기의 거대한 기술'을 이용하는 것이다.

구체적이고 복잡한 배열 속에서 여자들을 역설적으로 대하는 복지국가가 자리잡는다. 취약한 동시에 무책임한, 그러나 엄청난 힘을 보유한 이 여자들은 점점 더 사회·경제적 감시하에 놓인다. 법과 관습에 새겨진, 폭력적 본성의 거부는 결국 다양한 목적에 이용된다. 이로 인해 보호자 역할을 하는 남성 지배력이 강화된다. 사기(詐欺)가 동의의 폐해로만 인식되면서 말이다. 이는 부르주아지 계급, 의학이나 정치 모임처럼 상급 기관들에 이용된다. 폭력적 본성의 거부는 특히 여자들을 배치한다. 그것은 여자들을 권력 공간에서 정확하게 밀어내는 기능이다.

1) 여기에서의 참고 자료는 근본적으로 L. 슈발리에의 《19세기 전반 파리의 노동 계급과 위험한 계급들 *Classes laborieuses et classes dangereuses à Paris pendant la première moitié du XIXe siècle*》, Paris, Plon, 1958 ; de J. -C. 셰네의 《1800년에서 현

대까지 서구 폭력의 역사 *Histoire de la violence en Occident de 1800 à nos jours*》, Paris, Robert Laffont, 1981; 그리고 M. 페로의 《사생활의 역사 *Histoire de la vie privée*》, t. 4, 《혁명에서 세계 전쟁까지 *De la Révolution à la Grande Guerre*》, Paris, Seuil, 1987이고, 이 중 한 장에 〈의기양양한 가족〉이라는 이름이 붙어있다.

2) M. -V. 루이의 《1860-1930 프랑스의 초야권(初夜權) *Le Droit de cuissage, France, 1860-1930*》, Paris, Éd. de l'Atelier, 1994. A. 코르뱅의 《결혼식의 처녀들. 19세기와 20세기의 성적 재앙과 매춘 *Les Filles de noce. Misère sexuelle et prostitution aux XIXe et XXe siècles*》, Paris, Aubier, 1978.

3) H. de 발자크, 《금지 *L'Interdiction*》(1836), Éd. de l'Imprimerie nationale, 1951, p.23.

4) 법무부, 《1880년대 프랑스의 형사재판부의 일반 해명과 1826년에서 1880년까지의 관련 보고 *Compte général de l'administration de la justice criminelle en France pendant l'année 1880 et rapport relatif aux années 1826 à 1880*》, M. 페로와 Ph. 로베르가 주석을 달았음, Genève, Slatkine, 1989.

5) A. -M. 게리, 《프랑스의 윤리적 통계에 대한 에세 *Essais sur la statistique morale de la France*》, Paris, Crochard, 1833.

6) C. 롬브로소, 《범죄자, 천성적인 범죄자, 정신적 광인, 미치광이. 인류학적·의학적-법적 연구 *L'Homme criminel, criminelné, fou moral, éplieptique. Étude anthropologique et médico-légale*》, Paris, F. Alcan, 1887, 2 vol.

7) 범죄학에 관련된 참고 문헌은 너무나 중요해서 여기에 인용하지 않았다. 《일반적 설명… *Compte général*…》 *op. cit.*에 쓰인 M. 페로의 서문을 보라. 우리가 다루는 주제를 드러내기에 가장 대표적인 저자와 저서로는 오브리(박사), 《살인의 전파. 범죄 인류학 연구 *La Contagion du meurtre. Étude d'anthropologie criminelle*》, Paris, F. Alcan, 1887. A. -M. 게리, *op. cit.* H. Joly, 《범죄. 사회적 연구 *Le Crime. Étude sociale*》, Paris, Le Cerf, 1888. 케텔레, 《인간과 능력 발전에 대하여. 사회적 물리력에 대한 에세이 *Sur l'Homme et le développement de ses facultés. Essais de physique sociale*》, 1835. G. 타르드, 《비교 범죄 *La Criminalité comparée*》. Paris, F. Alcan, 1886. E. 뒤르켐, 《자살, 사회학 연구 *Le Suicide, étude de sociologie*》, Paris, A. Alcan, 1897가 있다.

8) D. 롬브로소와 G. 페레로, 《범죄를 저지른 여자와 창녀 *La Femme criminelle et la Prostituée*》, Paris, F. Alcan, 1896, 번역판.

9) 오브리, 《전염…… *La Contagion*……》, *op. cit.*

10) J. 기예, 《타인의 육체. 19세기의 치정 사건 *La Chair de l'autre. Le crime passionnel au XIXe siécle*》 Paris, Orban, 1986. A. -M. 손, 《제3공화국 시대에 사생활에서의 여성의 역할. 이론적인 역할과 실제로 이루어진 역할 *Les Rôles féminins dans*

la vie privée à l'èpoque de la Troisième République. Rôles théoriques, rôles vécus》, thèse Paris-I, 1993, 5vol.

11) F. 에리티에, 《남성/여성. 차이에 대한 생각 *Masculin/féminin. La pensée de la différence*》, Paris, Odile Jacob, 1996.

12) C. 그라니에, 《범죄를 저지른 여인 *La Femme criminelle*》, Paris, O. Doin, 1906.

13) R. G. 푸크스, 《파리의 빈민과 임산부. 19세기의 생존 전략들 *Poor and Pregnant in Paris. Strategies for Survival in the Nineteenth Century*》, New Brunswick, New Jersey, Rutgers University Press, 1992. C. 롤레 에샬리에, 《제3공화정의 유아기에 대한 정책 *La Politique à l'égard de la petite enfance sous la Troisième République*》, INED-PUF, 1990.

14) S. 오두앵 루조, 《적군의 아이, 1914-1918 *L'Enfant de l'ennemi, 1914-1918*》, Paris, Aubier, 1995.

15) C. 롤레, 〈유년기, 국가의 이익인가? 역사적 접근〉, F. de Singly (éd.), 《가족, 앎의 상태 *La Famille. L'état des savoirs*》, La Découverte, 1991, pp.310-319.

16) M. 페로, 〈19세기 프랑스의 경범죄와 형 체계〉, *Annales ESC*, 1975, pp.67-91.

17) A. 코르뱅, 〈내막〉, 《사생활의 역사 *Histoire de la vie privée*》, t. 4, *op. cit.*에서, M. 페로(dir.), pp.503 sq. Ph. 르젠, 《젊은 처녀들의 자아. 젊은 처녀들의 일기 조사 *Le Moi des demoiselles. Enquête sur le journal des jeunes filles*》, Paris, Seuil, 1993.

18) M. 페로, 〈경범죄…〉, art. cit.

19) J. 보드리야르, 《유혹에 대하여 *De la séduction*》, Pairs, Galilée, 1979(rééd. 1992). M. 올렝데르와 J. 소셰르(dir.)의 《유혹 *La Séduction*》, colloque de Bruxelles, Paris, Aubier, 1980. J. 라플랑슈와 J. -P. 퐁탕리의 《정신분석학 사전 *Vocabulaire de la psychanalyse*》, paris, PUF, 1967.

20) A. 레이, 《프랑스어에 대한 역사 사전 *Dictionnaire historique de la langue française*》, Paris, Le Robert, 1992 ; 라루스, 《19세기 큰사전 *Grand Dictionnaire universel du XIXe siècle*》, 1865-1876. 리트레, 《프랑스어 사전 *Dictionnaire de la langue française*》, 1863-1869. 《대백과사전. 지식인 사회와 문인들에 의한 과학, 문학과 예술에 대한 이론적 조사 *Grande Encyclopédie. Inventaire raisonné des sciences, des lettres et des arts par une société de savants et de gens de lettres*》, Paris, H. Lamirault et Cie.

21) N. 엘리아스, 《풍속의 문명화 *La Civilisation des mœurs*》, Paris, Calmann-Lévy, 1973.

22) É. 클라베리와 P. 라메종, 《불가능한 결혼. 17세기, 18세기, 19세기 제보당의 폭력과 혈족 관계 *L'Impossible Mariage. Violence et parenté en Gévaudan aux XVIIe, XVIIIe et XIXe siècles*》, Paris, Hachette, 1982, p.218.

23) O. 미르보, 《어느 하녀의 일기 *Le Journal d'une femme de chambre*》, Paris, Fasquelle, 1964. A. 코르뱅, 《결혼식날의 처녀들… *Les Filles de noce…*》, *op. cit.*, p.550.

24) *Ibid.*, p.534 *sq.*

25) V. 데마르 시옹, 《18세기에 유혹에 넘어갔다가 버림받은 여자들. 케임브리지의 예 *Femmes séduites et abanonnées au XVIIIᵉ siècle. L'exemple du Cambrésis*》. éd. Ester, 1991.

26) J. -L. 플랑드랭, 《시골에서의 사랑(16세기-19세기) *Les Amours paysannes (XVIᵉ-XIXᵉ siécle)*》, Paris, 〈고문서들〉, Gallimard-Julliard, 1975.

27) A. 코르뱅, 《결혼식날의 처녀들… *Les Filles de noce…*》, *op. cit.*, p.546.

28) J. -C. 카우프만, 《여자들의 몸, 남자들의 시선 *Corps de femmes, regards d'hommes*》, Paris, Nathan, 1995.

29) A. -M. 손, 《여성의 역할… *Les Rôles féminins…*》, *op. cit.*

30) M. 푸코, 《감시와 처벌. 감옥의 탄생 *Surveiller et punir. Naissance de la prison*》, Paris, Gallimard, 1975.

낸시 L. 그린

여성 경범죄의 구축

누가 누구를 유혹하는가? 어떻게, 또 언제 이 유혹이 범죄가 되는가? 누가 유혹의 '범죄'를 저지르게 되는가? 이러한 개념에서 어떻게 이야기를 끌어내고, 시간의 흐름 속에서 이루어지는 그 변화를 어떻게 분석해야 하는가? 이러한 질문들은 20세기에 와서도 여전히 타당하다. 심지어 '청교도인의'(혹은 '영광스런') 미국에서 특히 그렇다. 매춘, 가족이 인정하지 않는 임신, 미풍양속에 위배되는 행동 때문에 일어나는 소녀들 그리고/혹은 소년들의 구속과 투옥은 20세기초 '소녀 문제(girl problem)'라고 명명된 것으로 이어진다. 법적 자료들과 형무소의 서한문에 근거하는 최근의 두 작품——메리 E. 오뎀의 《비행 소녀들: 1885-1920까지 미국에서 이루어진 십대 소녀 보호와 단속》[1]과 루스 M. 알렉산더의 《소녀 문제: 1900-1930까지 뉴욕에서 일어난 여성 비행》[2]—— '소녀들의 문제'를 주제로 삼은 이 두 작품은 사회·경제적 변형과 여성이란 정의의 토대에서 유혹의 범죄가 어떻게 구축되었는가를 보여 준다.

여기에서는 신체적 폭력보다는 가정과 사회를 상대로 행해지는 정신적 폭력이 더 중요하다. 여자들의, 여자들에게 가해지는 신체적 폭력이 없는 것은 아니다. 개혁론자인 프란체스 윌러드는 영아 살해를 저지른 소녀들은 처벌하면서 이 소녀들을 버린 남자들은 그냥 두는 법에 항의했다. 노예 해방 이후, 미국 남부 지역에서 흑인 여자들을 상대로 한, 백인 남자들의 성적 억압은 노예 상태가 끝난 후에도 계속 이루어졌고, 인종 폭동 발발시 집단 강간은 때때로 큐클럭스클랜단(K.K.K) 행위의 일부가 되었다. 그러나 연구된 사례에서 보다 빈번하게, 비행은 성적 그리고/또는 신체적 학대와 더불어 기능 장애가 두드러진 가정에서 확인된다.[3] (루스 M. 알렉산더가 수집한 자료에 나타난 소녀들 가운데 3분의 1이 성적 학대를 당했다.) 그런데 소녀들의 '범죄'는 늦은 외출과 온갖 불복종에서부터 혼외 성관계 같은 최종 범죄에 이른다.

문제는 법, 개혁론자들(rices), 가정과 소녀 자신이 이 '범죄적' 성욕을 어떻게 식별하는가를 아는 것이다. 이에 대해 이들 저서는 역사적이면서 사료 편찬적인 방식으로 대답한다. 우선 역사적 전망으로 문화적 표현에서 이루어진 변형과 사회적 배경을 제시한다. 도시의 확장, 산업화, (외국으로부터의 이주와 마찬가지로 국내에서 이루어진) 이주는 공식적인 사교 생활 —— 놀이동산·영화관·댄스홀[4] —— 의 출현과 마찬가지로 소녀들이 빠져 나갈 수 있는 통로를 제공한다. 가정의 감시는 소녀들이 차후에 일하게 되는 외부와 십대들이 비좁은 거처와 숨막히는 규범을 피해 도망치는 가정의 통제력이 점점 줄어드는 거리에서의 삶과 정면 충돌하게 된다.

특히 성욕과 관련된 범죄의 규정이 범죄 주체의 성별에 따라, 판결을 내리는 이들의 성별에 따라(그녀는 탄압의 보다 '모성적'이고 대안적 시각의 중요성을 제시한다), 개혁론자들의 사회 계급과 소녀들의 사회 계급에 따라, 인종에 따라 어떻게 기우는가를 보여 주는 것에 메리 E. 오뎀의 저서에 나타난 힘이다. 남부에서 강간의 정의는 백인 처녀들을 보호하기 위해서 뿐 아니라 흑인 남자들에게 린치를 가하고, 또 이들을 투옥하기 위해 특히 이용되었다. 개혁을 주장하는 백인 여성들에게 있어서, 종종 흑인 소녀들은 위험한 처녀라는 오래된 이미지가 지속적으로 드러나곤 했다.

메리 E. 오뎀은 유혹하는 여자, 희생자, 그리고 비행소녀라는 세 가지 이미지들이 19세기말과 20세기초 어떻게 차례로 변해 가는가를 설득력 있게 보여 준다. 우선 거기에는 타락한 위험한 여인, 1880년경까지 사람들의 상상을 지배하던 '추락한 여인(fallen woman)'이 있다. 이때 개혁 운동——위의 두 저자들이 주로 활동한——은 여성 성욕에 대한 시선, 잘못된 개념과 생각들을 바꾸어 놓았다. 19세기말 유혹의 두번째 이야기가 완성된다. 여기에서 소녀들은 주동적인 인물이라기보다는 희생자로 남성 착취의, 남성적 음탕함의 대상으로 묘사된다. 중산층 백인 여성 개혁론자들이 암시한 이 새로운 인식은 다음과 같은 두 개의 구체적 목적을 위한 이들의 행동과 합쳐진다. 하나는 동의(미성년자 강간법)의 법적 나이를 높이 조정하는 것으로, 이는 남성이 저질렀다고 규정되는 범죄를 증가시키면서 보다 많은 소녀들을 보호하게 된다. 그리고 이 소녀들을 구하고 교정하기 위한 보호처와 새로운 소년원을 세우는 것이 다른 하나이다.

그런데 '진보적인' 이들 여성 개혁론자들의 상상은 현실과 어긋났다. 한편으로 범죄에 대한 정의의 변화가 성범죄 억압이 비관적인 불균형에 종속되어 있던 사법 기관에 반향을 거의 일으키지 않았다. 동일한 범죄에 대해, 소년과 남자들은 소녀들보다 항상 투옥 횟수가 적었고, 투옥되더라도 금방 석방된다. 다른 한편으로 구속된 소녀들의 인적 사항은 악덕 상인이 고용한 가난한 여인의 유혹 이야기와 거의 일치되지 않았다. 메리 E. 오뎀이 남부 캘리포니아에서 수집한 자료에서 4분의 3이 '유혹하는 여자'도 '희생자'도 아니었다. 이들은 자신의 거처에서 젊은 남자들과 관계를 가졌다. 강간 혹은 성범죄의 경우 범인은 종종 가까운 이들 중에 있다. 성범죄는 노동 계급 내에서 오히려 더 만연했다. 그리고 메리 E. 오뎀이 분석한 사법 자료들, 그리고 이보다는 오히려 루스 M. 알렉산더가 조사한 소년원에서 온 편지들에 나오는 소녀들은 자기들의 행위에 대한 그들 나름의 이유를 갖고 있었다. 애인과의 은밀한 관계 때문에, (사랑은 무시된) 예정된 결혼 때문에, 통제와 가난 혹은 불행한 가정 생활을 벗어나고픈 욕망 또는 필요성 때문에, 혹은 새로운 재미를 맛볼 수 있는 단순한 모험 때문이라는 것이다. '성범죄'는 하층민에게는 생존의 전략일 수 있었다.

그럼에도 불구하고 정부와 여성 개혁론자들, 가정은 노력을 기울여 수락 가능한 규범을 결정했다. 정부로서는 도덕적이고 명예로운 시민성을 보존하기 위해, 그리고 여성 개혁론자들로서는 여성적 이상(idéal féminin)을 보존하기 위함이었다. 그런데 혼외 성욕의 규정/억압은 백인, 청교도주의, 미국의 여성 개혁론자들만의 전유물이 아니었다. 구속된 소녀들은 종종 노동 계급으로 자식들의 행동에 분노하는 집안 식구들의 사주를 받았다. 특히 이민 가정은 자기들의 명예로운 코드, 종교적 전통과 가부장적 체제가 새로운 세계와 대립하여 어긋나 버렸다고 생각하곤 했다. 무력해지고 절망에 빠진 가정은 제 발로 법정에 가곤 했는데(메리 E. 오뎀의 1920년의 사례 중 구속된 경우의 절반이 가정에 의해 이루어졌다), 이는 보다 중요한 문제의 징후인 딸의 화장한 모습을 유감스러워하기 때문이기도 하고, 잦은 화장에 대한 자기 절망 때문이기도 하다. (한 이탈리아인 어머니는 자기 딸의 미국 남자친구들에 대해 "그 애들은 우리 말을 쓰지 않아요"라며 하소연했다. 유대인이 아닌 애인에 대한 유대인 가정의 하소연과 마찬가지이다). 그리하여 루스 M. 알렉산더가 지적한 바와 같이 가정의 감시에서 벗어나려는 소녀들이 종종 법의 통제에 있게 되는 반면, 노력 없이 자신들의 딸을 통제할 도움을 얻으려는 가정은 그들의 모습과 임금을 빼앗긴다.

미국이 전쟁에 참여하고 '카키-매드' 소녀들(군복을 입은 미친 소녀들)이 군부대 주변을 배회하기 시작할 때 '소녀 문제'는 점점 더 일반적인 관심사가 된다. 소녀들에서 남자들에 이르기까지 시선은 일반적인 사회 환경 쪽으로 향한다. 십대의 성 문제 비판은 노동자 가정에 대한 보다 광범위한 비난으로 이어진다. 소녀들과 가정들 사이에 오고 간, 종종 검열되던 서신과 행정 관료들과 가정이 주고받은 서신이 입증하는 바처럼 새로운 소년원이 가정에 대한 감시를 확대하는 것과 같이 소녀들에게 좋은 품행을 주입시키게 된다.

　그러므로 여성 성욕의 세번째 이미지가 비행이라는 개념을 거치면서 조금씩 드러난다. 사회학자들과 심리학자들은 학문적 연구를 위해 희생자의 유혹 이야기를 버린다. 그들은 십대에게서 주변 사람들의 더 많은 감시와 개선을 필요로 하는 인생의 특수한 단계를 발견한다. G. 스텐리 홀(1904)의 《십대의 심리학과 심리학, 인류학, 사회학, 성, 범죄, 종교와 교육과의 관계》와 소포니스바 브레킨리지와 에디트 아보트의 《비행아동과 가정》(1912)은 희생된 소녀를 명백한 '비행소녀'로, 자발성과 그 나름의 성욕을 지니는 '사회 구성원'(사회적 매개체)으로 변형시키는 이 세번째 모습을 공식화하는 과정에 중요한 영향을 끼치게 된다. 중산층에 의해, 또 이들을 위해 고안된 이러한 이론은 그럼에도 불구하고 늘 고질적인 사고, 즉 노동자 계층의 십대가 저지르는 비행은 곧바로 매춘으로 이어진다는 사고를 완전히 제거하지는 못한다.

　성범죄 정의에서 일어나는 이러한 변형을 이해하기 위해, 우리는 역사적 탐구뿐 아니라 사료 편찬을 통한 새로운 문제 제기를 이용한다. 두 저서는 시간이 흐르면서 나타나는 변화된 모습을 기술한다. 마치 새로운 이야기에 참여하듯이 말이다. 사료 편찬적으로는 일반적인 존재들의 독특한 행동('매개체')을, 특히 여자들의 독특한 행동을 강조한다. 객체를 주체로 바꾸는 것은 단지 20세기초의 역사적 사실일 뿐 아니라, 20세기말 사료 편찬에서의 사실이기도 하다. 사회적 통제, 감시와 형벌의 역사 너머에 '못된 소녀들'의 역사를 만드는 새로운 방식은 여성 비행에 대한 처형 체계와 그에 대한 표현 양식, 그리고 그것을 서술하는 방식의 변화와 개혁론자들의 담화와 동기에 중요한 교정을 일으킨다. 거기에서 메리 E. 오뎀은 때때로 규범 너머에서 성욕을 삶의 방식, 혹은 생존의 방식으로 만드는 사회학적 배경과 완화된 환경을 분석한다. 루스 M. 알렉산더는 더 멀리까지 나아간다. 그녀는 '혼란을 일으키는 반항'이라고 지칭되는 투옥된 여자들의 '자발적 도전'을 강조한다. 오히려 호의적이 된 이들의 활동은 도시의 젊은 여자 노동자의 하위 문화를 통한 사회 정체성 탐색을 입증한다.

이러한 접근의 아이러니는 유혹과 관련된 실수에 대한 상상이 출발점으로 되돌아가 버렸다는 점일 것이다. 소녀는 더 이상 '위험하지' 않지만 그럼에도 불구하고 '비행을 일으킨다.' 비행을 저지르는 여자들의 책임('매개체')이 19세기적 상상계의 유혹하는 여자들의 책임과 만나는가? 역사적으로나 사료 편찬적으로나 희생자 이야기를 뒤바꾸면서 남자들은 감옥을 어느 정도 없앴을 뿐 아니라, '실수'의 속성과 역사도 없앴다. 여성 범죄의 구축에서 남성의 범죄는 드러나지 않는다. 그럼에도 불구하고 이 두 저서에는 유혹과 비행에 대한 다른 시각을 재발견케 하는 큰 장점이 있다. 이 질문들은 성욕, 동의, 그리고 '범죄'가 갖는 동종이형의 모습 그 중심부로 나아간다.

1)《비행소녀들: 1885-1920까지 미국에서 이루어진 십대 소녀 보호와 단속 *Delinquent Daughters: Protectiong and Policing Adolescent Female Sexuality in the United States, 1885-1920*》 Chapel Hill, University of North Carolina Press, 1995.

2)《소녀 문제: 1900-1930까지 뉴욕에서 일어난 여성 비행 *Girl Problem: Female Sexual Delinquency in New York, 1900-1930*》 Ithaca, Cornell University Press, 1995.

3) 가정 내의 폭력과 관련된 최근의 두 작품, 린다 고든의《자신의 삶을 개척한 영웅들: 가정 폭력의 역사와 이에 대한 정책 *Heroes of their Own Lives: The Politics and History of Family Violence*》, New York, Viking, 1988, 엘리자베스 플렉의《가정 폭력: 식민 시대에서 현재에 이르는 가정 폭력을 막기 위한 사회 정책 펴기 *Domestic Tyranny: The Making of Social Policy against Family Violence from Colonial Times to the Present*》, New York, Oxford University Press, 1987을 보라.

4) 캐시 페이스의《값싼 오락: 뉴욕의 일하는 여자들과 전환기의 레저 *Cheap Amusements: Working Women and Leisure in Turn- of- the- Century New York*》, Philadelphie, Temple University Press, 1986.

마리-엘리자베트 핸드만

지옥과 천국?
현대 그리스에서의 폭력과 가벼운 횡포[1]

역사가가 자료를 비난하고, 누군가(여자의 남자? 농부의 귀족?)에 관해 말하는 지적 시점에 대해, 어떠한 사회·역사적 맥락인가(교회 학대의 희생자인 17세기 여자들을 편들 때 미슐레는 19세기만의 어떤 요인을 지지했는가?)에 대해 질문을 던지는 데 반해, 인류학은 목격된 현실과 직접 접촉하기 때문에 훨씬 수월한 임무를 갖는 듯 보인다. 조금만이라도 눈을 뜰 줄 아는 이라면, 이 분야의 연구자는 그가 오랜 기간 동안 살아온 사회의 어떠한 것도 무시할 수 없을 터이다. 그 사회에 대한 이해를 가능케 하고, 또 명백히 하기 위해서 말이다. 그런데 역사가가 자신의 고문서를 삐길 수 없는 것처럼, 인류학자도 자기 자신을 삐길 수는 없다. 왜냐하면 한편으로 그가 아무리 두 눈을 비벼 봤자, 자신이 물음을 던지지 않았던 것은 결코 보지 못할 터이기 때문——또 성에 따라, 나이에 따라, 또 태생의 지적 양식에 따라 똑같은 것을 묻지 않기 때문——에 다른 한편으로 그가 남자 혹은 여자라는 사실, 젊거나 나이 들었다는 유일한 사실에 따라, 정보 제공자들이 남자·여자·젊은이 혹은 노인 등에게 전해 주고 싶어하는 것만을 정보로 여길 것이기 때문이다. 이것이 내가 여기에서 몰두하려는 두 시골 상황간의 비교가 문제가 되는 이유다. 사람들은 내가 조사한 두 지역에서 나 자신이 조금씩 달랐다고 말할지도 모른다. 테살리아 산중의 작은 공동체인 푸리에서 수집한 자료들은 70년대에 모아졌다. 나는 매우 젊었고, 경험도 거의 없었으며, 그리스를 잘 알지도 못했다. 마케도니아의 큰 마을 아르나이아에서 나는 10년에서 15년 이상을 보냈고(나는 그곳에서 1983년부터 일했고, 그후에도 정기적으로 그곳에 간다), 경험을 쌓았지만, 특히 내 아들이 20세가 되던 날 나는 사람들이 성욕과 마술에 대해 모든 것을 말할 수 있는 상대인 노인의 범주에 들어섰다. 그리하여 그곳에서 나는 첫번째보다 두번째 경우에서 성욕의 경험과 관련된 더 상세한 자료들을, 서로 매우 대조적인 자료들을 얻었다. 정보 제공자들이 아르나이아에서보다는 푸리에서 더 규범적인 담화를 내게 들려 주었기 때문일까? 민족학자는 한 사회 스스로가 부여하고픈 이미지 때문에 쉽게 함정에 빠질 수 있다. 그가 포착했다고 믿는 현실은 결코 날것이 아니고, 늘 이미 그 '원천'에 의해 조작된 것이며, 그 나름의 고안 작업으로 인해 그는 독자에게 두 번 배반된 현실을 넘겨 준다. 그러므로 독자 스스로가 역사학자가 되고, 어떤 식으로든 제 것이 될 진실을 그 자신이 재확립해야 한다……

지방의 관습은 성의 실제 사회 관계를 잘 표출하지 못한다

현대 그리스에서 성의 사회 관계는 지역에 따라 매우 다양하다. 1983년 이후 매우 평등한 시민법에도 불구하고 현대성으로의 편입이라는 다소 고양된 정도와 더불어 강력하게 유지되고 있는 지방의 관습은 이 사회 여자들의 위상에 분명 영향을 끼친다. 그러나 자발성의 경계, 심지어 어떤 관습, 혹은 경제적 필요성이 여성들에게 인정하는 능력의 경계가 어디가 되었던 남성의 지배는 어디에서나 일반적이다. 남성의 지배는 정교회와 학교 교육에서 그 합법성을 발견하고, 일체의 가정 교육은 딸들이 자기들의 하위성을 내면화하면서 가정을 유지케 하는 것에 초점을 맞춘다. 거기에 여성들을 향한 전반적인 폭력이 작용하는데, 경우에 따라 이 폭력은 다소 난폭한 형식을 취할 수도 있다. 푸리에서 그렇듯 어떨 때 신체적 폭력이 중요하지만, 아르나이아에서처럼 부정되기도 한다. 그것은 서로 다른 양상과 비율에 따라 남·녀 양성에 의해 행사된다. 때때로 정신적·상징적 폭력이 이에 첨부되고, 때로는 그것을 대신하기도 한다. 그러나 주동자든 희생자든 아무도 거기에서 벗어나지는 못한다. 소녀들에게는 남성이 우월하다는 전제를, 소년들에게는 명백한 환상을 상대로 이를 계속 영속시켜야 함을 받아들이게 하는 일이 그렇게 오래도록 유지될 수 있는가? 어쨌든 이 전제는 푸리와 아르나이아에서 매우 대조적으로 구현되기 때문에, 프랑스 독자는 이 두 마을이 고작 2백50킬로미터밖에 떨어져 있지 않다는 사실을 믿기 어려울 것이다. 그러나 많은 연구자들에게 널리 알려진 프랑스의 사례를 든다면, 이들의 차이가 라 로렌과 제보당을 나누는 차이보다 더 충격적인 것은 아니다.[2]

푸리는 8백여 명의 주민이 사는, 고도 6백 미터에 위치한 피리용 북동쪽 기슭에 자리잡고 있는 마을이다. 1917년 이후 푸리인들은 지주가 되었고, 심한 가난을 겪은 후 1960년부터는 수목 재배자가 되면서 조금씩 부유해졌다. 관습에 따라 젊은 부부의 경제적 기반은 아내의 지참금에 달려 있다. 젊은 아내의 아버지와 남자 형제들이 마련해 준 이 지참금에는 집 한 채와(그러므로 가정은 대부분 핵가족이다), 밭과 돈이 포함된다. 지참금은 과부가 되거나 이혼할 경우 여자의 경제적 독립을 보장해 주는 것으로 추정된다. 하지만 그 중 70년대말 이 마을에 갑자기 들이닥친 이혼의 경우, 여자들은 자신들의 지참금을 결코 회수할 수 없었다. 여자들이 밭에서 일하는 남편만큼 혹은 그보다도 더 많이 일하고 늘어난 모든 가사 노동을 담당하는 이상, 본래 가사일을 맡는 여자에게 주는 분담금으로 여겨진 이 지참금은 사실 사위에게 주는 장인의 선물이다. 즉 남자가 손에 흙을 묻히고 있는 동안 그의 명예는 절대 바래지지 않는다.[3] 지참금으로 받은 집에서 저녁 식사를 하며, 농사일에서부터 앞으로의 결혼 생활이나 아이들의 직업에 관련된 사항에 이르는 모든 결정은 남편이 내린다. 아내에게 있는 유일한 임무는 바로 저녁 식사를 준비하는 것이다. 여자들은 자기들의 재산을 관리할 수 없다고 말하고, 아무도 그녀들에게 어떻게 하는 것인지 한 번도 가르쳐 주지 않았기 때문에 그것은 맞는 말이다. 대부분의 살림살이를 꾸려 가면서도 그녀들은 남편이 돈을 어디에 묻어 놓았는지 몰라, 가장이 사고를 당했을 때 아내가 치료비로 필요한 돈을 제 집에서 찾아내지 못하는 일이 허다하다. 여자들은 제 몫의 극히 적은 돈도 절대 가져서는 안 된다. 소금이나 실을 사기 위해 식료품상에 가더라도 하루에 딱 한 번 뿐이다. 더 잦은 외출은 조심성 없는 행동이 되어 불미스런 소문의 대상이 되고, 남편의 화를 일으켜 다시 갇히게 된다. 본래 집에는 부족한 것도 없다. 사과 수확이 끝난 후 10월에 남편은 1년 동안 필요한, 상하지 않는 온갖 식료품을 사러 볼로로 간다. 그리고 신선한 먹거리를 얻기 위해 아내는 채소밭을 가꾸고, 한두 마리 염소의 젖을 짤 뿐이다. 여자들은 친정에서 아주 멀리 떨어져 살기 때문에 부모를 들여다볼 수도, 특히 병든 부모들을 보살피러 갈 수도, 주일에 교회를 가거나 남편과 함께 세례식이나 결혼식, 명명 축일 혹은 대부모 혹은 친구의 장례식에 가거나, 마을의 또는 이웃 마을의 축제에 갈 수가 없다.

그러므로 여자들은 자신들이 차지했어야 할 능력을 빼앗긴 채 엄중한 감시하에 놓인다. 여자들끼리만 밭에 나가는 일은 드물다. 일반적으로 여자들은 남편과 동행하고, 그의 명령에 따라 일한다. 여자들은 노동의 산물——아주 종종 이 산물은 그들의 정맥류 혹은 천식 발작으로 드러난다——을 자랑스레 여기지만 뻐길 줄은 몰랐다. 경영과 노동의 능력을 돋보이게 하는 가장의 특별한 능력을 그에게서 빼앗는 결과가 되기 때문이다. 그것은 가장 위에 군림하는 것이 되어 이웃의 조롱을 받게 되는 까닭이다. 특히 이웃 여자들이 더 그런데, 이는 마을 여인들이 겸손함과 살림 잘하기, 경제적 성공에 있어서 경쟁 관계에 있기 때문이다. 이때 모든 공격이, 무엇보다도 타인에 대한 비방과 부정이 가능하다. 이는 내가 다시 다루게 될 여자들 사이의 싸움을 일으키게 된다.

아르나이아에서 사정은 사뭇 다르게 나타나, 한 마을에서 다른 마을로 이동하던 이 인류학자가 아주 생생하게 느낀 바는 끊임없이 갱신되는 놀라움, 바로 그것이었다. 우선 남자는 자발적으로 커피나 아페리티프를 내올 것이다. 그렇다고 해서 그의 아내가 종종 불시에 들르는 방문객들과 이야기를 나누는 동안 그의 사내다움이 의심받는 것은 아니다. 그리고 여자들은 거리나 수많은 상점들, 흔히 여자들이 꾸려 가는 상점에 자주 모습을 드러낸다. 한 여인에게 방이 있느냐고 묻는 이 외국 여자에게, 그녀는 푸리에서처럼 "몰라요, 우리 집 양반에게 물어보겠어요"라고 대답하지는 않는다. 오히려 "모르겠어요, 아내에게 물어보겠어요"라고 대답하는 쪽은 남편일 것이다! 이 초기의 놀라움은 성관계에 관한 문제를 심화시키려고 할 때, 그리고 관습을 연구하기 시작할 때, 우리가 푸리의, 글자 그대로 여자들에게 한없이…… 불리한 관습과는 사뭇 다르다는 사실을 깨달았을 때 생겼다. 사실 전통적으로 80년대까지 여자들은 지참금을 받지 못하고, 남자들이 집안의 부동산을 상속한다. 그런데 여자들이 이러한 행동의 자유, 말의 자유를 얻은 듯이 보이는 일, 남자들이 가사 노동을 분담하더라도 위협을 느끼지 않는 일은 어떻게 이루어졌는가? 머릿속에 떠오르는 첫번째 이유 중 하나는 수십 년 동안의 남성 부재다. 척박한 대지 때문에 비록 몇 사람은 다종작재배로, 수공업 혹은 장사로 생계를 이어갈 수 있다 해도, 가장 흔한일은 일을 얻기 위해 외부로 나가고, 고향에서 1백 킬로미터 떨어진 반경에서 소작인·벌목꾼 혹은 광부로 고용되기 때문이다. 결혼을 하면서여자들은 시부모와 남편의 결혼한 형제들과 동서들, 조카들, 그리고 혼전의 형제들이 기다리고 있는 남편의 집에서 살게 된다. 이 대식구 틈에서 여자들은 옷감을 짠다. 그녀들은 12세가 되면 옷감 짜는 법을 배우고, 그것으로 생기는 수입은 살림에 중요한 원천이 된다. 이 수입은 시어머니가 관리한다. 남자들이 없다는 사실에서 여자들은 이 마을에 대해 남편들이 모르는 지식, 그리하여 경제적 결정 혹은 혼인 결정 자체에 관계된 지식을 얻는다. 남자들은 어쩔 수 없이 여자들에게 이런 일을 맡기고, 그녀들을 매우 존경한다. 남자들이 옷감을 좋은 값에 팔려면 잘 만들어진 물건의 가격을 알아야만 한다는 것을 깨닫기 때문에 이 존경심은 더욱 커진다. 그런데 제품 판매는 상당 부분 그들에게 맡겨진다. 여자들에게는 외출할 권리가 있고, 또 종종 외출을 한다. 이웃집에 가기 위해서든(같은 동네에서의 상부상조는 흔히 있는 일이고, 또 중요하다), 시장을 보러 가든, 심지어 한가한 때 수도원 같은 곳이나 성지로 주교가 인솔하는 여행을 가든 말이다. 그들은 남자들이 막지 않는 이런 여행이 가정의 명예에 도움이 된다고 생각한다. 그리하여 폭력적·관습적인 제도에도 불구하고, 아르나이아 여인들은 결코 푸리 여인들의 의존적인 상황 속에서 살아가지 않는다.

　게다가 대가족 속에서 노동을 위해서건, 남자들의 부재로 인해 생기는 그리움 때문이건 이 여성들은 서로 결속된다. 그러나 모든 것이 그렇게 장밋빛은 아니었다. 남자들이 돌아오면 여자들은 남자들이 당연히 기대하던, 그리고 그동안 그들이 누리지 못했던 집안에서의 대접을 이전보다 더 많이 그들에게 되돌려 줌으로써 엄청나게 늘어난 노동을 경험하고, 곧 임신을 하고, 마침내 유산 문제 때문에 늘 일어나던 형제간의 잦은 싸움을 말리기 위해 나서곤 했다. 오빠의 애정과 남동생의 존경을 받으면서 자란 결혼하지 않은 시누이들로 말하자면, 이들은 올케의 결혼이 파국으로 끝나도록, 그리고 임신에 실패하도록 그녀들에게 악의 서린 마술을 행할 정도로 질투하곤 한다. 그러므로 폭력의 강도와 마찬가지로 두 마을에서 일어난 폭력의 유형에는 닮은 점이라고는 거의 없다. 여자들의 인생 주기를 따라가면서 살펴보기로 하자.

사내아이 혹은 계집아이로 태어나다

아르나이아에서와 마찬가지로 푸리에서도 사내아이의 출생은 크게 축하할 일이다. 그의 운명이 확인되자마자 아버지는 친구들을 술자리에 초대한다. 아내가 도시에서 해산했다면, 그는 즉시 그리로 달려가 '자식'(이는 사내아이들만을 지칭하는 용어)을 본다. 계집아이일 경우, 아르나이아에서 사람들은 잔치도 열지 않고 병원에도 가지 않는다. 거듭 딸만 낳을 때 남편은 분명 조금 화를 내고, 시어머니는 이보다 더 크게 화를 내, 경우에 따라 혈통을 잇지 못하는 아내의 요구에 따라 친척에게서 양자를 들이고, 그 정도에서 멈춘다. 푸리에서 둘 이상의 딸을 낳는 여자——특히 아들 없이——는 남편으로부터, 또 때에 따라 시어머니로부터 지독한 구타를 당한다. 딸들 모두에게 지참금을 줘야 하는 이상 가문을 망친다며 그녀를 욕한다. 푸리 사람들이 알고 있는 혼외 임신의 드문 경우에 사내아이들은 고아원에 보내지지만, 내가 이야기를 들은 적 있던 한 계집아이는 얼마 살지 못했다. 그 아이만이 그렇게 모호한 상태에서 떠난 유일한 아이는 아니었다. 아프면 죽게 내버려두는 것이 그 옛날 많은 계집아이들의 운명이었다.[4] 아르나이아에서 나는 영아 살해 사건을 보지 못했다. 그러나 한편으로 젊은 처녀들이 정절을 지킨다 하더라도 일탈 행동에 대한 관대함은 비교적 큰데, 이는 아마도 그러한 일탈이 예로부터 있지 않았던 지참금을 늘릴 필요를 일으키지 않기 때문에, 또 일탈이 젊은 여인의 임신 가능성을 입증하기 때문일 것이다. 이러한 증거는 푸리에서도 연구되지만, 단지 그것은 공식적으로 약혼한 사이에서만 나타난다. 약혼 기간 동안 임신하지 못하는 푸리 여인은 자칫 파혼당할 가능성이 있고(불임은 절대 남자 탓이 아니다), 배우자를 만나는 일은 매우 힘들다. 다른 한편으로 아르나이아에는 불임의 여자들을 위한 치밀한 아이 유통망이 있다. (푸리 사람들과는 달리 그

럴 수 있다는 사실을 알기는 해도 아르나이아 사람들 역시 불임을 결코
남자 탓으로 돌리지 않는다.) 아이라는 선물은 속세와 천상 사이의 복잡
한 회계(會計) 속에 새겨진다. 어느 날 문지방에서 발견된 업둥이를 받
아들이는 것 역시 마찬가지이다. 하늘에서 떨어진 아이를 거부하는 여
자는 혼외 출산을 한 여자보다 더 큰 비난을 받는다.

교육, 설득보다 매를

푸리에서 폭력과 잔인성 자체는 계집아이들만큼이나 사내아이들을
교육하는 수단으로도 매우 중요하다. 아버지처럼 어머니도 이 폭력을
행사한다. 어머니들은 아들이 12세가 되어 아버지의 직접적인 권위하
로 들어갈 때 매질을 그만두며, 어린 아들들이 서로 주먹질을 하는 방
식에 유쾌해한다. 반면에 딸들이 그러면 결코 용서하지 않는다. 부드럽
게 설득하면서 아이들을 키우고자 하는 현대의 젊은 여인들도 복종시
키기 위해 텔레비전에서 보듯이 따귀를 때릴 뿐이다. 그녀들은 조용히
시키기 위해 젖먹이까지 때린다. 이는 아기가 지쳐 결국 잠들 때까지 아
무런 결과도 가져오지 않는다. 그녀들은 이런 식으로 그녀들이 경험한
벌 가운데 일부, 즉 슬리퍼나 허리띠로 때리는 것뿐 아니라 대들보에
두 발과 두 손 매달기, 머리를 밑으로 향하게 한 채 나뭇가지에 매달기,
작은 불로 아이를 '지져' 참을 수 없게 하기, 주먹 안에 바늘을 넣고
꼭 쥐게 하기, 뜨거운 달걀을 껍질 채 겨드랑이에 끼워 짓이기기 등을
반복한다. 모든 푸리인들은 이러한 벌들을 기억해 내고 회상한 후 "다
행히 우리 부모님은 날 그런 식으로 다뤘어요. 덕택에 나는 훨씬 나은
사람이 되었죠"라고 덧붙인다. 벌은 유년 시절로 끝나는 것이 아니다.
마을의 매우 엄격한 위계 체계에서, 결혼했더라도 아들은 늘 미성년자
이고, 아내는 영원히 미성년자이다.[5] 성인들에게는 오히려 투석 형벌이

적용되었고, 무책임하거나 나태한 아들에게 돌을 던진 아버지[6]나, 같은 식으로 자기 자식들을 교육시킨 시어머니들은 많았다. 시어머니들이 아들과 한집에 살지 않더라도, 일상적으로 그녀들은 며느리의 사소한 사실이나 행동을 속속들이 알고 있다. 물론 며느리가 매일 돌팔매질을 당하는 것은 아니지만, 그녀들에게는 그날그날 당할 일정량의 꾸지람과 비난이 있었다. 그리고 이 비난은 그녀의 아이들이 사춘기에 이르러서야 그친다.

학습에 대해 말하자면, 푸리에서 열심히 배우고 순종적이기 때문에 모범적이라 해도 딸들은 가능한 한 빨리 학교를 떠나게 되는데, 아버지의 판단에 글을 읽을 줄 아는 딸은 반드시 나쁜 짓을 생각하기 때문이다.[7] 반면에 아르나이아인들은 더 쉽게 딸들을 교육시킨다. 물론 딸들이 아주 일찍부터 옷감을 짜야 하는 가난한 집은 이 경우에 해당되지는 않는다. 하지만 앞서 언급된 문제가 여자들의 정신을 망가뜨리는 지식의 문제는 아니다.[8] 푸리에서처럼 아르나이아에서도 계집아이들의 교육에는 사내아이들의 교육에서보다 더 금기가 많고 훨씬 가혹하다. 하지만 매보다는 말을 더 많이 쓴다. 아르나이아의 어머니들이 아이들에게 따귀를 때리지도, 벌주지도 않는 것은 아니다. 때때로 그들은 아이들에게 더 부드러운 모습을 보여 주면서 자기들의 부재를 보상하는 아버지보다 더 사납기까지 하다. 다만 어머니가 아버지의 허락에 호소하는 경우는 예외이다. 하지만 아르나이아에서의 벌이 푸리인들이 경험하는 정도의 잔혹함에 이르는 경우는 거의 없고, 어쨌든 가혹함을 부추긴다 해도 그것은 보통 재보상에 의해 균형을 이루기 때문에(장난감, 옷 사주기, 외출 허가) 폭력은 결코 중요하게 여겨지지 않는다.

이 두 마을에서, 계집아이들을 교육하는 목적 가운데 한 가지는 같다. 남자 형제들의 특권을 존중할 것을 가르치는 일이다. 남자 형제들에게 애정을 쏟음으로써 부모가 사내아이들에게 주려는 유산을 요구하지 않는 것이 필요한 훈련이다. 푸리에서 계집아이들은 지참금으로 만족하는

데, 그것은 그녀들에게 권리는 있지만 남동생과 오빠들을 인정함으로써 포기하게 되는 유산에 비하면 늘 모자란 선불의 상속이다. 그리고 이들 남자 형제들은 마을에서 멀리 떨어져 있는 임금이 나오는 일자리를 통해 그 지참금에 필요한 돈을 얻는다.[9] 아르나이아에서 최근까지[10] 여자들은 혼수만 받았지만, 남자 형제들에 대한 한없는 사랑을 키우곤 했다. 이는 부모가 아들에 대해 입증한 찬사 때문에 만들어진 것이었다. 오늘날까지도 아르나이아 소녀들은 학교가 끝나자마자 집으로 돌아와 숙제를 마친 다음, 어머니를 도울 필요가 없을 때에만 외출하는 반면, 사내아이들은 우선 숙제를 하라는 명령에도 불구하고 거리와 마을의 카페를 돌아다니고, 그곳에서 모든 형태의 남성적 사회성을 배운다. 아르나이아에서 딸들이 나갈 때에는 특히 볼타(volta)를 즐기기 위해서인데, 마을의 거리에서 이루어지는 이 산책을 통해 젊고 나이 든 남자와 여자들이 서로의 모습을 드러내고 관찰한다. 또한 요즘에는 마을 중심지에 파고든 혼합 카페테리아에서 한 잔 마시기 위해서 외출을 한다. 1980년 푸리에는 여전히 카페테리아가 없었고, 볼타는 한 번도 존재한 적이 없었다.

육체, 성욕과 부부 생활

여성들의 가치가 본질적으로 임신 능력에 달려 있는 그리스 같은 나라에서, 우리는 어머니가 육체의 임신 기능을 딸들에게 가르친다고 기대할 것이다. 하지만 전통적으로 푸리에서와 마찬가지로 아르나이아에서도 전혀 그렇지 않으며, 딸들은 초경에 대해 아무런 사전 지식도 갖지 못했다. 푸리에서 어머니들은 혈흔과 두려움과 부끄러움으로 일그러진 딸들의 얼굴을 보고서 초경의 시작을 알곤 한다. 이때 딸들을 낡은 궤에 앉히고 따귀를 두어 번 때린 후 이렇게 말한다. "자, 여자가 된다는 건 이런 거다!" 이것이 흔히 생각하듯이, 여자의 몸을 가졌기 때문에 그들을 벌하는 것으로 이루어진 유일한 성적 입사였다. 처녀들은 결혼 초야에 대해서도 준비가 많이 되어 있지 않은데, 두 마을에서 그녀들은 결혼 초야에 관해 끔찍한 이야기를 들을 뿐이다. 그럼에도 불구하고 푸리와 아르나이아 사이에는 육체와 관련된 큰 차이가 있다. 푸리에서는 아마도 시간이 없기 때문인지 부모는 자식들에게 어떤 애정도 드러내지 못하고, 부모간의 이러한 감정 표명도 금지되었다.[11] 조부모만이 손자들에게 애정을 보였다. 그 결과 이들의 육체는 애무보다는 매에 더 익숙해졌다.[12] 반대로 아르나이아 사람들은 자식들에게 늘 애정을 나타냈다. 달콤한 입맞춤과 애무를 어린 육체에 퍼부으면서, 또 실질적 성욕을 푸리에서보다는 덜 엄격하게 준비시키면서 말이다.

푸리에서 여자들에게 성행위는 자손을 잉태하기 위해, 그리고 그렇게 함으로써 자신들의 나쁜 본성을 보상하기 위해 감내해야 하는 병처럼 느껴진다. 푸리인들은 이를 임무라는 뜻의 i doulia라 부르고, 몹시 피로하게 하루를 마친 후 여자들이 빠지는 피곤한 상태에서, 애정을 드러내는 일에 거의 익숙지 않은 남자와 사랑을 하는 것이 불쾌하지 않은 것은 사실인 듯하다. 어쨌든 성욕에 대해 나와 몹시 얘기하고 싶어했던 대부분의 젊은 여인들은 적어도 관계의 순간을 절대 선택할 수 없었음을,[13] 피임 방법으로 오로지 성교 중단이나 금욕만을 알고 있었던 점을 후회하곤 했다. 그녀들은 자신들의 선택과 무관한 남편의 욕정에 따랐다는 것을 체념하듯 말하곤 했다. 젊은 여자들만이 그나마 극히 적은 선택의 자유를 누렸고, 진정으로 선택한 남자가 그녀 자신만큼 낭만적이지 않았다는 사실에 실망하곤 했다. 실제로 젊은이들을 포함한 남자들은 쾌락을 추구하는 여자는 창녀라고 '생각한다. 그들은 여자에게 쾌감을 일으키는 행위를 경험하는데, 군복무 때나 여러 해 배를 타고 물건을 팔러다니면서 창녀들을 상대로 그런 행위를 해봤기 때문이다. 하지만 정숙한 여자의 특징으로 여겨지는 성욕 부재라는 구실을 대면서 아내에게는 그런 행위를 하지 않는다.[14] 나이가 더 들면 여자들은 아버지가 강제로 정해 준 남편을 받아들였고, 사랑에 대한 어떤 취향도 갖고 있지 않은 것 같았다. 체념에 대한 담화가 여자들이 실제로 강하게 느끼는 바, 그녀들 스스로가 이로운 견해를 갖기 위해 강하게 느낀다고 혼자 상상하는 것, 혹은 혼자서 달콤한 상상을 하기 위해서라고 지속적으로 말하는 바와 일치하는지 나는 알 수 없다. 오래 전에 결혼한 부부들에게 이 담화는 매우 고된 삶의 시련을 함께 거치면서 생긴 암묵적인 동의와 애정이 느껴지는 형태, 여자들의 경우 배우자와 그의 육체를 가장 잘 받아들였음을 추측케 하는 형태로 나타난다. 이는 폐경기 때부터 여자들이 '무뚝뚝하게' 여겨지고, 그때부터 남편은 더 이상 그녀들과 접촉하지도 않는다는 뜻이다. 대화를 하면서 여자들은 가정에 관한 혹은 공동체에 관한 모든 화제에 대해 자기 의견을 제시할, 그리고 남자들에게 요구할, 심지어 낯선 이들에게 말을 걸 권리를 갖기 시작한다.

아르나이아에서는 어느 누구도 여자들이 섹스에서 쾌락을 느낄 수 있고, 매우 시적인 은유를 이용해 그것을 말할 수 있음을 부정하지 않을 것이다. 많은 여자들이 결혼을 했고, 그녀들 역시 선택할 수는 없었지만 남자들은 얼마나 끈질기게 젊은 아내들에게 성관계를 두려워 말라고 가르쳤는지를 말한다. 그리고 결혼 초야가 될 때까지 아주 '멍청'했던 자신의 모습을 비웃으면서 남편들의 말을 믿는다. 아르나이아에 금욕이 있기는 하지만, 이는 남자들의 부재 때문이다. 남자들이 있을 때에는 월경조차[15] 부부관계를 막지 못한다. 폐경기 때에도 나이 많은 여자들은 남편이 그다지 피곤하지 않을 때 여전히 사랑을 나눈다고 내게 말한다. 그러므로 아르니오트인들은 육체를, 특히 여자들의 육체를 쾌락의 장소로 여기지 심심할 때 학대할 수 있는 장소, 단순히 정자를 받아들이는 장소로 생각지는 않는다. 푸리 여자들은 멍든 다리와 팔로 주일 미사에 나타날 때에도 아무런 수치심을 느끼지 않는다. 남편의 폭력이 사내다움을 입증하기 때문이다. 이런 일은 지극히 자연스러운 일이어서, 내가 알고 있는 1978년의 한 소송만이 공권력으로 넘어가 사건화되었다. 아르나이아 사람들은 아내의 구타를 당연시하지 않는다. 그런 일이 있더라도 아마 그 빈도를 평가하기는 어려울 것이다. 가정 폭력이 이웃의 눈에 드러나지 않기 때문이다. 사람들은 이를 부끄러워한다. 그렇다고 이 마을에 폭력이 없다는 뜻은 아니다. 하지만 남자들 사이의 정치 견해 대립이 일어날 경우에 특히 두드러지고, 이때 폭력은 눈에 띈다기보다는 상징적인 형태를 띤다. 예전에 아이를 갖지 못하는 여자들이 시집 식구들에게 지속적으로, 또 공식적으로까지 '쓸모 없는 존재'로 취급되었듯이 말이다. 말로 행해진다고 가혹하지 않은 것은 아니었다. 그뒤 1950년 이후 산아 제한 시기가 되자, 낙태가 유일한 방법으로 사용되어 여자들의 임신 능력과 남자들의 번식력을 입증할 필요를 억제해 왔고——지금도 그렇다——이때 출산 가능한 여자들의 육체에 대한 폭력이 작용한다. 아르니오트인들은 인정하지 않지만, 그렇다해도 이 폭력이 하찮은 것은 아니다.

　정교회가 세 번 연속으로 결혼할 수 있다고 인정하더라도 푸리에서 이혼은 일어나지 않는다. 여자들은 운명——게다가 이 말로 젊은 처녀들은 미래의 남편을 정한다——을 받아들여야 한다. 간통하는 이들은 극히 드물다. 그 결과가 종종 정숙한 여인의 조건에 비해 최악이기 때문이다. 여성이란 부류를 체계적으로 의심하도록 키워진 남편들의 뜬금없는 의혹에 비싼 대가를 치르는 여자들이 많기는 해도 말이다.[16] 그러므로 거기에는 어떠한 구실도 없이, 여자들은 결혼과 동시에 완전한 노예 생활이 시작된다고 말한다. 아르나이아에서는 이혼이 가능한데, 아마도 딸들이 지참금을 받지 않기 때문에, 또는 그들이 떠난다고 해도 남편의 생활이 망가지지 않기 때문일 것이다. 따라서 푸리의 여자들에게는 '인내와 체념'(그녀들이 아주 자주 말하듯이), 같은 처지의 사람들(다른 여자들)이나 못한 이들(자식들)에 대한 폭력 행사, 자살(여자들에게는 잦지만 남자들에게는 일어나지 않는)과 마지막으로 남편을 살해하는 일만 남는다.

남자들이 하찮게 여긴다는 이유 때문에 여자들끼리의 싸움은 자주 일어나고, 한 여자가 법정에 끌려가면 판사는 늘 화해를 끌어낸다. 그것은 남자들끼리 구타와 상처를 주고받을 경우에는 거의 일어나지 않는 일이다. 우리는 여자들이 자신들의 이익을 위해 자식들에게 얼마나 가혹한 폭력을 가하는가를 본 적이 있다. 여자들의 자살은 처녀가 혼전 임신을 하였을 때부터 사랑에 실패했을 때까지 행해진다. 부부 생활에 실망하여 자꾸만 자살을 시도하는 몇몇 젊은 여인들과는 대조적으로 이같은 여자들의 자살은 실패로 돌아가지 않는다. 마침내 남편 살해 사건이 제1·2차 세계대전 중에 세 배로 늘어난다. 많은 개인적인 해명이 정비된 시민 전쟁 이후 푸리에서는 더 이상 살인 사건이 일어나지 않는다. 남자 형제들간의 살인조차 말이다. 놀랍게도 푸리인들은 살인한 여자를 마치 영웅처럼 말한다. 반면에 이미 '죽은 후'이지만 병든 남편을 돌보지 않았던 여자는 고의적인 태만함 때문에 아주 나쁜 평가를 받는다. 즉 아내로서의 의무를 이행하지 않았다는 사실은 명예롭지 못한 것이다. 무기를 쓰면서 남자 역할을 떠맡음으로써 여성은 특별한 인물이 된다. 양성에 대해 체념한 이들의 모든 환상을 스스로 감당할 수 있다는 이미지 때문이다. 나는 양성 모두를 말한다. 여성을 상대로 자행된 폭력이, 비록 그들이 거기에서 중요한 특권을 끌어낸다 하더라도 남자들의 행복을 만들지는 않기 때문이다.

물리적 폭력, 혹은 상징적 폭력

푸리 사람들이 교육의 주축, 즉 정의를 이루는 방식, 남성성의 증거물로 물리적 폭력을 중요하게 여긴다면, 아르나이아 사람들은 완전히 배제하지는 않더라도 그것을 멸시한다. 반대로 그들은 상징적 질서를 드러내기 위해 물리적 혹은 정신적으로 혹독한 모든 종류의 폭력을 행한다. 예전에 가장 널리 퍼진 것은 검은 마법이었다. 모든 사람들이 손톱 부스러기나 머리카락을 담는, 직물과 종이로 된 작은 꾸러미를 만들 줄 알았다. 그리고 그 종이 위에는 병들게 하기 위해, 무력하게 만들기 위해, 한 가정을 파멸로 이끌기 위해 중세의 주문에서 인용한 공식이 새겨져 있었다. 물론 해독제가 존재하기도 했는데, 그 대부분이 사제의 손에 달려 있었다. 검은 마법은 오늘날에는 그리 널리 알려져 있지 않다. 이로 인해 영원한 휴식의 대상이 된 이들을 길들이는 저주가 줄어든 것처럼 말이다. 이 상징적인 폭력은 초자연적 세계와 속세의 삶 사이의 상호 작용 속에 있는 열렬한 믿음과 짝을 이룬다. 이 폭력 중에는 어린아이에게 물려 준 이름이 그 조상의 부활을 가능케 한다는 생각이 있다. 자신의 시부모를 불행하게 하는 가장 좋은 방법은 새로 태어난 아기에게 그들의 성을 붙이지 않는 것이다. 내게는 아르나이아 여인들의 삶을 중독시키는 이런 유의 모든 근심(푸리인들도 이런 대부분의 근심에서 제외되지 않는다)을 기술할 공간이 모자라지만, 그럼에도 불구하고 나는 그들이 되풀이하고픈 행동 지침이 '존경과 사랑'인 사회, 푸리에서처럼 '인내와 체념'이 그 행동 지침이 아닌 사회에 속해 있다는 사실을 강조하고 싶다. 그러나 사랑은 가혹하게 드러날 수 있고, 나는 아들이든 딸이든 자기 자식을 너무도 사랑해 감정적으로 협박하면서 삶을 망가뜨리는 아르나이아의 많은 어머니들을 알고 있다. 이 지나친 사랑이 내게는 여자들이 내면의 폭력, 즉 사회가 그들에게 냉혹하게 입증해 보라고 명령하는 미덕을 과장하는 것말고는 달리 표현하기 어려운 폭력 쪽으로 나아가게 되는 한 방법처럼 보인다.

남성의 폭력, 여성의 폭력, 그리고 사회적 폭력

남성 지배가 뚜렷한 국가의 두 마을간 비교가, 여성에 대한 폭력과 여성 폭력간의 관계에 대해 결정적인 결론을 끌어낼 수는 없을 것이다. 기껏해야 물리적 폭력이 중요하게 여겨지고, 여성에 대한 제도적 폭력만큼(아주 낮은 사회적 위치, 알 권리와 약간의 사물에 한정된 결정권, 매우 무거운 노동의 의무) 육체적 폭력이 매우 뚜렷한 그곳에서, 여자들도 물리적 폭력을 똑같이 사용한다는 가설을 세울 수 있을 것이다. 여자들은 사회 질서의 다른 희생자들을 만나면 폭력을 행사하고, 본질적으로 이 질서를 영속시키고자 한다. 그만큼 그녀들은 그 가치를 구체화한다. 여자들이 특권에 대해——살인이라는 특수한 방법으로——반항하는 것은 극히 예외적인 일이다. 반대로 남성 지배가 덜한 곳에서 여자들은 비록 특권은 거의 없지만, 지독한 경멸의 대상이 아니어서 잔인한 모습은 덜하다. 여자들이 행하는 폭력은 남성 명령에 대한 그들의 복종이란 틀에서도 뚜렷하다. 하지만 자발성과 능력을 행사할 수 있는 여지를 가짐으로써 이 복종의 형태는 완화된다. 즉 그 형태는 아주 종종 상징적이거나 심리적인 것이다. 게다가 이 자유 재량의 여지는 푸리 여자들은 전혀 모르는, 때로 페미니스트가 될 정도의 현대성으로 강조되는 그런 종류의 의식(意識)을 허락한다. 사실 오늘날 아르나이아에서 가정은 핵가족화되었고, 여자들은 임금 노동자로 1년 내내 마을에 있는 남편과 마주하고 있다. 무엇보다도 그 예전 대가족이 살았던 가정이 강한 긴장의 장소였음을 인정하면서, 많은 여자들은 가사 노동에 가치를 부여하는 새로운 가정 구조를 몹시 갈구했다. 그러나 남자들이 없는 상황에서 가족 구성원 내 여자들의 연대감이 그들의 물리적 일체감을 보장하던 시절을 아쉬워하는 여자들도 많다. 부부간 폭력에 대한 하소연은 아르나이아에서 늘어난다. 가장의 자리를 맡은 이후 남자들이 점점 더 폭력적이 되는 걸까, 아니면 여자들이 옛날보다 더 자주 경찰에게 도움을 요청하는 걸까? 이 질문에 대답하기 위해서는 이 제도에 대한 고문서를 참조하는 것이 합당할 터이지만 그것은 불가능하다. 어떤 여자들은 남자들이 예전에 더 폭력적이었다고 하지만 이 사실은 입증되지 않았다. 대중매체가 보급하는 인간 권리에 대한 담화에 영향받는 아르나이아인들은 자신들에게 예전의 '빈곤과 무지' 위에서 얻은 현대적 이미지의 시민성을 부여하려 하고, 부부 싸움'을 최소화하지만, 그럼에도 불구하고 그 소동은 울려퍼진다. 옷감짜기와 이에 수반되었던 여성의 실업 상태가 사라지자 여자들은 점점 더 남자들에게 의존한다. 핵가족으로의 전이는 남편과 마주하고 있는 여자들간의 사이를 고립시킨다. 결혼에 대한 자유로운 선택과 관련된 열정의 고조는 남성과 여성의 정신적 폭력을 증대시키지만, 그렇다고 물리적 폭력을 막지도 않는다. 물리적 폭력이 예전보다 더 중요히 여겨지지는 않지만, 더 이상 선두 유지라는 객관적 이유가 없는(그들의 노동은 중요하지만 공동 생활에 대한 지식을 공유하지는 않는다) 여자들을 상대로 한 남자들의 유일한 도구라는 사실은 여전하다. 이는 지배라는 총체적인 상황에서, 여자들이 경우에 따라 누릴 수 있는 혜택이 이들에게서 박탈될 수 있음을 잘 보여 준다. 내가 얼마나 오래된 것인가를 기록할 수도 없는[17] 이 혜택은, 아마도 물리적 폭력이 본래 아르나이아에 기록되어 있는 이유를 설명해 줄 수도 있을 것이다. 남성 우위의 사회에서 전투적 가치, 남자들의 신체적 완전함을 희생으로 하는 투쟁 능력, 여자들을 의존 상태와 겸손함에 머물게 하는 능력과 관련 있는 가문의 명예는 모든 이들의 본보기로 작용하고 여자들을 거기에서 벗어나지 못하게 한다. 이러한 영역에서 그것이 가치 있는 한, 소송을 제기하지 못하는 여자들은 남성 모델을 모방한다. 남자들의 모습은 거의 보이지 않고 행복을 유지하기 위해 마을에 남은 여자들을 믿어야 하는 아르나이아에서, 이 남성적 가치는 회복의 기쁨 속에서 부분적으로 사라졌다. 폭력의 보다 부드러운 표현 형식에 자리를 내주면서 말이다. 그러나 부당 행위와 불평등, 질투와 내일에 대한 걱정으로 귀결되는 폭력, 그리고 푸리에서보다는 덜하지만 남성 우월성의 가설로 귀결되는 폭력은 여전히 존재한다.

1) 이 텍스트는 1996년 1월 31일 콜레주 드 프랑스 F. Héritier-Augé 세미나에서의 한 발표의 테마였다.

2) 각각 H. 라마르슈, S. 로제르와 C. 카르누의 《농부들, 여자들과 시민들 *Paysans, femmes et citoyens*》, Le Paradou, Actes Sud, 1980의 S. 로제르의 〈여자들과 능력〉과 E. 클라베리와 P. 라메종의 《불가능한 결혼: 17, 18, 19세기 제보당에서의 폭력과 친족 관계 *L'Impossible Mariage: violence et parenté en Gévaudan aux XVIIe, XVIIIe et XIXe siècles*》, Paris, Hachette, 1982를 보라.

3) 70년대말 이 마을에 부가 확산되자, 결혼한 젊은 여자들은 더 이상 밭에 일하러 나갈 필요가 없었다. 이 사실에서 그녀들은 그 이전 여인들보다는 늦게 쇠약해졌지만, 쉽게 신경증 환자가 되었다. 이 마을에는 도시의 어떠한 오락거리도 없고, 남편들이 여자들로 하여금 그 지역의 큰 도시인 볼로로, 차로 1시간 30분 정도 걸리는 볼로로 장보러 내려보내지 않았기 때문이다.

4) 푸리에서의 성비(性比)는 남자들이 52퍼센트를 차지하는데, 이는 자연적 인구 비율에 맞지 않는다.

5) 그 지역에 머물고 있었을 때, 아내들은 그들의 삶을 살아가기에는 여전히 법적으로 미성년자였다는 점을 떠올려 보자. 가정법이 아내들에게 남자들과의 평등권을 부여한 것은 고작 1983년에 일어난 일이었다.

6) 돌팔매질로 쫓겨난 아들은 상속권을 박탈당했다. 아버지는 제 마음대로 유언을 고칠 수 있었고, 그리하여 부친 유고시, 어떨 때는 상속자들간의 살인적인 싸움이, 또 어떨 때는 끝없는 소송이 일어나곤 했다.

7) 나는 학교를 그만두게 되어 격분해서 우는 많은 소녀들을 보았다.

8) 게다가 제1차 세계대전이 끝날 무렵, 아르나이아에 부임하여 제2차 세계대전까지 그곳에 있었던 대주교는 학교 교육이 아직 의무 교육이 아니었던 당시에 읽는 법을 배우지 못했던 여자들에게 알파벳을 가르치기 위한 학교를 세웠다. 그리스 시골 지역에서 남녀 모두가 정식으로 교육을 받게 된 것은 1950년 내전 이후가 되어서였다.

9) 매부들에게는 아내의 상속분을 포기할 하등의 감정적 이유가 없기 때문에 이는 처남-매부간의 갈등을 일으킬 뿐이다. 여자들은 양쪽으로부터 협공을 받아 힘들어한다.

10) 마케도니아가 그리스에 통합되자(1912) 이 법이 적용되기 시작했고, 1920년 무렵 초기의 지참금은 현실적이기보다는 상징적으로 나타난다. 내전 이후 이 법은 훨씬 분명해지지만, 남자 형제들이 거기에 도움을 줘야 할 정도는 아니었다.

11) 남편에 대한 사랑을 스스럼없이 드러내는 여자는 사악한 이로 여겨져, 70년대 말이 되어서야 밭일을 그만둔 젊은 여인들이 부르주아지 풍습에 따라 자식들에 대한 노골적인 애정을 드러내기 시작했다.

12) 이 이유 때문에 어떤 젊은이들은 면도날로 제 팔을 그으면서 자신의 사내다움을 입증하려고 했던가?

13) 많은 여자들이 하소연하기를 남편이 선택할 때는 카페에서 반쯤 취해 들어올 경우로, 그녀들이 이미 잠들어 있던 시간이었다. 그러나 한 푸리 여인은 다음날 새벽 5시에 일어나야 하더라도 몇 시가 되었든, 저녁 식사와 섹스를 요구할 수 있던 남편이 돌아오기 전에는 절대로 잠이 들 수 없었다.

14) 그리스에서 성적 존재가 아닌 여자들의 모습에 대해, 우리는 K. 야나코풀로스의 《욕망의 놀이, 권리의 놀이. 피레와 아테네 남자들의 육체, 감정과 성적 정체성 *Jeux du désir, jeux du pouvoir. Corps, émoitions et identité sexuelle des hommes au Pirée et à Ahènes*》, Paris, EHESS, 1995, 박사 학위 논문을 참조할 것이다. E. 플레수사키와 K. 야나코풀로스의 〈정화된 병. 그리스에서의 에이즈 조작〉, 《남자 *L'Homme*》, 139, 7월-9월 1996, pp.125-135.

15) 많은 아르니오트인들은 그렇다 해도 지극히 히포크라테스적 견해로 임신을 특별하게 생각하는 이들은 훨씬 적다. 그런 견해는 고등학교에서 받은 생물학 강의가 신체로부터 아무 영향을 받지 못한다.

16) 모든 사람들에게 정부가 있다는 의심 때문에 아내를 뜨거운 화덕에 앉힌 적이 있던 질투에 빠진 남편이 기억난다. 하지만 남자들에게는 사내다움의 증표인 혼외 정사를 누릴 권리가 있다.

17) 18세기와 19세기의 여행자들은 북부 그리스 지역 전체에서 리아렝고비(1922년까지 아르나이아 지역에 붙여졌던 이름으로, 이때 마케도니아나 트라스처럼 최근 그리스 국가에 종속된 지역의 모든 슬라브 혹은 터키 지명들이 그리스어로 바뀌었다) 직물의 명성을 알았다. 이는 남자들에 대한 숭배만큼 여자들에게 중요했던 이런 여성 활동이 얼마나 오래 되었는가를 보여 준다. 그러나 이 사실은 남자들이 그들이 좋아하던 여자들에게 임자 없는 밭을 넘겨 주면서 늘 다른 일자리를 찾으러 갔다는 확신을 주기에 충분치 않다.

【참고 문헌】

Handman, Marie-Élisabeth, 《La Violence et la Ruse. Hommes et femmes dans un village grec》, Aix-en-Provence, Édisud, 1983.

Handman, Marie-Élisabeth, 〈Tissage et rapports sociaux à Arnaia, Chalcidique(1920-1990)〉, 《Techniques et cultures》, 15, 1990, pp.1-27.

Handman, Marie-Élisabeth, 〈Structure de la famille, dévolution des biens et statut paradoxal des femmes en Grèce〉, Actes du colloque de Lisbonne, 10-12 avril 1991. 《Famille et contextes sociaux. Les espaces et les temps de la diversité》, Lisbonne, Centro de Investigação e Estudos de Sociologia, ISCTE, 1991, pp.151-161.

Handman, Marie-Élisabeth, 〈Les amitiés féminines à Arnaia, Macédoine grecque〉, in S. Damianakos, M. -É. Handman, J. Pitt-Rivers et G. Ravis-Girodani, 《Les Amis et les Autres. Mélanges en l'honneur de John Peristiany》, Paris-Athènes, EKKE(avec le concours de la MSH), 1995, pp.75-95.

Handman, Marie-Élisabeth, 〈Violence et différence des sexes〉, 《Lignes》, 25, 1995, pp.205-217.

Mathieu, N. -C., 《L'Anatomie politique. Catégorisations et idéologies du sexe》, Paris, Côté-Femmes, 1991.

제 3 부
20세기의 잔인성, 강간과 전쟁

야니크 리파

무장 해제된 여자들을 상대로 한 남자들의 무기: 에스파냐 내전에서 폭력의 성적 차원에 대하여

내전은 이율배반적인 계획으로 지지해야 할 사회 집단 전체를 소집한다. 그러므로 이 전쟁은 본래 국가간의 전쟁과는 거리가 멀고, 직업 군인들이나 징집된 군인들, 어쨌든 남자들이 직면하는 갈등의 산물을 역전시킨다. 오랫동안 죽은 시민들은 기술 '진보'의 비극적인 결과인 군사 지역에 개입하기 전까지는 애도되지 않았던 전장의 피해자였다. 중립성을 좋아하지 않기 때문에 전체 국민을 덮치면서 내전은 남자·여자 모든 이들이 분쟁에 참여하는 문제를 단번에 제기하고, 이러한 참여가 취하게 되는 형태에 의문을 제기한다. 내전은 윤리적 기반, 병참술의 기반에서 무장 군대의 투쟁에 이르기까지 양성을 접근시키거나 멀어지게 하는 가능성 쪽으로 기운다. 의무의 이러한 위계 질서를 통해, 각 진영 스스로가 남자들과 여자들이 전투에 대해, 무기와 그러니까 폭력에 대해 유지해야 하는 관계를 진단한다.

폭력은 모든 분쟁에서 일어나는 적의 야만화 과정에서도 문제가 된다. 내전은 이 과정을 보다 정교화한다. 즉 국가간의 알력 속에서, 모든 음흉한 계략으로 상대방을 고발하기는 쉽다. 또 각자는 그가 구현하고 지키는 명예, 위엄과 가치 위에서 비슷한 발언을 유지할 수 있다. 같은 동포를 죽이는 일이기 때문에 내전은 담화를 공들여 준비해야 한다. 어제까지만 해도 같은 편이었던 상대방이 야만적으로 변하는 일은 저절로 이루어지지 않고, 주동자들은 상대방이 민족적 정체성과 기초적이고 근본적인 중요한 원칙에 어긋남을 입증하는 데 안간힘을 쓴다. 종종 아이들에 대한 공격과 유사한 여자들에 대한 멸시는 적의 비인간적 성질에 속한다. 상대방 여자들에 대한 다른 진영의 폭력이 깊이 새겨져 있는 것처럼, 적-동포의 선전은 이상하게 서로 닮아 있고 감추기 어려운 현실을 왜곡한다.

복잡한 상황에 있던 에스파냐 내전이 의심의 대상이 된 것은, 여성의 폭력과 여성들에 대한 폭력이 전쟁에 개입될 때부터이다.[1]

1936년 7월 17-18의 군사 폭동은 1931년 4월에 창설된 공화국 전복이 아니라 1936년 2월 이후 권력을 잡은, 멸시받던 민중 전선 추방을 목적으로 삼는다.

이러한 증오로 인해 여러 우파에서 온 반대자들, 즉 가톨릭, 보수주의, 알퐁스 13세를 옹호하는 군주제와 샤를 10세를 옹호하는 군주제, 팔랑헤당원 등이 연합한다. 에스파냐의 정치 전통 속에서 갈구되던 군부 쿠데타를 방해하는 민중 저항은 이들의 입장을 급진적으로 몰고 간다. 대결은 민주주의-파시스트 대립으로 변형되고, 국제 언론은 이러한 대립을 타전한다. 적을 지칭하는 전투 참여자들의 어휘는 각각의 인식을 알려 준다. 반란 봉기자들의 입에서 충성스런 이들은 다같이 '빨갱이' '공화주의자' '마르크스주의자' '공산주의자'로 일컬어졌다. 좌파와도 구분되지 않는다. 또 반란자들은 '파시스트' '팔랑헤당원'이란 용어로 합쳐지고, 폭도 집단들이 스스로를 지칭하는 '민족주의자'라는 말이 다시 쓰이는 경우는 거의 없었다. '프랑코 지휘하의'라는 말은 갈등이 끝나가던 시기의 어휘에 속한다.

어휘 뉘앙스의 이러한 결핍은 당연히 연합의 쟁점을 망각하고, 자료의 독서를 더욱 힘들게 한다. 기록된 사건들의 주동자들을 흔히 완전히 식별할 수 없게 하면서 말이다. 그런데 기회주의자들의 연합으로 인해 정치 체제와 서로 다른 여러 사회를 위해 작동하는 흐름들이 집결된다. 스페인어 고유 어법, 강한 권력, 그리스도교적 전통과 거기에서 비롯된 윤리 옹호가 결국 국민을 굳게 결속시킨다. 프랑코는 자신의 강령과 독재의 기초를 고안하기 위해 이 공동 연맹을 이용할 줄 알았을 것이다. 좌파를 약화시키는 이 내전은 다양한 사회·정치적 계획의 표현이다. 즉 어떤 이들——CNT의 무정부주의자들, 극좌파 군인들과 POUM의 트로츠키파들——은 반란군 퇴치가 프롤레타리아 혁명의 승리가 되기를 바란다. 그들은 민중의 권력을 옹호하고, 즉각적인 집단화를 주장한다. 다른 이들——좌파 부르주아지, 온건 사회주의자들과 PCE의 공산주의자들——은 공화정을 강화시키라고 추천한다. 그들이 보기에 그것이 승리의 첫째 조건이기 때문이다.

또한 전쟁 전과 전쟁중의 여자들 역할에 대해 한둘의 담화가 아니라 여러 담화들이 만들어진다. 정치·사회·종교적 산물을 교차시키는 이 담화들은 다가올 사회의 성격을 축조한다.

폭발은 양성의 극적인 평등을 일으킨다. 에스파냐 내전은 바로 그때 제2차 세계대전의 양상을 예고하면서 이 미분화를 경험하지만, 또한 성적으로 구별된, 그런 식으로 사유되고 바라던 폭력도 행사한다. 내전으로 인해 여자들에게는 두 가지 특별한 조치, 즉 두 진영에서 입증된 강간과 오로지 민족주의자들만이 행한 삭발하기가 남는다. 이 두 경우 모두에서 여성성은 상처를 입는다. 강간으로는 사생활이, 삭발하기로는 그녀의 외양이.

일상적인 강간과 전략적인 강간

강간에 대한 두 진영의 권력층 반응은 다양하다.

긴박한 분쟁 속에서 공화당 지도자들은 자신들의 이미지를 지키는 데 전전긍긍해하고, 이러한 범죄를 강하게 비난한다. 그들은 이같은 범죄를 변두리의, 전쟁 상태에서 쉽게 일어나는 폭력으로 고발하면서도, 이 폭력에서 전쟁 행위를 인정하지는 않는다. 그들은 일상적인 강간은 마땅히 최근 석방된 사법부의 죄인들에게 속하는 개인적 일탈에서 비롯된다고 믿는다.

반대로 반란군들은 강간을 도구로 이용한다. 그것은 진보적 공화당원이 민족주의 진영의 여자들에게 가하는 위협처럼 이용된다. 강간에 대한 언급은 작전과 함께 시작되어, 생생한 현실 속에서 끊임없이 증폭되고 강력해진다. 이로 인해 가장 잔인한 이들이 표시한다고 여겨지는 '붉은 공포'의 상흔이 남는다.[2]

여자들의 강간은 이처럼 공화당원들의 비인간성을 입증하는 증거로 제시된다. 반란군들에 대한 지지를 정당화하기 위해 주교단이 여기에 모호하게 개입한다. 이때의 모호함은 엄격한 예절이 요구한 것이다. "혁명은 비인간적이었다. 여자의 수치심은 존중되지 않았다.[3] 수녀까지도 말이다." 종교인들이 사용한 목록은 개인성을 없애고 고통스러워하는 여자들을 현실적이기보다는 이상적인 여성, 그 전체로 이끈다. 우리는 인간의 존엄성이라는 윤리적 가치가 작용함을 깨닫는다. 여자를 존중하지 않는 것은 인간의 명예를 짓밟는 것이고, 수녀를 존중하지 않는 것은 신을 모독하는 바와 같다. 따라서 강간의 장소는 희생자의 몸과 순결함보다는 상징적인 곳처럼 보인다. 그러므로 민족주의자들의 명예는 에스파냐의 명예와 신의 명예에 합쳐진다. 에스파냐어에 이런 악행을 지칭하는 말(violacion)이 하나뿐인 만큼 보다 수월하게 공화당원들이 계속 자행하던 강간은 당연히 교회와 무덤 약탈로 이어진다. '마르크스주의자들'은 이단으로 미끄러진다. 이러한 이해와 제시를 통해 강간과 약탈은 반란의 진전을 종교 재판의 전시 형태인 재정복(Reconquista)으로 강하게 규정한다.

이 선전의 술책은 조잡하다.[4] 그 구조 앞에서 강간의 기준은 있을 수 없다. 그럼에도 불구하고 반론 해독(解讀)은 고백을 끌어낸다. 좌파 집단이 저지른 체계적인 강간은 혁명 재판이 소환한, 고발된 수장들의 옷을 벗기는 일에 반대하지 않는다. 게다가 연이어 일어나는 대규모의 강간이 제기할 수 있었던 문제에 관련된 어떠한 암시도 그때까지 드러나지 못했다.

이러한 징후들로 인해 비록 공화당원들이 확실하게 강간을 저질렀다 하더라도 그것이 계획된 것도, 정치적으로 숙고된 것도 아니었다는 사실을 믿게 된다.

강간에 정치적 의미를 두지 않았던 것처럼 보이는 공화당원들과는 반대로, 민족주의자들은 여자들을 상대로 한 성폭력을 정치적으로 이용한다. 불명예에 민감한 이들은 발설하지는 않지만 강간을 분류한다. 매우 드문 경우이지만 희생자들의 전쟁담·목격담에는 세 가지 유형의 강간이 반복적으로 나타난다. 무어인들이 저지른 강간을 나는 '명의대여인이 저지른 강간'으로 명명하겠다. 아프리카에서 봉기가 일어나자마자 합병된 모로코인들은 전투에서 이들을 고무시키려던 지배자들에게서 여자들을 전리품으로 주겠다는 약속을 받아낸다. 이런 범죄는 민족주의자들의 윤리를 손상시키는 것이 아니라 그들이 바라던 공포 분위기를 더욱 확산시킨다. 사후 승리를 택하는 강간은 '생물학적 강간'이라고 규정될 수 있을 것 같다. 이러한 강간은 강간의 장소가 돌이킬 수 없이 훼손되는 듯이 보일 때에만 일어난다. 위험에 처한 문제의 명예가 이전의 윤리적 상황을 뒤엎는다. 이 강간은 그 의미가 뚜렷하게 왜곡된 인종간 분쟁에 대한 해석에 근거한다. 에스파냐 파시스트는 러시아화된 마르크스주의자에 맞선다. 심문당한 여자들은 벽 위에 씌어진 "우리는 언젠가 죽게 되지만, 너희의 아내들은 파시스트의 자식을 낳을 것이다"라는 말을 기억한다. 마지막으로 나는 반란군들이 그렇다고 인정하지 않는 성 공격, 저항에도 불구하고 공화당원들에게 쾌락을 입증했듯이 그들이 원한 성 공격을 '쾌락적 강간(viols-plaisir)'이라고 명명하려 한다.

반란군들은 적이 저지른 강간은 비난하고, 자신들이 저지른 동일한 폭력은 찬양한다. 이러한 모순은 무엇을 강조하느냐에 따라 가능해진 다. 처음에는 희생된 여자들이 강조되었고, 그 다음에는 남자들이었다. 공화당원들이 강간을 저지르자 민족주의자들은 여성이 육체적 측면에 서, 수치심의 측면에서, 또 그녀가 당하는 명예의 측면에서 모욕을 받는 다는 이유로 여자가 당하는 폭력을 고발한다. 보호는 격앙된 강한 비명 과 더불어 붉은 수송차, 야만인-강간을 저지른 자라는 낙인을 찍는다. 반란군들이 강간을 저지르게 되자 발언에서 학대당하는 여성성은 더 이상 중요치 않다. 공화당파 여자들은 쉽게 사라지는데, 이는 반란자들 이 보기에 좌파 여자들이 그녀들을 희생자가 아니라 암컷으로 만드는 동물성 속으로 흘러들기 때문이다. 하지만 무엇보다 강간을 통해 민족 주의 진영이 용맹해지기 때문이다. 아프리카인의 강한 성욕에 대한 환 상은 군대 전체에 파급되고, 적진 여인들의 임신은 파시스트의 자식들 을 잉태하기에 이르는데, 이는 공화당의 여성적 실체를 상대로 한 민족 주의 정자의 생물학적 우월성의 증거이다. 마침내 강간으로 인해 남성 성은 불감증에 사로잡힌 여성들을 깨닫는다. 이 여성들은 케이포 데 야 노 이 시에로 장군이 되풀이한 욕 '거세된' 애인 때문에 그렇게 된 것 이다. 일찍부터 쿠데타에서 웃음거리가 된 그는 세비야를 점령하고, 그 때부터 그는 라디오 방송을 내보낸다. 이 유명한 '샤를라스'(대화)는 지 속적인 폭력 유발과 상대 진영의 저속하고 불경스런, 외설적인 중상으 로 이루어졌다. 1936년 7월 23일 방송에서 그는 이렇게 확신한다. "우리 의 뛰어난 용병과 정규군은 좌파에게 진정한 사내가 무엇인가를 보여 주었다. 좌파 여자들에게도 마찬가지였다. 결국 그녀들은 거세된 민병 대가 아닌 진정한 사내를 경험했다. 발길로 걷어차고 고함지른다고 그 녀들을 구할 수는 없을 것이다."

그러므로 강간은 있는 그대로의 폭력을 넘어서 분쟁의 성적 이미지 를 그려낸다. 여자들에 대한 폭력은 희생자 그 너머를 겨냥해 계획된다.

강간과 삭발하기는 모두 이런 점을 지닌다.

여기에서 나의 관심을 끄는 유일한 것은 삭발하기의 상징이다.[5] 이는 여성적 외모의 파괴로, 그녀 자신이 멸시와 공식적 실추를 원한다. 이는 침략자들에게 쾌락을 공급했다는 것에 그치지 않는다. 거기에는 중요한 의미가 있다. 동시에 삭발은 마르크스주의자의 아이를 낳고 길렀기 때문에, 그리고 가톨릭에서 말하는 어머니의 의무를 이행하지 않았기 때문에 유죄 판결을 받은 어머니들에게 영향력을 행사하는 소급적 징벌이다. 삭발은 과거 행적에 대한 부끄러움과 민족주의자들이 지지하는 윤리로——강요된——회귀할 것을 받아들이라는 주장이다. 삭발하기는 이에 연루된 여자들의 머리에 배반의 날로 표시를 낸다. 그녀들은 공화당을 지지함으로써, 성(性)이 정해 주는 역할에 순응하기를 거부함으로써 그리스도교 세계에서의 아내와 어머니 역할을 배반했다. 그녀들이 스페인 문화에 강제로 새겨진 여성의 정의를 인정하지 않았기 때문에, 그녀들은 더 이상 존경받지도 않는다. 그리하여 정화적 삭발 그 자체는 영토는 물론 정신의 통제를 되찾는 재정복에 적합한 도구이다. 이 통제는 여자들의 속죄와 궁극적인 재교육을 거친다. 그러므로 강간과는 달리 삭발하기가 지금 여기에서만 중요한 것은 아니다. 삭발하기는 틀림없이 여성의 정신을 정화하고, 욕망 자체를 없애며, 그녀들을 순종적으로 만들면서 미래를 준비시킨다. 민족주의 진영에서 삭발과 강간은 정치적이다.[6]

무장 여인들의 폭력

삭발하기와 투옥은 죄는 있지만 복귀 가능한 공화당 여자에게 내려지는 벌이다. 판사들은 여자들의 활동을 설명하기 위해 자주 부부의 영향력을 상기시킨다. 그 결과 그들은 종종, 그러나 비체계적으로 남자들에게 내리는 벌보다 훨씬 경미한 벌을 선포한다. 이 잦은 관대함은 공화당파 여인들의 정치 의식을 부인하는 견해의 동종이형에서 생긴다. 투쟁에서 여자들의 자발성은 그녀들이 무기를 쥔 채로 체포되어서야 비로소 뚜렷이 알려진다. 그러자 관용은 더 이상 상상할 수 없는 것이 된다. 무장한 여자들은 사형을 당하게 된다. 이 여자들이 위반해서는 안 되는 죄를 범했기 때문에, 이 죄인들에게 복귀 가능성이 없다고 판단되는 확실한 증거를 이 극형에서 찾아서는 안 되는가? 그리하여 하나의 문턱을 넘어 역할을 방해한 것이 내게는 비난의 대상인 것처럼 보인다. 전쟁은 남성 영역이고, 무기를 휴대하는 것은 남자의 특권이며, 그가 행하는 폭력은 남성적 자질이기 때문이다.

폭력에 대한 이러한 이해는 여성 자신에게 적용된다. 폭력을 지지하는 팔랑헤당원들은 폭력을 역동성과 결합시킬 수 없는 여성 분과의 창설을 거부하기 위해, 소위 여자의 속성으로 일컬어지는 부드러움에 대해 한참 동안 말도 안 되는 논쟁을 벌였다. 전쟁은 천성적인 여성 폭력에 대한 이같은 부정을 입증한다. 그러자 팔랑헤당원과 그 뒤를 잇는 프랑코 부대의 사상을 꿰뚫는 남성과 여성에 대한 경직된 모습으로는 반란군에 여성을 받아들이는 일은 생각할 수도, 절충될 수도 없게 된다. 공화국의 개혁으로 기획된 전통적 모델을 뒤엎는 작업은 마치 정권을 잡은 체제의 극단적 일탈처럼 드러난다. 무장한 여자들은 궁극적으로 성(性)적 경계선을 위반했음을 상징한다. 민족주의자들은 새로운 여성의 정체성을 건설하지 않는다. 그들은 에스파냐 가톨릭이 부여한 정체성을 보강, 활성화시킨다. 민족주의 연합을 창설하기 전부터 그들은 천성적인 여성의 자질을 동원한다. 그것이 물질적인 것이든 정신적인 것이든, 이들을 지지하는 여성은 생물학적 결정론의 표현인 여성의 온화함, 포기와 희생에 바탕을 두어야 한다. 여자들의 영웅주의는 여자들을 남자들의 그늘 속에 자리잡게 하고, 정치계에서 여자들을 배제시켜 가정으로 되돌려보내라고 발표한다. 민족주의자들의 저주는 수 세기 동안 여성 복종의 내재화를 발판으로 도약한다. 젊은 공화당파 여인이라 해도 여성 정체성을 뒤덮고 있는 실질적 이미지, 즉 아내와 어머니의 국부적 과대 평가의 결과를 집단 무의식으로 모조리 쓸어낼 수는 없다.

결론적으로 반란군들은 여성적 본성과 반대되는 공화당파 여인들의 폭력을 선포한다. 이러한 폭력은 동물적 측면에서 좌익 군대의 대대적인 변화를 확신한다. 즉 하이에나, 피에 굶주린 야수들, 공화당파의 여인들은 전투에 참여한 남자 동료들보다 더 잔인하고 사악하며 가학적이었다는 점으로 유명하다. 잔혹성에 대한 책임이 자주 여자들의 어깨에 지워진다. 민족주의자들의 기록에서는 분명 여자들은 공포의 주동자로, 사람들은 그녀들이 행하는 정교한 고문에서 익숙한 희열을 끌어낸다. 그녀들의 폭력은 정치적이 아니라 관능적으로, 마르크스주의에 의해 굴레에서 놓여나고 자극된 성욕의 표현이다.

이때 정신의학의 수사법에 도움을 요청하게 된다. 긴 저항 운동 끝에, 1937년 2월 말라가가 실각하자 곧 여죄수들의 진영은 의학적 연구의 영역으로 변형된다. 의학적 연구는 50여 명의 '마르크스주의자들'을 상대로 이루어지는데, 이 중 30명이 사형을 받았다. 퇴화라는 끈질긴 개념, '퇴화 체계'로 재명시된 개념을 이용하여, 정신과 의사들은 여성의 몸을 해당 질병의 매개체로, 또 그들의 정신적·윤리적 혼란을 가정의 실추에서 문명의 실추로 나아가는 과정을 부추기는 가속 장치로 바꾼다.[7] 여성은 공화당 진영을 침범하고, 남성은 반란군들의 진영에서 은신처를 발견했다. 또 정신과 의사들은 의학적 징후에서 군사적 예후로 나아가기도 한다. 공화당원들은 여성화되었고, '히스테리적으로 변해' 패하게 된다. 반면에 민족주의자들은 남성화되고, 편집증적으로 변해' 승리하게 된다.

반론의 승리자인 민족주의자들은 폭력이 여자들에게 존재하지 않는다는 사실을 지지한 후, 공화당 여자들의 비정상적인 폭력을 통제력 태만으로 인해 모든 여자들이 두려움의 대상이 된다는 무절제의 전조로 여긴다. 정신과 의사들은 성의 위계 질서와 그 구조 정비를 과학적으로 정당화하여 이 위계 질서를 사회적 의무로 굳힌다. 1937년 10월 7일 민족주의 진영에서 제도화된 이 의무는, 17세에서 35세까지의 모든 여자들에게 이들의 정신 상태와 활동을 감시할 수 있는 행정적·기술적 의무를 부과한다.[8]

공화당에 관해서는 7월 13일 독재 지도자 요세 칼보 소텔로의 암살 이후, CNT와 UGT가 즉각적인 쿠데타를 서두르면서 노동자의 무장을 요구했기 때문에 군사 봉기는 노동자 무장에 대한 지도부의 망설임을 종식시킨다. 어떠한 지령도 기다리지 않고 군사 봉기가 선포되자, 남자들과 여자들은 파시즘과 싸우기 위해 무기고에서 무기를 탈취했다. 사태는 신속하게 전개되고 조직화된 군대가 없었기 때문에 전쟁이라는 남성 영역에 여자들이 뛰어드는 문제를 깊이 생각할 여유가 없었다. 예기치 않았던 순식간에 이루어진 폭동은 공화당 군대에게 환영받는다. 그것은 민중의 만장일치 표명이다. 남녀 모두가 참여한 전투는 공화주의자들의 투쟁을 과도하게 정당화하고, 이로 인해 에스파냐 주권 국민은 국가를 배신한 급진적 군대와 맞선다. 그러나 사회의 성적 구분을 뒤흔들고, 도시의 무장 방위대와 남녀 모두의 의무 선거로 선출된 민주 체제를 일으키는 이 찬사 뒤로 망설임이, 이 갑작스런 결합에 의혹을 품는 주저함이 감지된다.

무장한 여자들에 대한 칭송은, 여자들을 살상을 위해 무기를 겨누는 여전사보다는 고정된 문장(紋章)——국기를 앞으로 내밀고, 입가에 미소를 띠며 무기는 옆에 차고 있는——쪽으로 이끈다. 공화당 여인들의 모습은 놀라울 정도로 매끈해 전쟁의 순화된 모습을 제공한다. 사람들이 열광하는 전쟁, 그 독특한 모습을 지니던 전쟁에 갑자기 폭력과 피가 자취를 감춘 듯하다. 여자들의 행동보다 더 중요한 것은 군대의 상징인 그들의 모습이다. 폭력은 그녀들이 일으키는 죽음에서가 아니라 그녀들이 당하는 죽음, 적에게서 벗어나기 위해 자신에게 가하는 죽음에서 다시 나타난다. 여기에 영웅주의의 두 개념이 그려진다. 공화당 여인들의 영웅주의가 여성의 희생 문화를 새롭게 표현한다. 그녀들은 죽음을 당하거나 잡히지 않기 위해 자살하는 희생물이다. 공화당원들의 영웅주의는 병사들의 전쟁 사냥터 그림에 그려진 희생물의 수로 가늠된다.[9]

다른 곳에서 언론은 '여성들의 참여'를 자주 보도한다. 이 문구는 이런 식의 여성 참여에 대한 놀라움을 드러낸다. 또 특수성과 함축적인 경기 정세를 암시하기도 한다. 특별히 무기 소지를 인정하는 권력으로 전이될 때 이들 이야기에는 어떠한 논평도 없고, 혁명에 가담한 페미니스트들의 행동 계보에는 여자들을 해방시킬 수 있는 새로운 정복과 관련된 어떠한 자기 만족도 추측되지 않는다. 담화는 혼란에서 비롯된 여자들의 무장 전투에 관해 무지하다. 그러나 담화는 전투를 표현할 때만은 성의 구분을 다시 끼워넣었다. 그리하여 우리는 정신의 무기력과, 그 결과 남자와 여자의 완전한 평등을 수락하지 않으려는 공화당원들의 저항을 발견하게 된다. 사실 지도자들이 맡은 회복과 군사적·전술적 기반 시설 조직은 결국 여자들을 전통적 의무로 되돌려보낸다. 1936년 9월 여전사 돌로레스 이바루리가 외친 "남자들은 전장으로, 여자들은 일터로"라는 새로운 슬로건——중성적인 것과는 거리가 먼——은 여자들에게 가사 노동을 위해, 더 나아가 경제 활동을 위해 무기를 버리라고 명한다. 후방으로의 복귀는 여성 조건의 후퇴로, 이로 인해 전투에 참여한 여자들은 몹시 분노하며 눈물을 흘린다.[10] 어떤 남성도 '후방으로의 복귀(La retaguardia)'를 비난하지 않는다. 아나키스트들조차——정부의 모든 명령, 더군다나 공산당의 명령에 곧바로 반발하는——공모의 침묵을 무정부적 조합 강령의 한 축인 성 구분 없이 성의 평등을 존중하는 사회를 건설하겠다는 약속을 망각한 듯 침묵을 지킨다.[11]

　　새로운 보조자인 여자들은 보다 신중하고 은밀한, 분명 폭력적이지 않은 다른 형태의 저항에 매진한다. 요컨대 폭력은 거리전에서도, 프랑코 군대의 억압에서도 이들을 보호하지 않게 된다. 폭력은 다시금 군인의 미덕이 된다. 이 폭력으로 인해 간접적으로 '겁쟁이의 마누라보다는 영웅의 과부'가 되는 쪽을 선택하는 전사의 아내와 어머니가 늘어난다.[12] 여자들의 역할과 감정은 남성 행위와 관계를 맺으며 다시 규정된다. 무기를 버린 여자들은 초보적 자아 상태이기도 한다. 전시에도 그녀들은 가정 내의 역할로서만 존재한다. 이와 유사한 모욕 때문에 모든 반파시스트 단체에서 대다수를 차지하는 독신 여성들의 행동은 중요하게 여겨지지 않는다.

　　그리하여 상반되는 원칙을 옹호하는 두 진영의 전략 모두가 강화된 성 구분, 역할의 성적 분담 재활성화, 여자들의 폭력에 대하여 양쪽 모두에게 거부를 드러내는 후방으로의 혼란스런 복귀에 이른다. 이 폭력이 정치적으로 내포하는 바를 깨달았기 때문이다.

기억의 쟁점들

　　프랑코의 승리 이후, 늘상 유지되는 것이 아닌 평화를 강화하기 위해 인질들에게 마니교도적 기억을 강요할 필요가 생긴다. 좌익의 폭력은 공인된 역사의 본질적 요소이다. 이야기를 구조화하는 감동적인 크레센도에서, 여자들을 상대로 한 폭력 자체와 여자들의 폭력이 나타난다. 이러한 분절이 승리자들이 가한 최종 비난의 주된 힘이다.[13] 1973년, 여전히 에두아르도 코민 콜로메르는 이념적인 의식은 거의 없이 엄청난 방탕함에 생기를 띠는 여자들이 문제라고 정정하면서 "(공화당 여자들이) 온갖 종류의 과격함을 부추기고 (…) 심취하여 처형 장면을 지켜봤다 (…)"고 쓸 수 있었다.[14]

민족주의 여자들을 상대로 한 성폭력을 지지하는 방식은 더 이상 거의 문제가 되지 않는다. 희생당한 유부녀들과 처녀들은 가문의 현재 명예를 지키는 익명의 수호자로 또다시 전락한다. 수녀들은 자신들의 맹세를 파기하지 않기 위해 공화주의자들 스스로가 핑계로 제안한 죽음을 '택하면서' 강간에서 벗어났다.[15] 좌익 군대의 잔혹함에는 성적 특성이 상당 부분 사라진다. 과격한 공화당 여자의 모습은 퇴색되지 않는다. 소위 역사 논문에서 강력하게 나타나는 이 모습이 민족주의 문학의 중심이다.[16] 이분법이 여성 세계를 규제한다. 민족주의 진영의 여자들은 마테르 돌로로자(슬퍼하는 성모상, mater dolorosa), 과부들, 학대자들, 성스러운 간호사들 같은 긍정적인 영웅이다. 또 공화당의 여자들은 부정적이고 혹독하고 잔인하며 피를 좋아하는 영웅이다. 여성은 '짐승과 천사'[17] 사이에서 동요한다.

프랑코파가 지지하는 희화화된 모습들이 이렇게 남발되자 공화당의 기억은 역사가가 거의 감지할 수 없는 구전 속으로, 그리고 유배지의 기록 안으로 숨는다. 기억의 불균형은 성인 연구 작업을 일으키는데, 이 작업은 현실을 망각함으로써 정교해진다. 그리하여 후방으로 복귀한 여자들이 용맹한 이들의 신전에서 제자리를 찾는다 해도, 무장한 여자들은 연대기에 대한 보다 기초적인 존중을 경멸하는 가운데 복귀한 여자들 곁에 자리잡는다. 그들이 분쟁 기간 내내 총을 다루면서 승진한 여자 민병대원들이었다니!

이러한 상태는 지속된다. 무장한 여자 공화당원은 프랑코파 이후를 기념하는 원형이 된다. 동시에 무장한 여자들의 수를 간과하고, 이들의 과격한 행동을 하찮게 여기는 최소화된 담화가 펼쳐지기도 한다.[18] 이같은 발언은 정치를 공유한다는 맥락을 따르지 않고, 오늘날과 마찬가지로 과거 쟁점들의 복잡성과 오래된 현실을 암묵적으로 은폐하는 것을 뜻한다.

남자들이 저지른 성폭력의 현실과 여자들이 행하는 폭력의 현실에 완전히 이를 수 있다는 주장은 불가능한 내기이다. 그럼에도 불구하고 그 양적인 면이 회피된다면, 질적인 면은 말하기 두려운 원천을 부상시킨다. 에스파냐 내전의 특징인 극단적인 폭력 속에서 여자들은 성적으로 보호받지 못했다. 그러나 공화당 진영에서 강간은 전체 상황 때문에 일상적인 것이 되고 선호된다. 민족주의 진영에서 여성들과 여성성을 상대로 하는 특수한 폭력은 더욱 발달된다. 이 폭력은 전반적 억압의 구도 속에 새겨진다.

여러 사실들을 추적하다 보면, 범죄 행위들이 금방 비현실적이 되는 것을 목격하는 듯한 느낌이 든다. 이때 이 행위들이 부분적으로는 연구 분야로 도망친다. 비현실화에 의미가 있다는 사실, 그리고 비현실화가 거꾸로 현실을 만들어 낸다는 사실을 포착해야 한다. 그렇기 때문에 여자들의 폭력을 부각시키는 일은 상반되는 가치를 방어하는 양쪽 진영의 주동자들에게 각자가 속해 있는 사회 구조를, 양성 모두의 사회 구조를 강화시키는 데 도움이 된다. 이 사실로부터 연구자에게 남자들의 폭력보다 여자들의 폭력을 포착하는 일은 훨씬 더 어렵다.

1) 이 연구는 에스파냐 내전 중 여자들에 대한 연구에 바탕을 둔다. 주석 자료를 장황하게 만들지 않기 위해 여기에서는 확인 가능한 자료와 논문만을 기록할 것이다. 고문서에 대한 보다 방대한 시각으로는 《우리 시대 역사를 위한 자료 *Matériaux pour l'histoire de notre temps*》, Paris, n°s 3-4, 1986년 7월-12월의 〈에스파냐 1900-1985〉를 보라. 《*Mujeres y la Guerra civil española*에서의 〈Fuentes para el estudio de las mujeres en la guerra civil〉, III jornadas de estudios monograficos, Salamanque, octobre 1989. 다른 곳에서는 전투 참여자들의 회고록, 목격자들의 생활을 담은 이야기와 역사적인 논문들, 특히 구술로 이루어진 조사들, 무엇보다도 내 논문에서 다루어지지 않은 내용이 포함된 것들도 광범위하게 참조되었다. 남성들의 자료들은 여자들의 유동적인 자료보다 분명 훨씬 많다. 그럼에도 불구하고 오늘날 죽음으로 인해 전투에 대해 아무 말도 못하게 되기 전에 증언하려는 여자들이 많다. 그녀들은 성폭력에 대해 힘겹게 말한다. 그들의 증언은 무엇보다도 견뎌낸 고통과 감내한 충격을 드러낸다. F. 로뮈 알파로의 《*El Silencio roto, Mujeres contra el franquismo*》,

S. 1., 1994년 3월을 보라.

2) Junta de Defensa Nacional de Burgos의 《에스파냐 중부 지방의 몇몇 마을에서 자칭 마드리드 정부를 위해 일한다는 마르크스주의자들이 저지른 살인·약탈·강간·화재에 대한 사전 공식 보고서 *Rapport officiel préliminaire sur les assassinats, déprédations, violations, incendies dans quelques villages du midi de l'Espagne par les hordes marxistes au service du soi-disant gouvernement de Madrid*》, 1936년 7월-8월로 《분쟁의 씨 *Seed of Conflict*》, 시리즈 3, 《에스파냐 내전, 1936-1939, 민족주의에 대한 우파의 시각 *The Spanish Civil War, 1936-1939, The View from the Right Support for the Nationalist*》, Nenedeln Kraus Reprint, 1975으로 재출간되었다.

3) 〈Carta colectiva de los obispos españoles〉, 1937년 7월 1일, 별쇄본 BN, BDIC. M. 루비오 아베자의 《내전 사전 *Diccionario de la Guerra civil*》, Barcelone, 1973, Ed. Planeta, t. 1, pp.168-178.

4) 대표적인, 그러면서도 외국에 널리 알려진 예가 있다. "붉은 민병대가 일 페세타와 같은 가치의 교환권을 발행한다. 이 교환권으로 한 번 강간할 수 있다. 고위 관리의 미망인이 그녀의 집에서 발견되었다. 그녀의 침대 곁에서 64장의 교환권이 발견되었다." *Berliner Nachtausgabe*, 1936년 11월 4일, 아더 케슬러의 《상형 문자들 *Hiéroglyphes*》, 4부. 《보이지 않는 글씨; 1936-1940 *L'Ecriture invisible; 1936-1940*》. 《자전적 작품들 *Œuvres autobiographiques*》에서 Paris, Robert Laffont, 1994, p.633.

5) 삭발하기의 다른 양상(양적·연대기적 의식과 연출에 대한 연구), Y. 리파의 〈에스파냐 내전중 공화당파의 정화적 삭발〉, 《여성의 정체성과 정치적 폭력 *Identités féminines et violences politiques*》, 《*Les Cahiers de l'IHTP*》, n° 31, 1995년 10월, pp.39-51을 보라.

6) 이러한 단언은 이 연구중에 내 논문 초기에 의심의 여지없이 이루어진 바임을 강조해야겠다. Y. 리파의 〈에스파냐 내전중 여자들을 상대로 한 민족주의의 폭력: 정치적 쟁점〉, 《여자들의 위치, 사회과학으로 본 정체성과 평등의 쟁점들 *La Place des femmes, les enjeux de l'identité et de l'égalité au regard des sciences sociales*》, Paris, La Découverte, 1995, pp.482-485.

7) A. Vallajo Nagera의 《*La Locura y la guerra, psicopatología de la guerra española*》 Valladolid, 1939. A. Nadal Sanchez, 〈Experiencias psíquicas sobre mujeres marxixtas malagueñas, Málaga 1939〉, *in* 《*Mujeres y la guerra civil española*》, *op. cit.*, pp.340-350.

8) '지적 지배 장치'로서의 팔랑헤 사회 의무와 여성 분과에 관해서는 T. 갈레고 엔데즈의 《*Mujer, Falange y franquismo*》, Madrid, Taurus, 1983을 보라.

9) 전쟁에 가담하는 여자들이 동일시해야 하는 여자 영웅은 1934년 10월 아스투리아인들의 혁명기에 아비에도에서 죽은 아이다 라푸엔트, 프랑코 군사의 포로가 되

지 않기 위해 자살한 청년 사회주의자 가운데 한 사람인 린다 오데나, 파시스트들이 살해한 공산주의자 누아니카 리코다. 뛰어난 남자 영웅으로는 발렌틴 곤잘레스 곤잘레스라는 별명의 엘 캄페지노이다. 그는 5연대의 한 소대장으로 용맹한 전투에서 유격병으로서의 명성을 얻었다. 전쟁에서 살아남은 그는 1985년에 사망한다.

10) M. 넬켄, 〈Mujeres de España〉, 《Frente Rojo》, 1936, 7월 19일, p.10.

11) 성 평등에 관한 이론과 실천 사이의 간격에 관해, Y. 리파의 〈에스파냐 무정부적 조합주의에서의 성(性)(1910-1939)〉, 《클리오, 역사, 여자들과 사회 Clio, Histoire, Femmes et Sociétés》(툴루즈), n° 3, 직업, 동업조합, 조합주의, 코디네이터 M. Zancarini-Founel, 1996, pp.196-203을 보라.

12) 1936년 10월 14일 마드리드 수호를 위한 회의가 열렸을 때 돌로레스 이바루리가 개입한다. 모든 전사들의 어머니로 존경받는 돌로레스 이바루리의 여자들의 요구에 대한 모호한 입장을 심도 있게 연구해야 한다.

13) 코자 제네랄, 《La Dominación roja en España, avance de la informatión instruida por el Ministerio publico》, 《Prologo de Excemo St. minstro》, 1943.

14) E. 코민 콜로메, 《El 5° Regimiento de las Milicias populares》, Éd. San Martin, 1973, cité in M. V. Montalban의 《Pasionaria y los siete enanitos》, Éd. Planeta, 1995, p.95에 인용되었다.

15) A. 모레노 몬테로, 《Historia de la persecutión religiosa en España》, 1936-1938, Madrid, Biblioteca de autores cristianos, 1961.

16) M. Hanrez, 《작가들과 에스파냐 전쟁 Les Écrivains et la guerre d'Espagne》, Paris, Panthéon Press, 1975.

M. Bertrand de Munoz, 《La Guerra civil española en la novela》, Madrid, Éd. Porrua Turanzas, 1982

17) A. Mechthild, 〈'La Bestia y el Angel,' Imagen de las mujeres en la novela falangista de la guerra civil〉, in 《Las Mujeres y la guerra civil》, op. cit., pp.371-379.

18) 특히 《Poder y Libertad(Madrid)》, n° 11, 2° semestre 1989의 〈50 años de lucha, 1939-1989, homenaje a las mujeres de la Guerra civil español〉을 보라.

다니엘 볼드만

공중 폭격: '전사' 죽이기?
(1914-1945)

제1차 세계대전부터 공중 폭격에 관한 이론과 실전이 발전하여, 전쟁은 고전적 분쟁에서처럼 더 이상 제한적이지 않다. 무엇보다 시민과 군대의 구분이 사라졌다는 사실과 관련된 군대사의 이 새로운 사실에서 출발하는 우리는 남자들과 여자들의 역할을 배열하면서 폭력 확장의 결과에 관한 몇 가지 가설을 제시하고자 한다. 물론 인류학은 인류 태동기 이후 공동체간에 일어난 전쟁에서 한결같이 작용해 온 요소들을 강조한다. 약탈, 강간, 적진의 도시 파괴, 일반적인 학살은 전투 현상의 반복적이고 지속적인 속성이다.[1] 분명 현대전도 여기에서 벗어나지 않고 전쟁의 공포라는 불변의 요소도 있다. 그러나 우리는 시간적(오랜 기간 동안의 전쟁들)·지형적(세계대전들) 그리고 정신적 영역(총체적인 전쟁들)의 확장과 마찬가지로 20세기 군기술의 변형이 폭력에 대한 생각 자체를 어떻게 반영할 수 있었는가, 그리고 이 시대의 여러 분쟁 동안 남성에서 여성으로, 그리고 여성에서 남성으로의 상호 전이를 어떻게 끌어낼 수 있었는가를 보여 주려고 한다.

연구 가설이라는 명목으로 제안된 독서는, 두 차례의 세계대전에 가담한 국가 단체들에서 그 결과가 분명하게 나타나는 여러 사실보다는 오히려 경향 탐색에 근거를 둔다. 그럼에도 불구하고 이들 경향은 1914년부터 나타나 20세기에 일반화된 새로운 현상, 분쟁중 성 구분의 배타적인 모델에 의문을 제기하는 현상을 조명한다. 간략히 말해 세계대전이 일어날 때까지, 남성과 여성의 역할과 속성의 명백한 배열은 보편적으로 인정되고 있었다. 표현에서처럼 실제에서도 무기 소지와 살인할 권리와 의무, 영광스러운 승리, 전쟁의 영광과 그 피곤함은 남자들에게 돌아갔다. 요컨대 병사/남성성이라는 도식은 공간적·시간적으로 이 규칙을 확인시켜 주는 예외만을 인정했다. **반대로** 여자들에게는 이 병사의 휴식과 부상당한 이들을 간호하고 그에게 헌신하는 행위, 가정을 물질적·정신적으로 유지하는 일, 장례식에서 눈물 흘리는 일 같은 것이 부여되었다. 사라예보의 습격으로 시작된 시기에 어떻게 이런 구분에 진정한 교환이 아니라 동요가 일어날 수 있었는가?

전략적 폭격, 전쟁에서 이기기 위한 새로운 수단

교체될 수 없어 보이는 양성간 구분에서, 제1차 세계대전은 돌이킬 수 없는 돌파구를 가져왔다. 장거리포의 새로운 이용 이외에도 전략적 폭격이라고 불리는 새로운 전투 수단의 의미심장한 단계에서 '최후의 전쟁'은 사실 시험대가 되었다. 다소 높은 고도를 나는 전투기는, 전투의 전통적인 지대를 넘어서는 표적에 폭발적이고 화재를 일으키는 폭탄을 지속적으로 투하했다.[2] 이 책의 주제가 아닌 중요한 기술적 개혁과는 별도로, 이탈리아 이론가 길리오 두에가 정확하게 기술한 그 독창성은 삼중적이다.[3] 군대와 군대간의 전투가 참호를 유지하는 동안 전투기 이용은 우선 전투병과 그 적군 사이에 거리감을 만들었다. 전략적 폭격으로 전사가 직면하는 물리적 차원은 사라졌다. 사실 거기에서 '현실감'은 잠정적으로 사라지는데, 엔진을 조정하는 비행사가 살상해야 할 사람들 머리 위 수백 미터 떨어진 곳에 있기 때문이다.[4] 그러자 전략적 폭격은 적의 군대 자체를 변형시킨다. 부대를 전멸시키고 제한된 전장에서 이들의 목숨을 부지하게 할 뿐 아니라, 전투 장소에 대한 보다 전반적 개념 속에서 민간인이 살고 있는 도시 중심을 공격하기도 하는 것이다. 황폐화를 몰고 오는 결정적이라 할 수 있는 결과에 따라, 공중 공격의 대상인 이들 시민들은 틀림없이 고전적인 지상 대치가 일어나기 전부터 겨냥된다. 왜냐하면 그것이 공중 폭격 이론의 세번째 측면으로 공중에서 떨어지는 불덩이에는 심리적이고, 본질적으로 정신적인 목적이 있기 때문이다. 옛날 군인, 고대 시대 병사의 임무가 죽이고 또 죽는 일이었다면, 시민들은 전쟁의 살인적 결과로 인해 그 여백에 이를 뿐이다.[5]

민간인과 군인의 구분은 19세기 특히 미국의 남북 전쟁 때 흐릿해지기 시작했다. 20세기초, 이러한 경향은 결정적으로 역전되었다. 이때부터 남자들과 여자들, 아이들, 노동자들과 농부, 비전투자들을 포함한 민간인들이 특수 집단 특히 겨냥된 집단을 형성하는데, 분명 이 집단은 공중에서 떨어지는 끔찍한 위험에 동요되었을 것이다. 믿기지 않는 고통 앞에서 의기소침해진 이 민간인들은 군인들과 관리들을 '배신'하는데, 굴욕적인 패배를 인정하면서까지 폭격을 끝내고 평화를 돌려 달라 요구하고 패배주의적 움직임으로 반응하게 된다. 진정한 전사가 아닌 민간인들은 이때부터 압력 단체로 인정되어, 이들의 의견은 전략적인 무기가 된다. 하나의 집단을 구성하는 남자들과 여자들은 서로 비슷한 위험을 무릅쓰고 죽음 앞에서 동등해진다.

전투병 전체가 1914-1918년 사이 새로운 전쟁 개념에 가담하면서, 각각의 진영은 그 수단과 비행의 중요성에 따라 적진 도시에 운집해 있던 시민들을 향한 체계적 폭격에 전념했다. 1914-1918년 사이, 전선 전체에 집중된 거대한 지상 전투가 일으켰던 엄청난 인명 손실에 비해 폭격에 의한 사상자의 수는 상대적으로 적었다. 예를 들어 파리는 라임과 더불어 전략적 폭격으로 희생된 프랑스 초기 도시들 가운데 하나였다. 1914년 8월 30일에서 1918년 3월말까지, 이 도시는 독일의 단엽 비행기와 체펠린 비행선들로부터 공습을 받았다. 이 공습이 파리인들의 기억을 지속적으로 장식했고 실전에서 희생자들에게 진정한 단절감을 일으켰다 해도, 이 공습은 **1천여 명**의 죽음만을 가져왔다. 그러나 상대의 인구·산업·경제 자료를 겨냥하면서 ——비전투병들이 살고 있는 후방의 도시와 수많은 전투가 벌어지던 전선에 있는——도시를 파괴하여 국가의 사회·정치적 기반을 공격하던, 그리하여 오늘날까지 적어도 이론적으로 전투 지역 너머의 민간인들을 표적으로 여기면서 공군 부대에 소속된 이들은 고전적 도식의 종말을 예고했다. 그리하여 그들은 그때까지 없었던 전략의 원동력이 되었다. 무기를 소지하지 않은 남녀가 신체적·정신적 쟁점이 되는 전략 말이다. 그리고 이 쟁점에 승리나 패배의 상당 부분이 달려 있었다.

　공권력과 마찬가지로 국가를 전쟁에 대비시켰던 전략적 폭격 이론가들은 이런 사상의 문화적·정신적 결과의 한 부분을 잘 알고 있었다. 이미 실행된, 또는 20세기초 담화들이 인정했던 여자들의 임금 노동이라는 매우 민감한 영역에서 일례를 들자면 도시 중심지의 취약함은 새로운 상황을 내포하고 있었다. 그리하여 1939년 5월 2일, 노동의 일반 연구 보고서에는 내전중에 만들어진 변화들이 명백히 기록되었다. "1914-1918년의 전쟁중에, 군중들은 전선 후방에서 상대적으로 조용한 생활을 했다. 산업 중심지에는 군대에 소집된 이들을 제외한 보통 시민들이 보호받고 있었을 뿐 아니라 피난민들과 침공 지역에서 송환된 이들로 붐볐다. 그리하여 여성 수공업에서의 일꾼 채용은 상대적으로 수월했다. 도시 생활이 너무나 힘들어 이미 벌써부터 후퇴를 예견하는 반면, 이 새로운 전쟁 와중에 새로운 일꾼 채용이 어떻게 이루어질 수 있었을까?"[6] 전장의 참호가 오로지 남성만의 세계였기 때문에 양성의 극단적 분리를 일으키던 이전의 전쟁은 전선으로 떠난 남자들의 자리를 메우기 위해 여자들을 노동 전선에 배치시키면서, 그들 사이에 아무런 차이가 없다는 단계에 올라서게 되었다.[7] 이러한 변화는 남녀간의 차이 없음과 폭력의 일반화 사이에서 동시에 일어난다. 4년간 죽음의 분위기에서 그 역할이 밤낮으로 적을 죽이는 일이었던 전사들이, 갑자기 집안의 이 폭력을 방치하게 되었음을 어떻게 상상할 수 있는가? 이때부터 폭격은 모든 이들에게 드리워진 위험 앞에서 동등함 같은 것을 만들었고, 공적 영역 도처에 나타나는 폭력——분명 전선을 지배하던 폭력과는 다른——은 사적 영역이라고 예외가 되지 않으면서 집단적·개인적 삶의 모든 양상을 타락시켰다.

'전쟁 문화,' 일반화된 폭력

제1차 세계대전의 실제적 사료는 이 새로운 분위기를 표시하기 위해 '전쟁 문화'라는 개념을 당연하게 이용한다.[8] 이 사료는 문턱을 뛰어넘는다는 개념, 또는 분쟁 이전의 평화로운 시대와 그 뒤에 오는 일반화된 학살의 시대 사이의 되돌릴 수 없는 단절이란 개념을 내세운다. 어떤 학자들은 심지어 세계대전이 극단적인 폭력 속에서 전쟁 문화 그 자체에 의해 광범위하게 퍼졌다고 주장한다. 즉 이 전쟁 문화는 전쟁의 결과가 아니라 그 진정한 모태였다는 것이다.[9] 그들은 시간적·정신적·공간적으로 총체적인 전쟁화가 '잔인화'의 문장(紋章)으로, 다시 말해 잔인성에 대한 가능한 상상할 수 있는 혹은 생각할 수도 없는 모든 양식을 실행함으로 얼마나 심각하게 초래되었는가를 강조한다. 제2차 세계대전이 일어나자, 특히 나치의 집단 수용소와 강제 수용소에서의 비인간화 정도는 이런 방향으로만 진행된다.

우리는 이러한 개념에서 출발하여 남성과 여성간의 전이라는 가설을 드러내고자 한다. 전쟁중 여자들의 위치를 연구한 바 있는 저자들은 매우 군사적인 차원에서 초래된 역전들을 제외하고, 이 기간이 양성간의 관계와 마찬가지로 사회·경제·정치·문화·정신적 관계에 혼란을 초래했다는 점을 보여 주었다. 이와 더불어 전쟁 문화가 여성적 속성을 가진 남자들과 남성적 '미덕'을 지닌 여자들을 만들어 냈다는 사실을 주장할 수는 없을까?[10] 19세기말 만개한 각종 사상적 조류에서 자양분을 얻는 민족주의 신념처럼 여겨지는 이들 전쟁들에서 보여지는 몇 가지 문화적 사항들을 나열하자. 왜냐하면 특정 의도 속에서 적은 더 이상 이길 수 있는 상대가 아니라 국가적 정체성을 상실한, 더 나아가 숙청된 존재이기 때문에 이 전쟁 문화는 본능과 직감을 이롭게 하는 사상 안에서 이성과 합리적인 것을 구분하고 정치와 생활 방식 속에서 감정과 신비주의를 북돋우며, 우두머리에 대한 굴복과 복종, 공동체에 대한 희생을 부추긴다. 물론 어떤 것들은 동일 담화에 의해 여성적인 자질로 여겨지기도 한다. 그러나 남자들은 점점 여자들에게 등을 돌려야 했는데, 이는 그들을 더욱 용맹하고 강인하게 변화시키면서 여성화시키는 미묘한 변증법의 작용 때문이다. 여자들에게 장례식과 불행한 일 앞에서의 냉정함, 어떤 형태로든 쇠퇴된 영웅주의, 자유를 위한 투쟁에서의 승리 같은 미덕을 발휘하라고 요구하지 않았는가? 일반적 증거로 제시하기에는 너무나 고립된 1916-1918년 러시아 여자들의 싸움이 우리가 살펴봐야 할 대상이다.[11] 그리하여 우리는 이중적 이미지, 흐릿한 윤곽에 이른다. '전쟁 문화'가 남자들을 영웅적 병사와 난폭한 흡혈귀의 모습으로 그려내는 반면, 폭력은 여자들을 무장 해제된 민간인들이 이루는 겁먹는 집단 속으로 보낸다. 이와 동시에 여자들도 무기를 다루면서 남성 세계로 진입한다. 그러므로 자신을 방어할 줄 아는 병사와 방어 능력 없는 시민 사이의 강력한 구분과 남성·여성 역할의 변형을 동일한 시선으로 추적해야 한다.

그럼에도 불구하고 20세기 전반기 서구 사회에 드리워진 지배적인 모습에서 남성 폭력은 불가피한 것인 듯, 사회적으로 용납되는 듯, 그리고 국가적으로 필수 불가결한 듯 보이는 반면, 사람들은 생명 존중과 비폭력이 실제로 늘 천성적으로나 법적으로 여성적인 것과 결부되었다는 사고에 머물러 있었다. 이 때문에 ——이런 유형의 사고와는 다른 맥락의 모든 어려움과 더불어——서로 다른 양성의 전형적 역할을 강요하는 이 구분의 틈 속으로 미끄러지는 '여자들을 향한 폭력/여자들의 폭력'의 역사적 목적의 구축 과정을 추적하는 일은 흥미롭다.[12] 이런 의미에서 20세기 전쟁에 관한 연구는 이같은 시도를 이끌기에 타당한 적용 방식처럼 보인다. 우리는 '전쟁 문화'의 구성 요소인 공중 폭격의 실행이 시민과 군인의 차이, 전선과 후방의 차이, 전투병과 비전투병의 차이, 남자들과 여자들의 차이를 얼마만큼 무화시켰는가 추측했다. 폭력이 더 이상 한 방향으로 유도되지도, 전장에 가까운 것도 아닌 일반적인 이 폭력의 분위기에서, 남성과 여성의 전통적이고 정형화된 속성이——우회적인 동시에 실제적으로——어떻게 변형되었는가를 추적하는 일은 비교적 수월할지도 모른다.

　마찬가지로 우리는 규범을 넘어섰다고 알려진 여자들의 폭력 문제를 감내된 폭력에 대한 반응인 동시에 세계의 갈등 속에서 일어난, 혹은 거기에 뿌리를 둔 새로운 문화 속으로의 동참 행위로 재해석할 수도 있을 것이다. 제1차 세계대전 동안 양쪽 진영의 병사들이 반복적으로 행한, 최근 많은 학자들이 연구한 강간 이후 벌어진 낙태와 영아 살해의 경우를 살펴보자.[13] 이들 학자들은 무엇보다도 이 강간이 만들어 낸 담화들과 이 '전시 행위'가 만들어 낸 정치적·이념적 용도에 관심을 가졌다. 이들의 연구는 1915-1925년 사이의 문제에 봉착한 모든 남자들과 여자들 거의가 강간 이후 임신한 여자들의 낙태를 얼마만큼 반대했는가를 강조했다. 보수주의자들에서부터 페미니스트들에 이르기까지 부분적인 합의가 폭력 금지라는 이름으로 확립되고, 미래의 아이들을 삶 앞에 둠으로써 사망자수를 늘리지 않고 생명의 승리를 입증한다. 이러한 연구 방향은 부분적으로 명백한 이유가 있는 자료에 근거를 둔다. 강간하는 자들과 강간당한 여자들은 고문서에 흔적을 거의 남기지 않은 만큼 이 연구에 나타나지 않는다. 그들을 찾아내는 것이 역사가들의 연구라 할지라도 말이다.[14]

그러나 우리는 법원의 고문서에 몰두하는 등의 우회적인 차원을 그만두면서 이 분석을 심화시킬 수 있을 것이다. 낙태와 영아 살해는, 그러므로 적의 아이를 낳은 여자 희생자들이 자신들이 당한 폭력의 결과를 받아들이지 못한 공격에 대한 수많은 개별적인 반응으로 이해될 것이다. 위에서 떠올린 연구들에서 고작 여백에 이를 뿐인 이러한 시각은 우리가 거기에 몰두하는 데 도움이 될 터이다. 이 현상에서 해독된 접근을 시도할 수 있더라도, 낙태와 영아 살해가 일관적인 건수로 발생한 이상 정치인들·지식인들의 담화와 희생당한 이들의 실제적인 행동간에 격차를 두고 수행해야 할 중요한 연구가 있을 것이다. 자신의 책 서문에서 스테판 오두앵 루조가 말한 바와 같이 "강간은 전쟁 폭력의 역사와 아직 많은 부분이 더 기록되어야 할, 전쟁에서의 몸——남자들의 몸, 여자들의 몸——의 역사가 교차하는 지점에 있다."

전쟁중 남성의 몸과 여성의 몸의 역사, 여기에서 우리는 거센 반대에 부딪칠지도 모른다. 남성과 여성간 전이에 대한 성찰과 생물학적 사실이 그 속에 엄연히 존재하는 사회적 역할의 변형에 관한 성찰은 얼마만큼 중요한가? 부상당한, 능욕당한, 강간당한 남자들, 전투병들 혹은 시민들은 아마 의식적으로건 무의식적으로건 고통의 흔적을 그들의 후손에게 전해 줬을 것이다. 반면에 여자들은 예전이나 지금이나 적의 아이를 잉태하지 않겠다고 선택했었고, 선택하고 있는가? 이 사실을 떠올리면서, 우리는 마지막으로 수 차례 폭격당한 비시 프랑스라는 매우 특수한 사례로 되돌아갈 것이다.

즉사한 남자들, 새로운 (여)전투병들

프랑스에서 1940-1944년의 기간은 사실 남성과 여성간에 지속적으로 이루어진 전이를 연구하기에 좋은 사례를 보여 준다. 1940년 6월부터 프랑스 정부는 독일과의 휴전 협정에 조인했지만, 그렇다고 전쟁이 끝난 것은 아니기 때문에 적대감은 위태로운 상태로 지속되고 있었다. 대부분이 포로였던 프랑스 군대는 10만 명의 병사와 장교들을 제외하고는 동원 해제되어야 했다. 보통 생활로 돌아간 남자들은 비전투병이라는 신분으로 여자들과 아이들·노인들 속으로 다시 들어갔다. 이때부터 그들은 폭격의 새로운 표적인 시민 집단 속으로 흡수되었다. 제2차 세계대전중에 전략적인 폭격에 대한 논쟁들이 일었는데, 특히 연합국 참모부 내부에서 두드러졌다.[15] 1942년 함부르크에 대규모 공습이 시작되기 전, 연합국 참모부의 몇몇 책임자들은 그 효과에 의심을 품었다. 전략적 폭격 이론의 심리적·정신적 요소에 대한 표현이 일반적으로 사령부와 정부 고위층의 범주를 넘어서지 않았기 때문이다. 그 파렴치함과 반인륜성으로 인해 폭격지지자들이 진의를 감추고, 반쯤 바랜 주장과 다소 궁지에 몰린 해명 뒤로 조심스레 피신하듯이 말이다. 1941년부터 파리에 투하된 폭탄들과 함께 뿌려진 유인물이 그 증거이다. 그곳에서 공습을 맡은 연합군 책임자들은 피통치자들의 이러한 죽음은 자유를 위한 투쟁에 도움이 된다고 설명하곤 했다.[16] 이같은 은밀함에서 이런 양상의 전략적 폭격 이론이 오늘날 군대와 역사의 전문 영역 너머에서 매우 잘못 알려진 이유가 드러난다. 수많은 논쟁에도 불구하고 독일 점령의 다른 유럽 지역에 대해서와 마찬가지로 점령된 프랑스에 가해진 연합군의 공습이 산업적·경제적 표적을 추적했다는 사실은 여전히 일반적으로 수용되고 있다. 표적을 잃는다는 것은 지속적인 전쟁 수행에 있어서 필수 불가결하면서도 또한 유감스러운 과오이기 때문이다.

그것이 어떤 것이었건 1939-1945년 제2차 세계대전의 초기 폭격에 뒤이은 공포에 질린 놀라움과는 반대로, 시민들은 하늘에서 떨어지는 불덩이가 전쟁의 일상적인 참사의 전대미문의, 그러나 정상적인 형태라고, 그리고 이러한 참사가 일어나는 새로운 갈등에서는 피할 수 없는 당연한 결과라고 생각했다. 이런 의미에서 폭격이 일반화되자, 폭격은 대부분 심리적 목적에는 실패했다. 통제할 수 없는 군중의 극단적인 공포와 움직임——그러나 이는 전략적 폭격 이론이 공언한 목적 가운데 하나이다——은 예외로, 1918년 파리에서 폭격을 피하기 위해 다급하게 떠난 이들은 상대적으로 많아졌다. 프랑스에서 1940년 봄의 대탈출, 즉 후퇴에 대한 실질적인 준비에도 불구하고 공권력마저 그런 흐름에 빠질 정도로 통제할 수 없는 군중의 심각한 동요는 무엇보다도 독일 육군에 대한 두려움의 결과였다. 거기에 침략과 점령에 대한 공포가 들어섰다. 그것이 어떤 것이든 공중 위협이 중요한 위치를 차지하지는 않았다. 아마도 가스실에 대한 두려움보다 훨씬 가벼웠을지도 모른다. 최근까지도 폭격당한 도시의 주민들이 모두 천재지변 앞에서 놀라우리만큼 냉정한 모습을 유지했다는 사실은 공공연히 알려져 있다. 이러한 행동에서 체념 혹은 냉정함의 징후를 본 관찰자들은 거의 없다. 오히려 그들은 이러한 행동을 용기와 애국적 시민 정신의 표명으로 해석했다. 이같은 표명이 현실보다 신화에 더 많이 속하는 것이라고 주장하더라도, 이런 시각으로 볼 때 전면전이 벌어지는 동안 런던 사람들의 매우 품격 있는 태도는 모두가 입을 모아 칭송되는 유형으로 남는다. 포탄 앞에서 단호하고, 가정과 공장에서 어떤 희생을 치르더라도 끈질기게 생명을 믿는 일상적 영웅주의를 지닌 포탄 세례 속의 남자들은 암흑기 이후 여자들처럼 행동했는가? 과연 그들이 정치적 영역 너머에서 저항의 형태를 창출했는가?

반대로 용어의 진정한 의미 그대로 저항 운동에 참여한 프랑스 여자들은 무엇을 했는가? 이 물음에 대한 초기 연구는 그들이 퇴각과 점령을 거부한 남자들이 드문드문 있었던 서열에서 형편없지 않았다는 사실을 보여 주려 했고, 또 성공적으로 입증했다. 일부 학자들은 새로운 전투병인 몇몇 여자들이 실제로 무기를 소지했다는 사실을 강조한 반면, 다른 학자들은 그녀들이 평화시에는 자신들의 위치였던 '문지방에서' 저항 운동을 했다고 증명했다.[17] 이 초기 연구에서 출발하여 많은 연구들이 1940-1944년 사이 프랑스 레지스탕스에서 남녀의 수와 기능을 수량화하려는 시도가 진행중이다.[18]

그리하여 우리는 야누스의 얼굴을 가진 한 가지 현상을 분석할 수 있을 것이다. 한편으로 전쟁은 남성과 여성에게 할당된 전통적 역할의 영속을 강화한다. 차이의 문제들 속에 있는 상황에 순응하는 이러한 영속은 남성의 폭력과 힘을 강화시킨다. 다른 한편으로 남자들의 전통적인 권력, 새로운 여성 정체성을 만드는 권력을 재구축하기 위해 분명하게 이용되고, 다시 적용된 속성의 전이를 통해 동등한 양성의 차이 없음이 위험 앞에서, 죽음 앞에서, 또 저항의 필요성 앞에 나타난다. 차이를 없애면서도 평등을 목표로 하지는 않은 것이다.[19] 1914-1945년의 기간 동안, 차이를 인정하고 전통적 속성을 인정하라고 페미니스트들과 평화주의 혹은 레지스탕스에 참여한 여자들이 더 많이 요구한 듯 보이지만, 평등주의를 목표로 하는 차이 없음은 오히려 정치·군사적 권력에 더 많이 이용당한 것 같다.[20] 소위 남성적이라고 지칭되는 임무이기 때문에 차례차례 타협을 보고 예전의 자리로 돌려보내진 여자들은, 사실 무기를 든 병사라는 위상을 잃자 남성성을 상실한 남자들이 경험한 바와 유사한 전이 유형에 굴복했다. 국기 아래에서 이론적으로만 머물면서 말이다.

이것이 너무나 희미해서 현상을 위협하지 않는 전이들인가? 프랑스의 사료 편찬계가 이는 일시적인 변화에 달린 것이라고 주장하는 반면, 미국의 사료 편찬계는 남자들의 이러한 남성성 상실이 예전의 성 역할을 심각하게 뒤흔들었다고 주장한다. 이러한 추측 속에서 두 차례의 세계대전은 차이 없음을 가속화하는 요소인 동시에 양성의 평등성을 막는 요소인 일시적 메커니즘처럼 인식되었다. 적어도 프랑스에서는 병사의 죽음을 의도적으로 기록한 공중 폭격이 새로운 모습의 아마존 탄생을 함축하지는 않았다.[21] 그러나 이 공중 폭격은 남성과 여성 상호간에 이루어진 전이의 포문을 열었다. 이 가설을 인정한다면, 특히 제1·2차 세계대전이 집중되었던 다른 나라들에서는 이 전이에 대한 정교하고 정확한 연구가 이루어져야 할 것이다. 이와 더불어 전쟁을 행하는 이 새로운 방식, 제거라는 오래된 양식과 중첩되는 이 방식은 남자들과 여자들을 폭력의 세계에 함몰시키기도 했다. 그리고 이 폭력의 경계와 목적은 현재까지도 계속 뒷걸음질쳤다.

1) F. 에리티에, 《남성/여성. 차이에 대한 생각 *Masculin/féminin. La pensée de la difference*》, Paris, Odile Jacob, 1996과 F. 에리티에(dir.)의 《폭력에 관하여 *De la violence*》, Paris, Odile Jacob, 1996. 나는 이 취약한 가설에 중요한 충고를 해준 S. 오두앵 루조, C. 앙드레유와 H. 루소에게 감사한다.

2) P. 파콩, 《전략적 폭격 *Le Bombardement stratégique*》, Paris, Éd. du Rocher, 1996.

3) D. 다비드, 〈두에 혹은 최후의 상상계〉, 《*Stratégiques*》, 1991년 1월, pp.221-240.

4) 중세말 이후, 초기 대포의 도입이 이러한 변형을 일으키기 시작했다는 사실로 이의를 제기할 수 있을 것이다. 이 변형은 1870-1871년 전쟁중에 스트라스부르와 파리의 폭격에 이르렀던 것이다. 간략하게 말하면 제1차 세계대전 때까지, 포병들은 늘 포탄과 신체적 접촉을 했고, 자기들의 과녁을 여전히 육안으로 보곤 했다. 지금 우리의 관심을 끄는 작품의 한 부분에 대한 연구에서 장거리포 사용은 혁명의 근본적인 단계를 표시한다. Ph. 콩타민, 《중세말 전쟁, 국가와 사회 *Guerre, État et société à la fin du Moyen Âge*》, Paris-La Haye, Mouton-EPHE, 1972.

5) A. 파르주, 《전쟁에 지친 사람들 *Les Fatigues de la guerre*》, Pairs, Gallimard, 1996.

6) AN, 노동, 사회공제부, 760 130, 2항. 군수 산업의 여성 고용에 관한 노동부 보고서.

7) F. 테보, 《14 전시의 여자 *La Femme au temps de la guerre de 14*》, Paris, Stock-Laurence Pernoud, 1986.

8) 이 표현은 이스토리알 드 페론 주변에서 연구하는 학자들에 의해 사용되었다. 국가간의 협약으로 인해 1992년 7월에 이들은 연합하여, 세계대전의 문화사를 시도했다. 대부분의 보고서는 《전쟁과 문화 *Guerre et cultures*》, Paris, Armand Colin, 1994년의 1993년 7월 n°. 171의 《세계대전과 현대의 갈등 *Guerres mondiales et conflits contemporains*》과 《20세기. 역사지 *Vingtième siècle. Revue d'histoire*》, n° 41, 1994년

1월-3월의 〈1914-1918 전쟁. 문화사에 대한 고찰〉에 실렸다.

9) S. 오두앵 루조와 A. 베커, 앞에서 언급된 해당 호의 20세기. 역사지 서문.

10) M. -L. 로버츠, 《성 구분 없는 문명. 1917-1927 전후 프랑스에서의 젠더 재구축 *Civilisation without sexes. Reconstructing Gender in Postwar France, 1917-1927*》, Chicago, University of Chicago Press, 1994; F. 테보(dir.), 《서구에서의 여성사 *Histoires des femmes en Occident*》. t. 5.와 《20세기 *Le XXe siècle*》, Paris, Plon, 1992. 제1·2차 세계대전 이후 서구 사회에서 일어난 장기간에 걸친 여자들의 위치 변화에 대한 저자의 일반적인 결론을 논의하는 것이 이 책의 주제는 아니다.

11) C. 바르, 《마리안의 처녀들. 1914-1940 페미니즘의 역사 *Les Filles de Marianne. Histoire des féminismes, 1914-1940*》, Paris, Fayard, 1995, p.142.

12) F. 뮈엘 드레퓌스는 《비시와 영원한 여성. 집단 질서의 정치적 사회학에 대한 기여 *Vichy et l'éternel féminin. Contribution à une sociologie politique de l'ordre des corps*》, Paris, Le Seuil, 1996에서 매우 흥미롭게 정반대 방식을 만든다. 즉 비시 정권이라는 프랑스사의 특정 순간에 영원한 여성이라는 이데올로기의 재생 과정을 분석한 것이다. 그녀는 "상징적이고 실제적인 프랑스 정부가 여자들에게 할당한 이 장소에 대해 연구하는 것, 그것은 평범함의 폭력에 관해 연구하는 것이다"임을 정확하게 말한다.

13) R. 해리스, 〈바바리안의 아이: 제1차 세계대전중 프랑스에서의 강간, 인종과 민족주의〉, 《과거와 현재 *Past and Present*》, n°. 141, 1993년 11월, pp.170-206. J. 위슈나, 〈제1차 세계대전중의 출산 장려와 민족주의〉, 《20세기. 역사지 *Vingtième siècle. Revue d'histoire*》, n° 45, 1995년 1월-3월, pp.30-39. S. 오두앵 루조, 《적군의 아이, 1914-1918 *L'Enfant de l'ennemi, 1914-1918*》, Paris, Aubier, 1995.

14) 프랑스 해방기 때 삭발한 여자들에 대한 최근 연구 사례에서 고문서 부족으로 다룰 수 없는 유명한 주제들이 이미 시작된 이 연구를 조명한다는 사실이 드러난다. F. 비르질리, 〈프랑스 해방기의 삭발하기〉, F. 루케와 D. 볼드만(dir.) 《여성 정체성과 정치적 폭력(1936-1946) *Identités féminines et violences politiques(1936-1946)*》, 《*Les Cahiers de l'IHTP*》, n° 31, 1995년 10월, pp.53-64.

15) P. 파콩은 《전략적 폭격 *Le Bombardement stratégique*》, *op. cit.*에서 이 논쟁을, 이 논쟁이 일으킨 군사·역사문학을 분석한다.

16) 파리 경찰청의 고문서, B^A 1759.

17) P. 슈와르츠, 〈비시 프랑스에서의 파르티잔과 젠더 정책〉, 《프랑스 역사 연구 *French Historical Studies*》, 16-1, 봄 1989, pp.126-151. L. 두주, 〈레지스탕스, 남자들의 일?〉 F. 루케와 D. 볼드만(dir.), 《여성의 정체성 *Identités féminines*》, *op. cit.* pp.11-24.

18) 《사회 운동 *Le Mouvement social*》지는 레지스탕스의 사회적 역사에 관한 특별호를 준비중이다. 특히 레지스탕스 운동에서 남녀 각각의 수에 관한 C. 앙드리유의

논문에 기대가 된다.

19) G. 프레스, 《양성의 차이 *La Différence des sexes*》, Paris, PUF, 1996, 특히 〈결렬들〉이라는 장을 보라.

20) R. 탈만(dir.)의 《민족주의적 시도, 1914-1945 *La Tentation nationaliste, 1914-1945*》, Paris, Deux Temps Tierce, 1990의 F. 테보, 〈전쟁 시련기의 페미니즘〉과 C. 바르의 《마리안의 처녀들 *Les Filles de Marianne*》, *op. cit.*

21) M. 페로, 〈양성의 경계에서: 의심스런 싸움〉, 《20세기. 역사지 *Vingtième siècle. Revue d'histoire*》, n° 3, 1984년 7월, 특별호인 《당대의 전투 *La Guerre en son siècle*》, pp.69-76.

전쟁과 성의 차이:
체계적인 강간 (구유고슬라비아, 1991-1995)

1996년 6월 27일, 1991년 이후 구유고 연방에서 일어난 인권 침해에 판결을 내리기 위해 열린 헤이그 국제 법원은 포카 소송 자료에 대해 처음으로 인류를 상대로 한 범죄인 강간을 비난했다. 1992년 4월 7일과 17일 사이에 보스니아의 작은 도시인 포카는 세르비아 군부대와 군대식 집단에게 함락된다. 비세르비아인 모두를 강제 이주시키기 전 이들은 학살과 고문을 자행했는데, 그들의 강간은 체계적이고 집단적이며 이 목적을 이루기 위해 아파트와 집·모텔에 감금한 여자들과 어린 소녀들을 향한 가혹 행위와 살인을 수반한다.

침략 책임자인 벨그라드 팔레 권력이 지휘한 군대가 90퍼센트 수행한 민족 청소라는 계획에서 강간은 체계적이었고, 특히 군대식 집단에 의해 이루어졌다. 그러나 단지 그들에 의한 것만도 아니었다. 이 집단은 전체 군사 조직에 속하고, 현장에서 늘 동일하고 분명한 역할을 맡는다. 솔직하게 말해서 그들은 우선 소탕 작업에 소속되어 초기의 학살과 강간·고문으로 민간인들을 공포로 몰아가, 희생자들의 재산을 체계적으로 약탈한다. 그러나 그들의 행위는 늘 JNA 연방 정규 부대의 행위, 또는 이 정규 부대의 보스니아-세르비아 출현과 함께 이루어졌다. 그들은 부코바르(1991년 11월)에서 스레브레니카(1995년 7월)에 이르는 전쟁 내내 특히 남자 시민들의 체계적 학살에 직접 개입한다. 1991년 유고슬라비아의 합의제 대통령직에서 마지막 세르비아 대표였던 보리사브

조빅의 《회고록》은 출간 직후 1995년 벨그레이드에서 판매 금지되었다. 또 이 《회고록》은 1986년 이후 밀로세비치가 장악한 '신(新) 유고'의 군·정 책임자들이 정치적으로 선택한 전쟁을 순진하게 믿는다.

난민에 대해 연구한 정신과 의사들은 사실 강간 희생자들의 초기 이야기 상대자들이었다. 자살 기도, 뒤늦은 낙태 시도가 일으킨 출혈 혹은 그 이외의 더 많은 문제들이 아주 종종 의학적 관심을 끌었다. 1991-1992년이 되자 난민의 수가 많았던 크로아티아와 독일에서 중요한 초기 증언은 정신과 학자들의 조사가 행해지던 중에 이루어졌다.[1] 보스니아에서 오는 모든 정보는 거부되었고, 국제 기구가 조작했다는 의혹이 일었다. 그리하여 때로 그 인구가 두 배로 늘어난 적이 있었던 함락되어 고립된 영토의 보스니아 병원을 찾는 방문객은 극히 적었다. 이는 사라예보, 비학과 스레브레니카 같은 지역을 말한다.[2] 그러나 우리의 중심 주제에 접근하기 전에 '민족 청소'(청소와 정화는 세르비아어와 크로아티아·보스니아어로 ciscenjc이라는 똑같은 말로 번역된다)라는 표현이 실제로 지칭하는 바에 대한, 수많은 조사에 근거를 두는 소송 자료가 제시되어야 한다.

전쟁이 일어나는 동안 전쟁을 어떻게 생각해야 하는가?

1991년 이후 영토와 관련된, 그리고 서로 다른 전문 분야에 속하는 보고서가 늘어났다. ONG(비정부 기관들), MSF(국경 없는 의사회), MDM(세계 의사회), 유년기와 나눔, 이 세계의 아이들, 평화를 위한 어머니들에서 국경 없는 약사회에 이르는, 현장에서 일하고 인본주의를 지키는 이들의 목록은 수없이 많고 전세계적으로 퍼져 있을 것이다. 이 많은 기구들은 분쟁 초기부터 난민들을 받아들여 왔고, 함락된 지역에 침투하려고 했다. 번역되지 않은 그들의 증언과 보고서는 특히 초기에는 거의 출간되지 못했다. 그러나 1993년초 벨그레이드 권력에 대항하는 MDM이 구성한 프랑스에서는 인정받지 못한 기자단은, 그 지역에서 일어난 소식들 하지만 처음에는 협회 내에서만 유통되는 소식을 위한 활동으로만 인정받게 된다. 헬싱키 와치, 워버턴위원회, 국제 엠네스티 등과 같은 많은 비정부적 사법·정치 감시 단체들은 분쟁초와 그 이전에 코소보 문제에 대한 고된 자료 수집 작업을 하기도 했다. 국제 기구는 조사팀과, CEE(유럽경제공동체), 그리고 백인 감시자들을 임명하기도 했는데,[3] 그러나 특히 명백한 첫번째 조이네 보고서(1991-1992) 이후, 유엔은 그 지역에 타두츠 마조비에츠키라는 감시인을 파견하게 된다. 그리고 그는 1995년 7월(스브레니카 사건 이후 임무 기간이 끝날 때)까지 유엔의 인권위원회에 10편의 보고서를 작성하여 제출하게 된다. 바시우니 보고서가 종합한(이는 1994년 5월 제네바에서 이루어진다) 이 보고서는 침략당한 민간인들을 상대로 자행된 행위를 공식적으로 '집단 학살(génocide)'로 규정한다. CIA 같은 기관들은 그들 고유의 정탐 임무를 단지 지상 임무의 토대에서 뿐 아니라 1992년 5월 (약 3천 명의) 브르코 학살 사진에서부터 스브레니카 학살(1995년 7월)에 이르는 사진처럼 분쟁 초기부터 찍은 공중 사진에 기반을 두고 수행하게 된다. 그리고 1995년 이 사진들은 공개된다. 국제 적십자사와 프랑스 Forpronu, 특히 HCR은 그들 나름의 조사를 했는데, 이러한 조사는 대중에게 공개될 수 있는 것이 아니라 국제 형사재판소에게만 허용될 수 있었다. 여러 국가의 정보 업무 같은 그 지역에 배치된 군대들, 특히 프랑스 군대는 그들 고유의 탐색 작업을 펼쳤다. 국제 재판소에 제공되어야 하기 때문에 프랑스 군대가 여전히 '국방 기밀'이라는 명목하에 거부하는 일에서 법적으로 집단 학살의 경우만은 예외이다. 모든 기구들이 서로를 믿지 않았기 때문에(프랑스 군사들이 브리핑 때 그곳 '사람들이 거짓말을 했다'는 사실을 알았던 것처럼), 그들은 매번 새로운 조사관을 파견했다. 결국 이질적이면서 유사한, 총체적인 조사가 전쟁 무대에서 행해지는 경우는 드물었다. 그러나 모든 지역에, 즉 세르비아 군대가 점령한 보스니아 지역에 (경호 없는 이동에 대한) 금지령이 내려졌다.

현지 기자들과 리포터는 이 분쟁에 매우 고무되었다. (이 분야의 종사자가 많은 살상자들을 기록했다.) 그들의 활동은 1992년 여름부터 공식 여론에 정보를 제공하는 과정에서 결정적 역할을 했다. 프랑스에서 누벨 옵세르바퇴르는 민족 청소에 대한 초기 소송 자료들을 출간했는데, 그 중 강간에 대한 워버튼 자료는 1993년 《구유고 연방에서 전쟁의 검은 책》으로 출간되었다. 그러나 처음으로 1992년 8월 2일 한 기사에서 강간과 집단 포로수용소를 고발한 이는 《뉴스데이》의 미국 기자 로이 거트만으로, 나중에 이 기사는 프랑스어로 번역된다.[4] 기자들의 작업은 그 나라 언어에 대한 지식과 그들의 이동을 허용하는 당국의 허가에 달려 있었다. 이들의 기사는 종종 검열되고 수정되었으며, 편집 방침에 따라 하향 조정되곤 하여 1989년 12월 티미소아라 시체 안치소의 실수와 반대되는 실수를 일으켰다. (여기에서 숫자를 부풀리는 일은 파리의 편집부 교정 때 이루어진다.) 1991-1995년 인용 부호와 여러 가지 뉘앙스가 종종 정통하고 용기 있는, 그러나 거대 프랑스 일간지에서는 그 위치가 낮았던 젊은 현지 특파원의 기사들에 첨가되었다. 이들 자신은 자기들이 맡은 지역을 왜곡함으로써 벌어지는 끔찍한 긴장의 재물과 희생자가 된다. 민족 정화의 악몽과 관련된 조사와 소설, 목격담과 분석 같은 많은 기록들이 그 이듬해부터 세상에 나오게 된다. 그러나 비록 모든 진영에 공포가 있었다 하더라도 그때부터 '모든 죄인들'을 열거하는 것은 더 이상 대단한 일이 아니다. 침략자와 그의 외교 우방국들은 처음부터 꾸준히 희생자와 살인자들을 같은 차원에 두면서 선전했다. 1997년 여러 사실들에 대한 이러한 견해를 '수정주의'로 비난하는 것이 역사적으로, 또 법적으로 타당한 일이 된다.

강간은 크로아티아 전쟁초부터(1991) 분명하게 나타났지만, 그 체계적인 양상과 강요된 감금과 임신은 보스니아 전쟁(1992-1995)이 발발해서야 비로소 파악되었다.[5] 의학 기구 혹은 정치 기구만큼이나 사법 기구가 서로 다른 언어로 기록한 민족 정화와 관련된 조사 자료들을 종합하는 일은 아직 불가능하다. 이 자료들은 모든 강간을 다소 특수한 방식으로 다룬다. 민족 정화의 모든 단계마다 민간인에게 가해진 여타 고문들 중에 하나인 성 고문으로든, 보다 특수하게는 너무 흔해서 체계적이지 않는 것으로든 말이다. 본에서 개최된 회의(1995년 8월 4일-9월 4일 사이에 보스니아-헤르체고비나에서의 집단 학살 자료에 대한 국제회의)는 이들 자료를 종합하려고 했다. 2백 명 이상의 외국 전문가들이 출석했는데, 그들 각자는 특별한 조사 자료를 완성하는 일에 참여한 협회를 대표했다. 호주에도 보스니아 난민이 있다는 사실을 잊어서는 안 된다. 많은 논문들이 특히 영어로 출간되고 있는 중이고, 점차 대중과 법률가·역사가가 접하게 될 것이다.

이 분쟁으로 인해 전쟁 정신의학에 변동이 잦아진다. 자그레브의 코자릭-코바식 박사의 대학팀이 설명한 '폴리트로마티즘(Polytraumatisme)'이란 개념은 구유고 난민에 관한 발언에서 완성되었고, **외상 후 스트레스성 장애**라는 정의를 완성한다. 이 학문에 관한 대부분의 고전적 연구는, 예전에 20세기 전쟁의 (특히 제1차 세계대전과 베트남 전) 병사들과 남자 전투병들과 관계 있었다.[6] 이제 전쟁의 '폴리트로마티즘'은 고문이나 강간은 차치하고라도 고통의 원인——집과 재산을 잃고, 가족 구성원의 운명에 대한 불확실성, 아들·남편(남자들이 없는 경우가 가장 흔하다)이나 다른 사람의 실종——이 뒤엉키지 않고 서로 중첩되는 다수의 트로마티즘을 규정하려고 한다.[7] 이 정신의학적 관점은 **아이들과 손자들이 강간당하는 것을 보거나 이들이 자신이 강간당하는 현장에 있었음을 보는** 특수한 트로마티즘을 규정하게 되었고, 그리하여 강간의 문제 제기에 이 트로마티즘을 포함시키게 되었다.

1992-1993 겨울 동안 확산된 초기 목격담에서, 강간은 너무나 일반적

인 방법처럼 나타나 체계적으로 보이지도 않고 더 이상 '전쟁 강간'의 고전적인 정의에 포함되지도 않는다. 그러나 어떤 의혹이 민족 청소와 관련된 자료 전체에, 그리고 자행된 '잔인함'에 빠르게 드리워졌고, 강간에 대한 문제는 이 의혹에 유리한 논쟁으로 작용했다. 즉 '동물적' 충동에 의해서가 아니라 병사의 지독한 인간적 충동에 의해 '적의 여자를 상대로 하기에 적절한 무기'[8]를 차지하려는 의도로 저질러진 '체계적 강간'은 믿을 수 없고, **따라서 위조된** 듯 보이곤 했다. 강간 행위를 발설하는 것이 폭소를 자극할 수 있을 정도로 '거짓처럼' 보일 때, 어떻게 몇 가지 강간 행위를 '진지하게 믿을 수' 있단 말인가! 그리하여 현명한 정신분석학자들은 이러한 주제가 일으키는 '유혹' 쪽으로 관심을 기울였다. 그러므로 이 주제들은 끔찍하고 유혹적이며, 결국 거짓이라는 것이다! 명백한 **거짓**이 명백한 **지나침**과 일치하는 것처럼 말이다. (여기에서 우리는 부정주의의 한 논쟁을 발견한다.) 게다가 이 강간은 전쟁에서 어쩔 수 없이 양성의 차이를, **다시 말해 정치 영역 한가운데에 여성성의 부당한 침입**을 생각하게 되었다. 강간 문제의 현대성에 직면하지 않으려는 태도와, 사실 분석 속에서 성의 차이를 드러내는 위치를 인정하지 않는 태도 사이에는 어떤 모종의 관계가 있다. 그 '현대성'이란 다시 말해, 현재의 위치뿐 아니라 우리가 살고 있는 시대의 특수한 사회·정치적 과정에 새겨진 흔적이지, 지정학적으로 기이하게 중성화된 역사 심부에서 다시 부상하는 발칸인들의 낡고 관습적 행위로 그것을 없애 버리는 것은 아니다. "그들은 야만적인 발칸인들이다"라는 주제에 대한 얼마나 많은 논평이 특히 분쟁 초기에 확산되었고, 제기되지도 않은 문제가 미리 해결되었던가! 제기되지 않은 이 문제들——그곳에서 무슨 일이 일어나고 있는가? 왜 이같은 유형의 강간에 대해 이런 정보들이 오는가? 민족 청소란 무엇인가?——은 어쩔 수 없이 여자와 전시 폭력 사이의 관계에 대해 문제를 제기하곤 했다. 체계적 강간의 현대적 용도에 대한 질문은, 그러므로 가장 고전적으로 정형화된 함정에 빠졌다. 그리고 이 정형화 자체는 국가들이 갖는 영원한 지혜를 표현하는 것 같다.

정형화의 영속: '전쟁의 참혹함들'

국제 엠네스티의 정규 보고서가 입증하는 바와 같이 평화시의 성 고문은 전체주의 체제의 억압 프로그램에서는 새로울 것이 없고, 전시 강간의 역사는 강간 전체를 **미리** 조직하는 관계로 요약되는 듯하다. **예로부터 언제나** 전쟁시에는 잔혹 행위와 강간이 항상 일어난다는 사실로 비추어 볼 때, 민족 청소 행위와 관련된 정보 앞에서 믿을 수 없다는 논쟁은 이 정보에 나타나는 영원한 진실이다. **그러므로 늘 그래 왔던 이상 강간은 일어나지 않는다!**

사실 전쟁 상황은 잔혹 행위에 대한 이야기들을 다양한 형태로 드러낸다. 그리하여 '야만인'으로 지칭되는 타자를 고발하는 행위는 전시 선전에서는 민간인들 가운데 가장 영향받기 쉬운 사람들(아이들·여자들 같은), 평화시에는 시민권의 법과 규칙으로 보호받는 이들 전체를 상대로 행해지는 '잔혹한' 이야기들에 기댄다.

그러나 겁에 질린 여자에게 **악당** 한 사람이 할 수 있는 일이 무엇인가? 여기에서 강간이 수월한 대응책이 된다. 엘자 모란테의 소설 《이야기》는 전쟁중의 강간으로 시작된다. 이때 두 사람의 파트너는 이 장면의 예측 가능성에 고무받은 듯 보인다. 여자는 겁에 질리고, 군인인 남자는 복도에서 그녀와 성교한다. 마치 그녀에게서 오는 두려움이 명령하듯이.

전쟁과 관련된 담화에서 강간 이야기와 잔인한 이야기들을 쉽게 이용하는 것이 무력 침입중에 대중적으로 이루어진 강간 행위가 고발되지도, 심지어 주목을 받지도 못했음을 뜻하지는 않는다. 프랑스가 알제리 전쟁중에 자행한 강간을 절대 인정하고 싶어하지 않았던 것처럼 말이다. 때때로 역사적·법적 자료가 역사적 기억에서 제외된 실제적이고 방대한 강간 행위들을 폭로한다. 이 기억은 살인자들이 승리하면 그들에 의해 늘 다시 만들어지는 기억이다. 우리는 여기에서 최근에 다시 진행되는 전시 강간의 역사를 되풀이할 수는 없다.[9] 그러나 여기에서 다음과 같은 사실을 강조하자. 잔인한 이야기를 자양분으로 삼는 전쟁 선전(아이들을 상대로 저지른 전시 강간과 범죄가 가장 현격하다)은 모두 위조될 수 있고, 부분적인 여건들을 거짓으로 꾸며내거나 불확실한 이유 때문에 거대한 현실을 반영할 수도 있다. 그러나 모든 경우 선전은 늘 보복을 위한 행동 지침을 제공한다. 전쟁 문화와 남성적 명예의 문화 사이, 성욕에 갇혀 있는 여성에 대한 정의와 여자들이 집안 남자들에게 소속되어 있다는 사실 사이, 여성의 성욕에 대한 정치적 공격과 우리가 눈에는 눈, 그리하여 강간에는 강간으로 맞서게 되는 이 대치할 수 없는 남성 시장인 보복 사이에 기호학적 유사성이 있다. 선전 작업은 정당한 보복에서 예방적 보복으로의 전이를 일으키는 협회의 조직을 노리면서 적을 만들어 낸다. 이는 **우리가 위협당하는 것을 다른 사람이 느끼게 하는 일과 마찬가지이다.** 이 호전적 남성 문화에서 강간은 명예에 흠집을 내고, 남자들의 재산을 빼앗는다. 그리고 희생자는 '피'나 동맹, 보복이 보상하는 남성적 상처를 통해 이 남자들에게 소속된다. 반면에 강간당한 여자는 그런 종류의 자아로는 치유될 수 없을 정도의 모욕을 당한다. 그러므로 보복의 급박함은 범죄의 **정치적** 중력으로 이어진다.

　구유고——보기 드문 잔인함으로 자행된 수많은 강간이 동반된 1994년 4월의 학살이 있기 1년 전, 'mille collines' 라디오가 역시 그 역할을 맡았던 르완다[10]——의 세르비아 초민족주의 전쟁 선전은 적군이 저질렀다고 추정되는 만행 이야기들을 이용할 줄 알았다. (코소보의 알바니아인들이 세르비아 여자들을 강간하고, 우스나시 크로아티아인들은 세르비아 아이들의 몸을 망가뜨렸다는 등.) 정복당하지 않은 이들조차, 이 유언비어가 **때때로 거칠었기 때문에** 현재에, 그리고 평화시 사회적 관계와 극히 자연스럽게 일치되는 기본적인 신뢰감을 상실했다. 공포는 전장이라는 공간에 앞서 대화의 공간을 침범했다. 그런데 그들의 위협은 **예방 조치**를 생각하도록 한다. 즉 잔인한 계획은 예측될 수 있는 것이다. 임산부와 그녀의 태아에게 저질러진 행위들, 아주 어린 소녀들을 상대로 한 강간은 이미 누설된 잔인한 계획 속에 새겨진다. 전쟁 선전은 어쩔 수 없이 잔인하고 위협적인, 가장 나쁘게 말해서 적군의 이미지를 유죄로 구축해야 한다. (역사적으로 반유대주의는 유대인들이 그리스도교 사회의 아이들을 상대로 저질렀다고 여겨지는, 믿을 수 없고 기괴한 잔혹 행위들을 누설함으로써 더 자라난다는 사실을 상기하자.) **그러나 위협적인 잔혹 행위 계획의 고발-정교화, 반드시 파렴치한 선전 속에서 관현악단처럼 조직되는 이 고발-정교화는 그러므로 이 잔혹 행위들을 초기에 적용할 수 있는 조건을 구축한다.** 밀로세비치당이 고유의 정치적 목적을 추구하기 위해(밀로세비치가 1989년 베를린 장벽이 무너진 이후 정권을 잡고 있었던 동구의 유일한 정치 책임자라는 사실을 주목해야 한다) 세르비아의 초민족주의 노선을 도구화하려는 일시적인 방향 전환을 시도하던 때부터(1987-1994), V. 스테바노빅이라는 벨그레이드의 세르비아 작가가 '미디어 고문'이라고 부른 선전에는 벌거벗고 고문당한 몸뚱이들의 이미지가 부쩍 늘어났다. 벌거벗은 몸뚱이들이 연극적으로 연출된 듯이 여겨지는 잔혹 행위 프로그램을 제공하는 '티미소아라' 유형을 답습하면서 말이다. 스탈린 정권이나 파시스트 정권처럼 전체주의 정당은 특이하게도 좋든싫든 모든 이들에게 적용되어야 하는 현실의 새로운 해석을 재구축한다. 잔인한 이미지나 이야기들이 **취향에 의해** 이루어진다는 사실을 인정하는 것이다.

그러므로 실제 행위에 관한 문제는 현지에서의 사실 확인 작업과 조사 작업을 요구하면서, 또 그러한 사실 이전에, 그리고 그 사실이 벌어지는 가운데 적군을 형성하는 방식에도 주의를 기울이면서 특수한 의무론적 각도에서 접근되어야 한다. 강간이 참을 수 없는 긴장을 이른바 자연스럽게 새기게 되는 잔인한 이야기의 효과는, 이야기로써 그것이 구축하는 폭력과 이 폭력이 만들어 내는 명백한 효과에 달려 있다. 거짓 선전의 형태인 이 이야기들은 늘 시민들이 있는 공간을 전복시키기에 효과적이다. 평화시에도 시끄러운 논쟁이 되는 이야기인 가장 해악한 이 사회학적인 유혹은 때때로 사실 분석을 방해한다.

'혈연 관계'를 상대로 하는 범죄인 강간

보스니아에서 일어난 강간에 대한 가혹한 증언들 역시 이 강간을 비난했다. 거기에서 우리는 낡은 정형화, 전쟁 상황에서는 처벌당하지 않는다는 점과 성적으로 결핍된 병사들의 충동과 결부된 전시 강간의 정형화를 발견했다. 마치 패배한 적진의 여성들이 사실상, 그리고 **거의 당위적으로** 새로운 승자의 소유물이 되듯이 말이다. 그런데 여성과 관련된 사실은 암묵적으로 마치 성적 속성으로 인식된다. 남성과 여성 사이의 인류학적 불균형으로 인해 이 정형화는 '자연스럽게' 분명해진다. 성행위는 남성이 여성을 '소유'하는 것이지 그 반대는 아니다. 승자가 함락한 도시에 깃발을 꽂을 때, 그리고 그 도시 여인들을 강간할 때 그는 "이건 내 거야"라고 말한다. 이런 점에서 두 행위는 유사하다.

고전 시대 프랑스 작가가 다시 읽은 그리스와 라틴 사가의 작품들에는 적의 '군중'을 제거하는 다양한 유형들이 나온다. 도시가 파괴되고 소금으로 뒤덮일 수 있으며, 적진의 성인 남자들은 그 자리에서 교살되고, 때때로 능욕당한 우두머리는 공식 석상에서 고문을 당하고 인질로 잡히거나 노예가 된다. 더 심한 경우, 그들의 베어진 '머리'는 마치 승리를 입증하듯 전시된다. 어원상 동어반복적 표현인 '대장의 머리'는 고전적으로 전승 기념물이다. 왜냐하면 휘둘려지는 이 머리에서 적군의 정치적 힘이 명백히 두드러진다는 사실이 확인되기 때문이다. 적군의 피는 벌판에 뿌려질 뿐 더 이상 그 후대에게로 이어지지 않을 것이다. 초기 학살에서 여자들과 아이들이 살아남더라도 말이다. 노예로 끌려가는 여자들은 새 주인의 자식을 잉태할 것이고, 따라서 그들 고유의 집단을 계승할 수 없게 된다. 고대 라틴 혹은 고대 그리스에 관해 끊임없이 거듭 연구되는 표현에 기초를 두는 우리 고전 문화에서 이름과 집단 기억, 문화적·종교적·관습적 습관을 지닌 공동체인 명백한 '민중'이 전쟁에 의해 제거될 수 있다는 생각은, 집단의 정체성 계승에 대한 책임이 남성과 여성 사이에 불균형적이라는 점을 암묵적으로 가정한다. '혈연'에 의한 계보는 특히 남자들의 작품으로(이것이 모든 유럽 문화에 해당되는 경우는 아니다. 예를 들어 유대인의 정체성은 여자들에 의해 계승된다), 그들의 정체성은 마치 수태에 의한 듯 아내들에게 침투되기도 한다. 프랑수아즈 에리티에의 논문에서 우리는 그 메커니즘을 이해할 수 있다.[11] 거기에서 가난한 나무꾼에 의해 구출되어 숨어 있었던, 그리고 정치 무대로 복귀하자 자신을 넘어서고 억압하는 치명적인 '운명'을 경험하게 되는 왕자의 극적·낭만적 쟁점이 생긴다. 정복자와 결혼한 그의 누이와는 대조적으로 그는 '패배한 민족'의 희망적 정체성이 나타나는 마지막이고도 유일한 사람이다. 그 주제들이 오래도록 자취를 남기는 위대한 세기의 비극에서 프랑스 민중 이야기에 이르는 다양한 문학적 기반을 통해 우리는 **죽지 않은 이 왕자**의 모습을 추적할 수 있을 것이다.

그러므로 법적 견해와는 별도로 유럽의 고전 문화에는 누이인 '공주'보다 '왕자'가 아버지의 정체성, **그러니까 정치적·집단적 정체성**을 더 많이 계승한다는 생각이 담겨 있다. 그의 누이는 일단 성인이 되면 '그녀를 소유하게 될' 남자, 즉 남편이나 강간자에 의해 정체성이 침투되기 때문이다. 이 고전적인 신념 체계에서 여성 정체성은 완결되지 못하고, 딸은 잠시 동안만 아버지에게 '소속된다.' 여기에서 정자는 마치 '피'를, 다시 말해 혈연 관계의 계승이 이루어지는 주된 수단으로 여겨진다. **딸과 어머니의 관계보다는 아들과 아버지의 관계가 더 긴밀하다.** 강간의 효과는 이러한 진리 때문에 더 가중되고, 강간으로 태어난 아이는 항상 **미리부터** 아들로 여겨지게 된다. 마치 딸에게는 잉태라는 동일 양식에 관련된 비극적 유산이 덜한 것처럼 말이다.

이 고전적 표현 체계에서 여성을 강간하는 것은 단지 정신적·육체적 침입, 그 집안 남자들이 지니는 재산을 포획하는 일일 뿐 아니라, 결정적으로 여성을 변화시키고 공동체 전체의 번식 공간을 겨냥하는 **특수한 자기 정체성 파괴를 이루기도 한다.** 희생자를 효율적으로 이용할 수 있는 **이런 종류의 유린**은 상대 성에게 적용되고, 뿌려진 피를 그대로 증발시키는 적의 교살과 흡사한 것을 구축한다. 혈통 계승에서 중요한 **남성의 책임과 성욕을 거치는 혈통 계승의 정치성을 당연시한다는** 조건에서 남자들을 교살하고 여자들을 강간하는 것은 동일 대상, 즉 혈통 계승이라는 혈연 관계에 적용되는 유사한 범죄다.

여성의 정의를 그 성적 역사 속에, 이와 동시에(그러므로 이름과 '민족적' 정체성을 아버지로부터 이어받는) 후손에게 자율적 정체성을 전승할 수 있는 능력 자체가 인정되지 않는 역사 속에 가두는 문화에서, 강간은 여성을 상대로 행해지는 가장 치명적인 범죄이다. 결정적으로 그것은 여성의 미덕을 강조하면서도 여성의 존재를 변화시키고 변질시켜, 결국 여성에게는 죽음만이 남는다. 플로베르의 《살랑보》에서 우리는 능욕당한 여왕이 자살해야 하는 당위성을 다시 보게 된다. 사실 여기에서 중요한 것은 진짜 자살이 아니라, 강간이 일으킨 정체성 소멸과 더 이상 아무것도 아닌 신체적 죽음 사이의 단순한 수위 조절이다. 코르네유의 비극 《테오도루스》에서 '군대'가 저지른 강간은, 초기에 가장 처참한 형벌도 군사 그리스도교주의로 비웃었던 여자 영웅을 파멸시킬 수 있는 유일한 위협인 학대처럼 그려진다. 높은 서열의 공주를 상대로 '비

'천한' 보병부대가 저지른 집단 강간은 죽음이나 고문의 위협보다 훨씬 더 효과적인 위협이다. 이 문화 내부에서 상대가 심지어 무고한 희생자일 경우 누구나 갖게 되는 정신적·사회적 수치감은 늘 역겹고 술에 취한, 예정된 잔치를 향해서 가듯 적군의 공주들을 강간하러 떠나는 '군대'에게는 결코 일어나지 않을 것이다. 오히려 사회적으로 하위 계급에 속한다고 여겨지는, '피와 포도주에 전' 그리고 그 행위가 이른바 전반적인 상황(전쟁·승리)으로 합법성을 얻는 집단 강간자는 남성/여성의 불균형한 공유를 입증한다. 그리고 이러한 현상은 전시에 더욱 두드러진다. 그러므로 강간은 남성이 저지르는 범죄 가운데 가장 미약한 것이면서, 동시에 여성의 정체성을 말살하기에는 최고의 효과를 거둔다.

　주어진 문화 내부로 유입된 역할과, 이미지 배분을 몇몇 행위의 선택으로 연결시켜 주는 이 메커니즘을 이해하기 위한 도구가 우리에게는 부족하다. 범죄보다는 전쟁의 '잔학성'을, 성 고문보다는 '전쟁 강간'을 20세기말 유럽의 사회학적·역사적 상황(이때 정부-국가 기관이 시민성이란 문제가 역사적으로 창출된다)에서의 '민족 전쟁' 혹은 '종교 전쟁'을 언급할 때처럼 이런 어휘의 유형은 몇 가지 지시적 선택을 함축하는 것 같다. 구유고 전쟁은 특히 초기에는 오래 된 이미지, 학문적 기록에서처럼 민중이 서로 교살하고 강간하는 유일한, 그러므로 '이제까지의' 전쟁 이미지를 내포하는 용어로 묘사되었다. 강간의 문제, 그 현대적이고 지극히 동시대적 용도는 이러한 묘사에 대한 정형화의 효과로 마치 위장된 듯했고, 이 '잔혹 행위'의 혹독함은 이 행위를 매우 고전적인 자료에 포함시키면서 그 이해 가능성 앞에서 사실과는 다른 것, 즉 위조 용의자 역할을 했다. 따라서 이 낯선 동시대 행위들은 영원한 '전쟁'의, 그리고 이 전쟁과 늘 결부되어 있는 '잔혹 행위'의 가장 진부한 전형으로 포착된다는 사실로 강조되었다. 현실을 부정하는 최고의 방법은 이 현실을 영원한 운명의 반복으로 돌려보내는 것이다. 이 정형화는 하찮은 것이 아니고, 효과와 심지어는 훌륭한 성과까지 창출한다. **정형화의 성과, 그것은 부정주의이다.**

그리하여 특히 1992-1993년 겨울 동안 구유고에서 일어난 체계적인 강간에 관해 유포된 소식들은, 한편으로는 '민족' 간의 오래 되고 야만적인 전쟁과는 상관 없는 '문명화된' 유럽의 일부라는 믿음에, 그리고 다른 한편으로는 명백한 고전적 정형화에 부딪친다. 그리고 이 정형화에 따르면 "늘 그런 식이다. 그리고 전쟁에는 언제나 강간 같은 것이 일어났다"라는 이 마지막 명백한 사실은, 태곳적의 엄격한 **그러므로 공정한** 지혜에 근간을 두고 있는 것처럼 보이는 만큼 현대인의 의식에는 퍽 매력적이다. 남자는 상대 남자에게는 늑대이고, 이 상대의 어머니와 아내, 누이와 딸에게는 더욱더 그렇다. 또 강간이라는 개념이 자극한 성적 상상계와, 그리하여 작용하는 여성과의 관련성은 법적·정치적으로 생각할 수 없는 문제를 '하찮은 것'으로 몰고 갔다. 왜냐하면 이 문제가 이중적 영원성, 즉 비역사적 차원에서 파악되기 때문이다. 이는 발칸 문명의 영원성과 이보다 덜 중요한 '엉덩이'라는, 늘 골로아적 색채로 남는 역사의 영원성을 말한다. 민족 청소 행위에 새겨진 강간을 최초로 고발하는 것은, 이 민족 청소 자체에 대한 고발과는 반대로 그 비현실성에 대한 논쟁처럼 이용되었다. 유럽에서 2백만에서 4백만에 이르는 사람들이 이동[12]했고, 20만 가량의 사람들이 사망[13]했음에도 말이다.

체계적 강간: 정치적 이용

모든 자료들은 법적으로 비난의 대상이 되는 경우와, 그럴 것이라고 추측된 경우간의 증가율을 개입시키면서 2만여 건에 이르는 강간이 일어났다는 결론에 이른다. 법정에서 피해자들을 증언대에 세우는 일은 어렵다. 증언하기로 수락한 후 자살을 시도한 여자들의 사례도 적지 않다. 희생자에게 강간은 수치심을 일으킬 뿐 아니라(특히 보스니아의 나이 든, 혹은 아주 젊은 시골 여인일 경우) 위험을 초래하기도 한다. 몇몇 아버지나 남편은 강간 사실을 알게 되면 자신들의 딸이나 아내를 죽이려고 한다.[14] 게다가 평화시에도 성 고문 고발의 역사는 희생자들을 증언대에 세우는 일이 어렵다는 사실을 보여 준다.

사건의 양적 변화에 있어서 확실치 않다는 점이 이러한 사건들을 부정하기 위해 이용된 두번째 논쟁이었다. 물론 '학문적' 진지함은 최소화, 다시 말해 줄이기와 관련될 수 있다. 안타깝게도 강간에 있어서의 학문적 진지함은 아마 모로코의 시골 지역이나 뉴욕, 또는 프랑스 브르통 지역에 살고 있는 페미니스트들의 환경과는 사뭇 다를지도 모르는 법적 산물의 증가 계수를 계속 고려한다. 우리는 연구 대상을 양적으로 구축하는 일을 전문가들에게 넘겨 준다. 또 증언에서 양적인 정보를 얻기도 한다.

세 가지 상황이 강간이 보다 명백하게 벌어지는 곳에서 서로 충동하는 듯하다. 한편으로 마을이나 소도시에 무장 침공이 이루어지는 때이다. 자주 민병대에 의해 교살되고 소총 사격이 이루어지는 우연한 학살은, 초기에는 대규모의 다양한 고문과 탈취·강간을 일으킨다. 정반대로 이러한 학살은 종종 공공 장소에서 우리 생각에 어떠한 처벌도 받지 않으면서 일어난다. 이 학살은 반복적으로 이루어지고, 그러므로 오로지 법정에서만이 이 계획의 목적이 갖는 경험주의나 이론적 정교함을 가늠할 수 있다. 이 행위들은 침략군측 군-경찰의 조처로 다소 정비되고, 여자들을 특수 지역에 가두는 일에 최소한의 결정과 관리를 가정하게 된다. 눈으로 확인할 수 있는 잔인한 행위들은 고전적이고 정치적인 도구화, 즉 **공포감 유발**을 입증한다. 유일한 가부장적 체제와 동시에 일차적인 생산 도구 속에서 살았던 농촌 사람들을 떠나게 하는 일은 쉽지 않다. (난민 캠프에서 가장 고통스러워하는 이들은 농촌 출신 사람들이다.)

강간이 명령에 따라 저질러졌는가? 어떤 증언들은 이러한 사실을 명백하게 알려 주지만, 이 질문에 대한 대답은 아직도 불가능하다. 어쨌든 강간은 승리한 침략국의 군과 경찰·행정 관리의 조치 속에서 수행되고, 분명한 계획의 산물인 종교 숙청이 일어날 때 이 강간은 효과적인 고문과 범죄 행위 내부에 새겨진다. 이들 강간에는 많은 '고전적인' 전시 강간이 포함된다. 군인 집단과 이보다는 민병대의 출현과 관계 있는 여자 난민들로부터 자주 들려오는 말은 종종 이런 것이다. "그들은 무슨 일이든 시킬 수 있었다." 그래서[15] 이 '무슨 일이든 시킬 수 있음……' 은 무력 관계에서 물리적·군사적 혹은 정치적 우위가 항시 공급하는 무처벌(잠정적이라 해도)의 정의를 제공한다. '무슨 일이든'에 대한 현기증 속에서 우리는 강간·고문·학살을 발견한다.

대규모로 자행된 강간의 두번째 상황은 반자 루카에서처럼, 권력 변화가 무력 없이 이루어지고 민족 정화가 제도적으로 자리잡은 지역에서 얼굴을 가린 여러 집단이 거주민에게 저지른 수많은 강간들이 있었다. (이때 군인들과 이웃 남자들에 벨그레이드 젊은이들이 부르는 것처럼 다른 '주말의 꾼들(tchetniks du week-end)'이 서로 뒤섞인다.) 비세르비아인들(크로아티아나 보스니아 천주교도들, 회교도들, 유대 분리교도들, 동방교회 신도 등)과 세르비아 반대파에게 가해진 야간 공포에 주간의 법적·행정적 자극이 가세한다. 모터로 움직이는 운송 수단을 끌고 다니지 못하게 하고, 직업 활동을 금하며, 강 가까이에서 수영하지 못하게 하고, 무급의 강요된 노동 같은 것을 꼭 수행하게 했다. 그리고 이러한 것들은 1992년 봄부터 자리잡은 권력에 의해 비세르비아인들을 상대로 이루어진다. 강간은 밤에 일어나고, 이 지역에 있었던 외국인 관찰자는 우리에게 그들의 어린 딸이 성장하고 아름다워지는 것을 보는 보스니아 부모들의 두려움을 말해 준 적이 있다……. 여기에서 강간은 약탈과 연관이 있고, 권력에 협조하기로 한 이들에 의해 벌어진다. 집과 딸을 원하는 이웃과 동료들은 이런 체제하에서 이 욕망을 아무 처벌도 받지 않고 실현할 수 있다. 그러나 밤에 복면한 채로 하는 편이 나았다. 비세르비아 주민들은 대규모로 반자 루카 지역에서 추방당한다. (이 지역 주민의 수는 40퍼센트에서, 때로는 80퍼센트에서 3퍼센트도 안 되는 비율로 줄었다……)

잔인함을 정치적 용도로 이용함으로써 공포가 조성되고, 마침내 동의가 유출된다. 어느 날 집에 불이 날지 모른다는, 아이들이나 늙은 어머니가 강간당하는 것을 볼지도 모른다는 두려움 때문에 떠나야겠다는 결심을 하게 되고, 거기에서 또 다른 시련이 시작되는데, 이 시련은 기껏해야 난민 캠프에서 완전히 헐벗은 상태에 이르러서야 비로소 끝난다. 때때로 출발 전에 여자는 밤새 공들여 집안 청소를 한다. 이는 그곳에서 올바른 사람들이 살았다는 것을 제대로 보여 주기 위함이다. 일곱 아이의 어머니인 한 여자는 아이들과 자기 자신을 집단적이고 반복적인 강간으로부터 보호할 수도, 거기에서 떠날 수도 없었다.[16] 이러한 강간은 처벌받지 않는다는 사실과 연결된다. 그리고 이 처벌받지 않음은 오로지 수동적인 법적 상황으로만 작용하고, ‘그들은 무슨 일이든 시킬 수 있다’는 표현에 내포된 범죄 행위와 범죄에 대한 상상을 효과적으로 자극할 뿐이다. 강간은 성적 ‘충동’보다는 이러한 무처벌과 분명 훨씬 깊은 관련을 맺는다. 강간당한 여자들은 유년에서부터 노년까지 다양하다.[17]

강간이 이루어지는 세번째 상황은, 명백한 무처벌이 (최소한의 관리 조건인) 군사적·정치적 권위에서 생기는 암묵적인 지지에서 나온다는 사실을 더욱 강하게 추측케 한다. 이 상황은 로이 거트만이 1992년 8월에 폭로한 수용소 감금 캠프가 조성한 진정한 조직을 함축한다.[18] 강간은 남녀 포로들을 함께 감금하는 곳에서건, 여자들만 갇혀 있는 장소에서건 어디서나 일어났다. 무력으로 이루어진 임신은 이러한 감금 상황에서 이렇게 인용된다. “여자들이 감금되어 하루하루를 보내면서 강간을 당하던 몇몇 수용소에서, 강간하는 자들은 자신들의 목적이 여기 있는 여자들이 세르비아인 아이를 배도록 하는 것이라고 서슴없이 말했다. 여자들은 임신이 진척되어 낙태가 불가능할 정도가 될 때까지 수용소에 갇혀 있었다. 임신이 되지 않으면 그녀들이 피임 도구를 썼는지 알아보기 위한 검사——의사들이 준비하고 있었다——가 강제로 행해졌다. 그런 경우가 아니면 여자들이 콘돔을 구할 수 있었는지 알아보기 위한, 강간자들을 포함한 조사가 이루어졌다.”[19] 많은 증언들이 수용소에 머무는 동안 목숨을 잃은 여자들에 대해 말하기도 한다. 우리 생각에 때때로 젊은 강간자는 강간이 강요되기 전에는 성 경험이 전혀 없던 이들로 역시 희생자이기도 하다. 아이들이 있는 어머니는 특히 더 고통스러웠다. 수레에 머리를 부딪치면서 자살한 한 젊은 처녀의 사례는 그 고통의 정도를 말해 준다. 이때의 강간은 ‘체계적으로’ 저질러지고, 이 체계주의의 기준은 지리적·이념적 틀에 그 흔적을 남긴다. 벨그레이드에서의 전쟁 선전은 코소보 내 알바니아인들이나 보스니아 회교도들의 과도한 출산이 순수 세르비아인 인구에게 주는 위협을 충분히 이용한다. 여기에서 ‘백색의 페스트’가 작용한다. 그것은 수 세대 동안 ‘민족이라는 광기’에 사로잡힌 세르비아 국민을 조용히 없애는 ‘터키인’[20] 후예들의 ‘침실 식민주의’가 만들어 내는 낮은 소리의 집단 학살이다. 이 주제는 세르비아 민족주의 부흥을 진정으로 고무시킨(1986년 유포되고, 세르비아 민족주의를 위한 당 노선의 변화를 담은 《벨그레이드 한림원 비망록》[21]을 개작한), 그리고 1993년 축출되기 전 밀로세비치와 연합한 도브리카 코직의 여러 저서(《라신》이란 소설에서처럼)에 나타나기도 한다. 국가적인 출산율 저하라는 강박과 연관된 출산 기능의 정치적 관심은 전체주의 체제들에서 나타나는 사실이다. 문제의 강간은 적은 인구라는 생각, 혹은 여성 간음이란 생각을 견딜 수 없게 하는 이 공통의 상상계에 참여한다. 즉 여성의 간음은 ‘혼혈’과 다른 민족(혹은 인종)의 정체성 침입을 허용한다. 집단의 정체성 계승에 있어서 남성의 책임을 당연시하는 조건에서 말이다. 군인 문화 혹은 민병 문화의 문제는 사회학자들이 연구해야 할 것이다. 현지에서 우리는 특별한 표지와 문신, 귀걸이와('하드록' 뮤직, 람보 유의 미국 영화들, '비디오' 세계와 이어진 취향이 사라져 버린 물건 같은 것들의) 유행에 대한 선택이 다음과 같은 사실을 입증함을 주시한다. 즉 그것은 용맹하고 '민족적인' 국가주의적 이념이 전반적이고, 전세계에 유포된 현대의 문화 생산물로부터 양분을 얻는다는 사실이다. 20세기말 새로워진 대중의 정체성을 '고풍주의'의 순수한 재발로 여기는 것은 사회학적으로 옳지 않다. 체계적 강간을 인정하는 젊은 민병대원은 도시의 생활 양식과 세계적으로 조성된 현대 하위 문화를 체계적으로 공유한다. 법적 차원에서의 페미니즘 발전은 전세계적으로 전개되는 현란한 통합적 남성성에 위배되는 것 같지는 않다.

이 강간 전체에서 두 가지 양상이 구분된다. 이들 양상은 민족 청소의 대상이 되는 사람들에게 가해진 고문이 극단적으로 잔혹하다는 상황 속에 새겨진다. 이 양상은 성인 여자(그러나 남성이기도 한)인 적에게 가해지는 성 고문으로 규정될 수 있고, 어떤 사람들이 강제로 다른 사람들에게 당하는 것을 목격해야 할 경우 그 정신적 고통은 한 가족 혹은 한 공동체의 전체 구성원들에게 공유된다. 이때의 논리는 희생자의 고통을 추구하는 것처럼 보인다. 그가 가장 강하게 지지하는 바가 이지러지는 것에 비하면, 희생자의 죽음은 아주 가벼운 것에 지나지 않는다. 그러므로 강간은 신성모독에 속하고, 민족 청소는 성 고문과 회교 사원과 도서실을 부수는 행위만큼 끈질기게 묘지를 파헤치기도 한다. 이런 청소의 표적이 타자의 물리적 출현뿐 아니라 그의 집단적·문화적 정체성, 그의 가치이기 때문이다. 이것이 강간의 두번째 양상으로 이들 강간은 고문의 수단이기 때문에 처벌받지 않는 전시 상황 속에서 시행될 뿐 아니라, '민족' 청소와 대량 학살의 방법으로도 행해진다. 이 말은 글자 그대로 이해되기 전에 우리를 거북하게 만든다. 신념 체계 자체가 혈통과 자궁을 상대로 하는 범죄에 의미를 부여하는 것이다.

  민족 청소는 공동 묘지를 만들면서 과거와 관계되고, 강간과 강요된 임신으로 침략하려는 미래와 관계를 맺는다. 강간하는 자는 미래의 현장에서 싸우는 것이기 때문에 군인이지 범죄자가 아니다. 그가 자주 목졸라 죽였던 적진 남자들의 자리를 빼앗으면서, 강간하는 자는 적의 **집단을 한꺼번에 소거하는 방식이 아니라 여자들의 자궁에서 적의 출생을 무마하는 방식을 택하는** 일종의 효율적 대량 학살을 시도한다. 역설적으로 임신 순간, 태아 생식 세포 상태인 타자의 미래를 소유하고자 하는 강간에는 또한 그 과거를 없애려는 의도도 있다. 미래의 이 생식 세포가 집단의 '원천적' 정체성을 함유하기 때문이다. 강간은 어머니의 태내에서 타자를 재구성하고, 이 타자를 처음부터 다시 출발시키려 한다. 부코바르라는 아름답고도 역사적인 소도시의 함락 이후, 1991년 11월 16일, 이 도시의 초민족적 새 권력 기관들은 순진하게 이렇게 선포했다. "우리는 이전 도시보다 더 오랜 역사의 세르비아-비잔틴풍으로 부코바르를 재건할 것이다!"

결 론

  1991년 이후 구유고의 무장 단계에 따라 분열된 구유고 분쟁의 기원은, **이 갈등이 일어나는 동안** 다양한 외부 기관들이 영향력을 행사한 (정치적·외교적·법적) **정보 처리와** 관련 있다. (현존하는 여러 분야들의 시선을 포함한) 많은 시선들이 목하 생산중인 사건들을, 그리고 거기에서 아직 미완의 의미를 찾는 사건들을 지켜보고 있다. 아마도 하나의 분쟁이 위성을 통한 감시를 포함해 그토록 많은 감시를 받는 경우는 드물 터이고, 희생자들이 이해받지 못하는 경우도 드물 것이다. 상이한 '역사적' 판본에 대한 논쟁은 현재 진행중인 사건과 같은 시대에 벌어지고 있다. 그러나 일어난 일이 이미 정치적 현대성이란 개념을 바꿔 놓았다. 전쟁의 상흔은 외부 시선들을 파멸시키기도 한다. 정치적 폭력에 대한 사회학에서의 고전적 질문은 또다시 연구자들에게 질문을 던진다. 몇 년 전부터 프랑스에서 나타나는 이 주제에 관한 출판물과 토론회의 횟수가 그것을 입증하는 것처럼, 이 정치적 비극이 사회과학의 실패였다는 듯이 말이다. 그러나 성의 차이와 정치 폭력의 관계 역시 재고되어야 한다.

벨그레이드에서와 마찬가지로 프랑스에서도 극우 민중 민병 민족주의 부흥에 참여하는 여성 정치인들은 많다. 그리하여 교육자로서, 이 여자들은 여자의 가치는 과소 평가하고 폭력과 용맹함 같은 것을 중시하는 신념 체계에 참여한다. 이런 의미에서 그녀들은 전쟁 폭력의 유일한 희생자가 아니다. 그러나 이 지역에서 그녀들은 민족 청소를 행하는 민병대나 군조직 민간인 집단에 참여하지는 않는다. 그곳에서 여성 조직원들을 마주친다 하더라도[22] 분명 많은 여자들은 희생자 쪽에 있다. 군대가 민간인들을 표적으로 삼을 때 여성은 사정거리 안에 있다. 여성은 반드시 전통적 차별 속에서 파악되고, 그녀의 몸은 무장하지는 않았지만 노인들과 어린아이들에 둘러싸여 있으며, 가족 공간에서 쫓겨난다. 체계적 강간, 다시 말해 전시 행위로 합법적이기 때문에 체계적으로 이루어질 만큼 매우 의미심장한 이 강간이 혈통 계보——현대전에서 이는 **여자들의 태내에 위치하지만 아버지와 아들을 이어 주는 것으로 생각된다**——라는 끈을, 그러므로 가정이라는 단위를, 결국 대가족으로 인식되는 공동체 전체의 단위를 표적으로 삼기 때문이다. 전시 행위로서의 강간에는 정치가 그 정의상 가정이라는 기반으로 되돌아간다는 점이 포함된다. 이 신념 체계는 낡아빠진 것인가, 아니면 반대로 현대전의 선전에 대한 기호론적 연구를 통해 성공적으로 재해석되는가?

체계적 강간의 발생은 전쟁과 난폭한 오래된 가치들이 때때로 재발시키는 기호(un signe)인가(여기에서 배출구라는 개념의 화산 용어가 자

주 이용된다)? 사실 증오의 근거가 어떠한 것이든 그래도 아들인, 혈통
에 유입된 적을 선호하는 집단 전체의 경향에 의문을 제기해야 한다
── '부르주아지'라는 욕설 자체는 실제로 부르주아지의 아들만 지칭
하고, 부르주아지가 된 이는 '프롤레타리아'의 아들로 남는다──여성
이 그 주된 상투적 표현, 다시 말해 성적 기능으로 규정되었다는 사실
로 미루어 이는 증오의 대상 속에 이 혈통 관계를, 그러니까 그 환경을
강제로 새기는 것이다. 군사적·정치적 억압책 가운데 강간의 가장 현
대적인 명백함은 제거해야 할 적의 민족성 정의와 연관 있다. 거기에
서 적이 번식하기 때문이다. 적의 한 계급에 대한 민족 정책은 '청소'
중의 강간을 합법화한다. 우리는 암묵적으로 '혈연 관계'로 이어진 한
집단의 구조 자체를 '민족 생성'으로 지칭한다. 이 집단의 속성과 구성
원의 실제 민족적 기원이 어떠하든 말이다. 스탈린이 자신의 정적 집단
전체를 암살할 때, 그는 그와 연합한 이들뿐 아니라 그들의 친척에게도
적의 개념을 확장시켜 적용한다.

　구유고[23]에서나 르완다에서나 '선조 때의 증오'는 '잔혹 행위,' 그러
니까 강간의 원인이 아니다. 오히려 그 반대로 작용한다. (강간) 행위의
잔혹함은 적의 재건, 다시 말해 그 민족적 발생과 관련된다. 유고에서
와 마찬가지로 프랑스에서도 사회에는 증오의 대상을 만들기 위한 기
반으로 작용하는 수많은 구분과 나이 차이, 종교적 차이, 환경과 국적
의 차이 등이 항시 존재하고, 서로 엇갈린 증오는 평화시에 사회 관계
를 구축한다. 서로 모순되는 다양성은 민주주의의 증거물이다. 그러나
때때로 적이 되는 한 집단은 집단적 증오에 좋은 대상이 된다. 그리고
차이에 관한 유포된 이야기들, 그리하여 아무 처벌도 받지 않는 잔혹
함이 이 대상을 지칭한다. 이 집단은 '타자들'이 되어 '우리'를 위협하
며, 경계의 골은 더욱 깊어진다. 이때 대화의 공간은 적의 모습을 구축
하는 부식토이고, 이 혼합의 공간에 여자들이 나타난다. 거기에 혈통 관
계로 정의되는 집단의 모습('민중' '인종' '민족'과, 심지어 이렇게 인용

된 용어들이 케케묵은 것이 될 때에는 '문화' 까지도)이 작용한다. 구유고에서 이민족간 결혼이 많이 이루어졌다. 어떤 젊은이는 자기 친구가 세파라드인지, 세르비아인인지, 크로아티아인인지, 보헤미안인지, 이슬람교도인지 '꽃-양배추' 인지 모른다. 이는 스스로를 '민족적이라고' 규정하는 행정부의 질문에 대한 이민족간의 결혼에서 태어난 아이들의 대답이다. 1974년 티토의 조사에서 '세르비아인' 으로도, '크로아티아인' 으로도 규정되지 않는 보스니아 인구를 나타내기 위해 이슬람교도 국적을 대문자 M으로 나타냈다. 그들은 무신론자일 수 있지만, 오토만 지배('이슬람교도' 는 그 수행자들을 지칭한다)라는 역사적 사실로 표시되는 이 지형적 분위기에 속한다. 모두가 남부 노예들이었기 때문에 '국적' 의 이러한 선택에서 '민족의 특징' 은 전혀 없다. 그러나 이런 선택은 유일 정당의 출현과도 관련 있는 정치적 행정적 요구에 속한다.[24] 중첩된 다양한 증오는 늘 '선조의 증오' 라는 형태로 재구축될 수 있고, 이때 역사적 기억은 '민족 발생' 의 정치적 생성 과정 속에서 종교적·'민족적' 구분을 도구화하기 위해 만들어진다. 이 '민족 발생' 에는 인구 통계와 사회학적 현실로 파악할 만한 것은 거의 없고, 때로 전무하기까지 하며, '민족 발생' 은 그 중 한 양상을 희화화하게 된다. 집단의 증오가 늘 의미론적 구조에 달려 있는 이상, 어쨌든 문제는 거기에 있지 않다. 그러나 그 인위성에도 불구하고 집단 증오는 잔혹한 이야기들로 자라나는 위협이란 개념으로 사회학적 유혹의 정치적 일관성을 유지한다.

　적이 인위적으로 규정될수록 역사적 기억의 동기화는 신화적이 되고, 잔혹함은 정치의 거짓 범주를 사회 현실 속에 새기는 도구가 된다. (예를 들면 파시스트 체제의 창설 같은) 어떤 조건에서, 적에 대한 공식적 정의는 귀화한 과거의 혈통에 개입하면서, 다시 말해 혈통 관계를 거치면서 기록을 바꾼다. 성 고문의 정치적 용도는 집단 정체성을 조작하면서 (때로 거의 드러나지 않는) 기록의 이런 변화에 직접 관련된다.

1) 난민의 수는 HCR(난민을 위한 상급 위원회)에 따라 정해졌다. 달에 따라 2백만에서 4백만 명의 사람들이 전쟁 때문에 자국에서 추방당했다. 그 중 1백만 명의 사람들은 민족 숙청의 이유로 곧바로 추방당했다. 1991-1992년이 되자 약 50만 명의 난민들이 독일에, 약 70만 명은(이주자들과 난민들) 크로아티아에, 적어도 30만 명은 오스트리아에(약 5만 명은 프랑스에) 받아들여졌다.

2) 사라예보의 코세보 병원의 정신과 장비로 인해 우리는 함락기 내내 (일관성 있는 전문적 계획과 관련된) 외부인의 효과적인 방문이 없었다는 사실을 믿게 되었다. 사라예보의 다른 지역보다 상대적으로 덜 폐쇄적이었음에도 불구하고 말이다.

3) 예를 들어 G. -M. 슈누의 《발칸의 마지막 전쟁인가? *Dernière Guerre des Balkans?*》에 나오는 〈백인들, 혹은 평화를 위한 길의 유럽〉을 보라. Général Cot(dir.), L'Harmattan, 1996, pp.85-112.

4) R. 거트만, 《보스니아, 집단 학살의 증인 *Bosnie, témoin d'un génocide*》, Paris, Desclée de Brouwer, 1994. 프랑스에서 몇몇 ONG는 그들의 자료들을 출간했다. 즉 이 세계의 의사회, C. 불랑제, B. 자크마르, P. 그랑종은 《유고슬라비아라는 지옥, 전쟁 희생자들이 증언하다 *L'Enfer yougoslave, les victimes de la guerre témoignent*》, Belfond, 1994. 헬싱키 와치로부터 많은 부분을 인용해 온 《보스니아에서의 전쟁 범죄들 *War Crimes in Bosnia*》, 1992, 2 vol.은 《누벨 옵세르바퇴르, 구유고 연방의 검은 책, 민족적 숙청과 전쟁 범죄들 *Le Nouvel Observateur, Le Livre noir de l'ex-Yougoslavie, purificaion ethnique et crimes de guerre*》, éd. Arlea-Le Nouvel Observateur, 1993(1992년 실시된 조사 보고 자료들을 인용함)으로 번역되었다. 또 외국의 경우 Hrvaska Sveicilisna Naklada, Zagreb, 1992의 《1991-1992년의 크로아티아 대량 학살과 집단 학살 증거의 책 *Mass Killing and Genocide in Croatia, 1991-1992. A Book of Evidence*》도 참고하라. Velibor Colic의 《보스니아인들 *Les Bosniaques*》, éd. Le Serpent à plumes, 1994. 국제 적십자단 역시 보존하고 있던 역사적 습관을 깨는 《징벌 없는 범죄들 *Crimes sans châtiment*》이라는 책을 출간했다. Michelle Mercier(éd.), Bruylant, Belgique, 1994. 《부코바르 사라예보, 구유고에서의 전쟁 *Vukovar Sarajevo, la guerre en ex-Yougoslavie*》, V. 나움-그라프 (dir.) éd. Esprit, 1993. 《지옥에서 보낸 계절들; 보스니아 전쟁 이해하기 *Seasons in Hell: Understanding Bosnia's War*》, Vulliamy K. Lescure (ed.), Simon and Shuster, 1994. 법적 문제를 위해서는 K. 레스퀴르와 F. 트렝티낙의 《구유고에 대한 국제적 판결. 헤이그 국제 형법재판소가 사용한 양식 *Une justice internationale pour l'exYougoslavie: mode d'emploi du Tribunal pénal international de la Haye*》, L'Harmattan, 1994. 《국제 형법재판소 *Le Tribunal pénal international*》, colloque d'ICE, ENS, 1995, éd. ICE. 또 N. 시가의 《보스니아에서의 집단 학살, 민족 청소 정책 *Genocide in Bosnia, the Policy of Ethnic*

Cleansing》, Texas, A & M University Press, 1995와 인간성과 국제법에 어긋나는 범죄 조사 기관의 출판물인 《보스니아 침공과 보스니아인들을 상대로 한 집단 학살 *The Aggression on Bosnia and Genocide against Bosniacs*》, Smail Ceric, Sarajevo, 1995를 보라. 이 전쟁이 진정으로 중단될 때, 구유고에서 온 수많은 잔인한 (역사적·법적·문학적) 저작물들이 번역될 것이다.

5) 유네스코는 바로 이 주제에 관한 세리프 바시우니의 《성폭력, 구유고에서 보이지 않는 전쟁 무기 *Sexual Violence an Invisible Weapon of War in the Former Yougoslavia*》(《국제 인권법 기구 De Paul University College of Law 1996》, 프랑스에서 출간 준비중) 같은 최근의 종합적인 자료에 서명을 했다.(1995) 강간에 대한 최초의 종합적인 작품은 A. 스티글메이어의 《집단 강간, 보스니아-헤르체고비나에서 여성을 상대로 한 전쟁 *Mass Rape, The War against Women in Bosnia-Herzegovina*》, University of Nebraska press, Lincoln and London으로 이는 1993년 A. 스티글메이어가 희생자와 함께 독일에서 실시한 조사를 기반으로 한 책이다.

6) C. 바로아의 《외상성 신경증, 정신적 충격으로 인한 무기력을 위한 정신 요법 *Les Névroses truaumatiques, le psychothérapeute face aux détresses des chocs psychiques*》, Dunod, 1988를 보라. 또 1993년의 중요한 출간물인 P. 윌슨과 B. 라파엘 (ed.), Blenum Press, New York, Londres 《외상성 스트레스 신드롬에 대한 국제 안내서 *International Handbook of Traumatic Stress Syndromes*》는 환자(여자들과 아이들) 유형의 변화와 관련된 질병의 변화를 설명한다.

7) 여자들이 대부분의 난민들을 이루고, 그녀들이나 아이들 때문에 자주 의사들의 진찰을 받으러 온다. Z. 세파로빅의 《Masovna Silovanja Kao Ratni Zlocin》, Documenta Croatica, Zagreb, 1993을 보라. 또 전쟁 희생자들을 돕기 위한 《사회-심리학: 보스니아-헤르체고비니아와 크로아티아에서 온 여성 난민들과 그 가족들 *Psyco-Social Help to War Victims: Women Refugees and their Families from Bosnia-Herzegovinia and Croatia*》, L. T. Arcel, V. Folnegovic-Smalc 및, D. Kozaric-Kovacic, A. Marusic(ed.), 고문 희생자들을 위한 국제 재정착위원회, Zagreb, 1995를 보라. 프랑스에서 C. 보네는 정신의학-정신분석학자로서 구유고와 르완다에서 일어난 강간에 대한 여러 조사를 실시했다. 요점을 간추린 논문 〈성폭력의 정치적 용도, 민족 숙청(구-유고 1991-1995) *Usage politique des violences sexuelles, le nettoyage ethnique(ex-Yougolavie 1991-1995)*〉, V. 나움-그라프 (dir.), éd. E. Carvhalo, 1997년 파리에서 출간 예정이다.

8) 보스니아 난민 여자의 증언에 따른 세르비아 병사의 표현(1993년말 우리가 접할 수 있었던 자료이다).

9) 예를 들어 S. 오두아루조의 《적군의 자식, 1914-1918 *L'Enfant de l'ennemi, 1914-1918*》, Paris, Aubier, 1995를 보라.

10) 《증오의 미디어, 구유고와 르완다에서 미디어의 역할 *Les Médias de la haine,
le rôle des médias en ex-Yougolsavie et au Rwanda*》, Paris, éd. Reporter sans Fron-
tières, 1994를 보라. 르완다에 대한 C. 비달의 논문 열정의 사회학, 《꼬트-디부아르,
르완다 *Sociologie des passions, Côte-d'Ivoire, Rwanda*》, Paris, Karthala, 1991을 보라.
또한 집단 학살 이후 (특히) 《현대지 *Les Temps modernes*》에 정기적으로 실린 그의
중요한 기사들도 보라.

11) F. 헤리티에, 《남성/여성, 차이의 인류학 *Masculin/féminin, anthropologie d'une
différence*》, Paris, Odile Jacob, 1996.

12) 이 유동적인 기록은 HCR에 의해 이루어진다. 이주한 사람들은 자국 내부에서
이동한 이들이고, 난민들은 어쩔 수 없이 국외 이주민들이다. 떠나기로 한 선택은 그
지역에서 발생한 분쟁 이전에 일어날 수도, 혹은 이 분쟁의 결과일 수도 있다. 1995
년 공식화되고 부분적으로 헤이그의 TPI에 제출된 CIA의 자료는 1백만 명의 보스니
아인들이 초국가적 세르비아 민족 청소의 방침 때문에 추방당했다는 사실을 인용한다.

13) 벨그레이드의 반체제인사인 Z. 파픽은 유고 전지역에서의 사망자가 약 36만 명
이라고 제시한다. 다른 한편 1994년 겨울에 확인된 14만 3천 명의 보스니아 사망자
명부가 보스니아 전쟁범죄위원회에 의해 확정될 수 있었다. 이 숫자는 1996년에 더
높이 조정되어야 했다.

14) 이 모든 정보는 1992년 이후 난민 캠프에서 실시된, 그리고 처음부터 끝까지
본질적으로 여자들로만 구성되지 않은 난민들과 함께 작업한 한 정신의학팀과의 연
계로 이루어진 그 지역 조사중에 저자가 수집한 정확한 자료에서 얻은 것이다.

15) 여기에서는 1991년 크로아티아 전쟁 동안 일로크 지역에 위치한 여러 마을들
의 민병 부대들(Seselj의 '흰독수리들'과 Arkan의 '호랑이들'이 가장 많이 인용된다)의
점령과 관계 있는 1993년 저자가 수집한 증언들에 달려 있다.

16) 저자가 참고한 1993년 반자 루카 지역의 국제 기구가 파견한 관찰자가 수집했
지만 출간되지 않은 자료이다.

17) 반자 루카 지역에서 102세의 노파가 학대를 받았는데, 자료(1993년 국제 적십자
의)에서 강간인지는 명확하게 밝히지 않았다. CICR이 제공한 정보: "1993년 8월 30
일 반자 루카에서 민족 숙청은 계속된다. 102세의 한 할머니를 상대로 자행된 야만
적인 행위가 확인되었는데, 그녀의 사지는 다 부러져 버렸다." 《징벌 없는 범죄, 1991-
1993 구유고에서의 인류의 행동 *Crimes sans châtiment, l'action humanitaire en ex-
Yougoslavie 1991-1993*》, *op. cit.*, p.226.

18) 1992년 8월 2일, 《뉴스데이》, R. 거트만의 《집단 학살 목격 *Témoin d'un
génocide*》, *op. cit.*로 재발행된다. 이 포로 수용소에서 죄수들은 재판 없이 투옥되고
고문은 체계적으로, 학살은 제멋대로 이루어지고 기근은 계속된다. 포로 수용소는 아
무런 일관성 없이 세워진다. 여기에서는 오래된 탄광이, 다른 곳에서는 학교가, 또 다

른 곳에서는 공장이 수용소가 되었다. 어떤 마을은 주민들이 굶어죽는 감옥-게토스가 되기도 했다.

19) 유네스코의 보고서, 《전쟁 무기로서의 강간 *Le Viol comme arme de guerre*》, 집행위원회의 결의안 141 EX/9.3과 27차 총회의 결의안 11.1-11.6, 1995, p.11.

20) 1991-1995년 《성폭력의 정치적 용도, 구유고 1991-1995 *Usage politique des violences sexuelles, ex-Yougoslave 1991-1995*》에 실리게 될 M. 쿨라시의 논문 〈유고슬라비아와 세르비아 역사에 있어서의 강간〉을 보라. 벨그레이드 페미니스트들의 운동은 "당신들, 세르비아 여인들은 아이들을 많이 낳아야 한다"라는 주제에 대해 밀로세비치 당과 근접했었다. 우리에게 정보를 제공한 여자는 이렇게 대답했다. "그렇다, 그러나 피부색이 다른 남자들의 아이들이어야 한다."(1993년 수집한 정보)

21) 이는 1986년 벨그레이드에서 은밀하게 유포되고, 일시적으로 밀로세비치와 연합한 위대한 소설가인 도브리카 코직 주변의 집단에 의해 수정된 자료이다. 이 자료의 전반부에는 티토의 실패에 대한 복잡한 분석이 (그 당의 수사법 스타일로) 이루어지고, 후반부는 코소보의 알바니아인들이 코소보 세르비아인들에게 가하게 되는 대량 학살의 위협을 근간으로 이루어진다. 이 자료는 새로운 공식 노선 선택에 있어서 전환점을 기록한다.

22) 이 증언은 여자들의 개인적 모습을 인용한다.

23) 금세기말 유고 전쟁에 관한 연구는 많지만, 우리는 여기에서 이 연구를 인용할 수는 없다. 그렇지만 다음의 책들을 인용할 수는 있다. I. 바낙, 《유고에서의 민족 문제·기원·역사·정책 *The National Question in Yougoslavia, Origins, History, Politics*》, 1984, Cornell University Press, Ithaca-Londres. 이 기본적 저서는 계속 거듭 출간되지만 프랑스어로 번역되지는 않았다. P. Garde, 《유고에서의 삶과 죽음 *Vie et mort de la Yougoslavie*》, Paris, Fayard, 1992. J. 크룰릭, 《1945년에서 현대까지 유고의 역사》, éd. Complexes, Bruxelles, 1993. M. 루, 《유고의 알바니아인들. 소수 민족 영토와 발전 *Les Albanais en Yougolsavie. Minorité nationale, territoire et développement*》, Paris, éd. MSH, 1992. J. 루프닉, 《사라예보에서 사라예보까지 *De Sarajevo à Sarajevo*》, éd. Complexes, Bruxelles, 1992. 가장 최근의 작품으로는 H. 스타크가 요약한 뛰어난 논문을 보라, 〈유고전의 사실적 역사〉, 〈발칸의 마지막 전쟁? 구유고 진술과 분석·전망 *in Dernière Guerre balkanique? Ex-Yougoslavie. Témoignages, analyses, perspectives*》, J. Cot (dir.), L'Harmattan, 1996, pp.19-47.

24) 인류학자 J. -F. 고시오와 경제학자 C. 사마리의 많은 연구들이 여기에서 중요한 의미를 지니고, 또한 순수하게 행정적·정치적 범주의 '민족 발생'을 다룬다.

추 신

주느비에브 프레스

스트린드베리의 여성 혐오적
시선으로 본 노라의 모습

　노라는 입센의 여주인공으로, 19세기 페미니스트 혁명을 나타내는 상징적 이미지이다. 노라는 자신의 영혼과 품위를 잃지 않기 위해 남편을 떠난다. 반대로 스트린드베리에게 노라는 여성적 악의 전형, 쓸데없는 요구들로 남자를 괴롭히는 여자다. 누가 누구에게 폭력을 행하는가? 이는 여성혐오증을 해석할 때, 특히 양성의 동등성에 대한 현대의 논쟁으로 이 여성혐오증이 배가될 때 일어나는 본질적 질문이다.

　양성간의 전쟁이 존재한다면, 남자와 여자 이 두 교전 당사자들은 그 역할을 공유하게 된다. 상대방이 없다면 지배적인 남자와 불평하는 여자는 드러나지 않을 것이다. 갈등과 오해 사이로 남자와 여자의 관계가 들어선다. 또 오해하는 것은 원인을 잘못 이해하는 것이다. 진정한 노라, 입센이 생명을 불어넣은 그녀, 로라 키엘레는 교수인 자기 남편을 구하기 위해 몰래 돈을 빌린다. 이혼은 이 불일치에서 생긴다. 그러나 누가 누구에게 폭력을 저질렀는가? 대답은 미묘하다.

　양성간의 전쟁이 적합한 이미지라면, 사랑 자체는 정복과 패배라는 언어로 이 사실을 말해 준다. 전쟁은 양성간 대화의 메타포로 전쟁과 사랑은 서로를 살짝 스친다. 사람들은 "전쟁과 사랑은 비슷하다"고 말하지만, "전쟁이 아니라 사랑을 하라"라는 의미이기도 하다. 그리하여 전쟁과 평화는 남자들과 여자들간의 개인적·집단적 관계를 직조한다.

　이 단순한 사실을 넘어서려면 어떻게 해야 하는가? 양성간 각각의,

그리고 상호적 폭력이 어떻게 분절되는가를 이해해야 한다. 우선 폭력과 믿어지지 않는 일에 대한, 그리고 믿을 수 없는 일에 대한 보고서에 이해할 수 없는 점이 있다는 사실을 지적해야 한다. 그런데도 거기에 다음 텍스트가 자리잡고, 그 이유가 폭력을 조장하며 이 싸움이 폭력을 조직한다. 따라서 폭력을 '읽고,' 그 표현을 주관하는 논리를 재구축할 수 있다. 그리하여 폭력을 읽어내는 일은 양성간 폭력에 대한 분석을, 정확하게 말해서는 그 역사성을 시작할 수 있다.[1] 폭력은 담화 없이는 진행되지 않는다. 천부적 사실이 아니기 때문이다. 익히 알려진 그 경험적 사실을 넘어서 양성의 차이를 생각해야 한다는 점이 폭력의 역사적 변화를 인식하는 일에 포함된다. 폭력의 언어적 역학 구조를 분석하는 일이 그에 대한 폭로를 방해하지는 않을 것이다. 그러나 반대로 폭력은 그것을 행하는 이, 여자 또는 남자인 주체 모두에게 속할 것이다. 그리하여 양성간 전쟁은 아주 태곳적부터 있어온 것도, 결정적이지도 않은 듯하다. 이 전쟁은 그저 역사적으로 존재할 뿐이다. 승자에게도, 패자에게도.

여성혐오증을 읽을 수 있다고 생각하는 것, 이는 여성혐오증을 인정한다는 것, 이러한 인정을 가정하는 것, 혹은 이해하는 것, 거기에서 수용할 만한 의미를 찾아내는 것일까? 철학자나 작가의 여성혐오증을 읽는 일은 불가능한 시도, 비합리적인 것에 이유를 붙인다는 점, 혹은 선입견과 무례함 같은 것들이 이 세상에서 가장 많이 공유된 사물들일 수 있다는 점을 인정하는 것인가?

어느쪽도 아니다. 기록으로 남은 여성혐오증을 읽어낸다는 것, 모욕과 욕설 너머에, 성급하고 고통스런 판단 너머에 문장 형식의 여성혐오증을 읽는 것, 이는 어떤 상황을 제시하는 일이다. 당시의 역사와 개별적인 상황들이 아니라 독특한 의미가 담긴 텍스트, 열정적인 저작을 지탱하는 논리를 제시하는 일이다.

이 열정적 공간이 양성간 관계의 역사를 분석하기 위한 지적인 공간
이 될 수 있다는 점은 분명한 것 같다. 열정의 이 명민함으로 인해 사
랑이 정치와 교차하는 남자들과 여자들간의 쟁점이 조명된다는 것, 그
것이 이 텍스트의 가설이다. 달리 말해 양성의 차이를 쓰고 읽는 일은
그 내용이 어떤 것이건간에 철학과 정치의 역사 속에 각인된다.

일반적으로 사람들은 여성혐오증을 읽기보다는 설명하기를 더 좋아
한다. 또 그에 대한 하나의 요인, 특히 정신적 기원을 찾으려고 한다. 이
는 유년기의 사건과 외상, 어머니와의 결핍된 해로운 패배적 관계를 말
한다. 그런데 그 원인에 대한 이런 연구의 기능은 정확하게 말해서 의
미를 제거하고, 그것을 말하지 않는 것이다. 이것이 현재 내가 충격적
사건에 대한 질문은 유보하고, 작가의 유년기에 의지하는 쪽을 선호하
는 이유이다. 나중에 그리로 되돌아와야 할 것이다. 당장에는 논리와
전반적인 상황에 머물러 있는 셈이다. 여기에서 고작 2천 페이지나 그
이상의 몇몇 자선전적 작품들에 기대고 있는 만큼 스트린드베리에 대
한 나의 작업은 아주 수월하게 이루어진다. 이 작품들에서 우리는 자
서전이 세계 전체와 개인적 역사의 반향이라는 사실을 알게 된다. '양
성간 전쟁'을 아주 정확하게 다룬 이야기인 《어느 광인의 변명》에서
그렇듯이 그는 여자들과 자신의 차이를 설명하는 동시에 자기 변명을
한다. 그가 변명하는 이상, 이는 우리가 오늘날 논쟁거리를 주는 단계
에 처한 당연한 이유이다.

우리는 늘 여성혐오증을 불변적인 것, 양성간 관계에서 불가피하고
다른 것으로 교체할 수 없는 요소로 표현한다. 분명 일상 생활은 되풀
이되고 반복적이다. 그러나 그것은 문학적·지적 삶의 부수적 형태이기
도 하다. 겉으로 드러나는 연금술에서처럼 눈으로 확인할 수 있는 그
남용에도 변화하는 형태를 이야기해 보자. 어느 누구도 19세기말이 남
용의 한순간일지도 모른다는 사실을 수수께끼로 여기지는 않는다. 아마
도 17세기말에 대해서도 똑같이 말했을 것이다. 그러나 매번 쟁점이 같

은 것은 아니다. 몰리에르가 남자와 여자의 비교된 재능과 지능에 관해 논쟁을 벌였다면, 스트린드베리는 여자가 남자의 위치에서 스스로 갖게 되는 노예 같은 위치에 대해 논쟁한다. 양성의 차이는 역사를 거슬러 올라간다.

희생자의 정체성에 관한 이 논쟁은 정확하게 말해 그것을 탄생시키는 20세기 페미니스트 활동으로부터 뚜렷이 부상한다. 잘 알려진 바와 같이 여성혐오증은 여자들의 해방에 대한 반발이다. 그렇다. 그러나 정치적 해명은 부분적으로 규명된다. 우리가 신속하게 파악한 바로는 그것은 형이상학적 목록과 교차하는데, 이 점이 스트린드베리의 독특함이다. 미셸 푸코의 표현을 내 식대로 사용한다면, 정치와 형이상학이 여자들에 대한 성찰 속에서 서로 혼합된다는 사실은 성이 '진실의 쟁점'이 되는 한 세기에 방대한 전망을 열어 준다. 민주주의적 공동의 장에서 성의 차이를 재규정해야 하는 이상, 이것이 진실의 쟁점이고, 형이상학의 쇠퇴 속에서 여자가 남자와 신 사이에 위치하기 때문에 진실의 쟁점인 것이다. 진실을 정치, 형이상학의 이중적 쟁점과 결합시키는 스트린드베리는 분명 독창적이다.

스트린드베리가 여성혐오주의자라는 사실은 말해야 할, 아니 이보다는 인정해야 할, 그리하여 '잘못한 건지 잘한 것인지'[2]를 이야기해야 할 첫번째 사실이다. 잘못은 여자들에 대한 그의 관심으로 여겨진다. "요한에게 여성혐오자가 될 만한 자질이 있었다면, 그는 여자의 말을 제대로 듣지도 쳐다보지도 않았을 것이고 여성 모두를 증오했을 터이나, 그는 선천적으로 여자를 숭배했고 금방 다른 여자를 찾았다."[3] 오귀스트 스트린드베리는 여자들을 사랑하지만 해방에 대한 그들의 욕망을 '모호한 농담'으로 여긴다. "나는 거기에 속아넘어가지는 않지만, 그 결과 여성혐오자라는 낙인이 찍혔다."[4] 그는 여자들을 사랑하지만 페미니즘을 좋아하지는 않는다. 그렇다면 그를 여성혐오자라기보다는 안티 페미니스트라고 불러야 하지 않을까? 흔히 양성의 동등성 부인과 여자들에 대한 증오를 나누기는 어렵다. 또 자신의 '낙인'을 능숙하게 이용하는 오귀스트 스트린드베리에게 있어서 두 경우를 구분하기란 힘들다. 여자들에 대한 그의 사랑은 증오만큼 중요한 것이고, 여자들을 좋아하는 그의 취향은 해방 거부와 별개의 문제이기 때문이다.

여자들의 해방은 농담이다. 스트린드베리가 여자들의 억압을, 그녀들의 '노예화'를 믿지 않기 때문이다. 또 스스로를 남을 괴롭히는 사람이라기보다는 희생자로 여기고, 주인이라기보다는 노예로 생각하기 때문이다. 그는 '사방에서 굽실거리는 여자들을 보려는 편집증'에 '속아넘어가지' 않는다.[5] 분명 '하녀의 아들'은 다른 많은 이들보다 한가한 상류 계급 여자들을 겨냥한다. 그는 이 여자들을 남편과 노동자와 가장의 눈으로 가혹하게 묘사한다. "남자에게는 변명할 권리가 없는데도 여자에게는 실컷 신음할 권리가 있다니!"[6] 부당하지 않은가?

반대로 '독립적인' 여자는 그의 관심을 끈다. 그가 차례로 사귄 여자들의 인격에서 이 사실이 확인된다. 그러므로 그는 여자와 남자를 속박하는 것과는 거리가 먼 '현대적 결혼 생활,' '동료'[7] 같은 생활을 하는 여자들의 자유를 좋아한다. 그렇다면 피할 수 없는 긴장이 그 뒤를 따른다 해도 그런 여자들의 사회적 실존, 개인적인 실현에 적개심을 품지는 않는가? 여자들의 지성은 더욱 그의 관심을 끈다. 간단히 말해 페미니스트들은 많은 사실을 연구한다. 모순인가? 아니다. 여자들과의 필요한 거래를 탐색하는 일(이는 니체의 몇 가지 지적에 가깝다)에는 여자들의 일반적인 해방과 혼란에 대한, 그리고 양성간 위치와 역할 재규정에 몰두한 시기의 모순에 대한 부정적 시선이 배제되지 않는다. 그리하여 우리는 그의 애정 관계와 그의 저작 내용을 연결시키는 일에서 그가 겪었을 어려움을 상상하게 된다. 《어느 광인의 변명》에서 그는 그의 첫번째 부인이 여자들에 대해 그다지 호의적이지 않았던 그의 글들을 읽지 않았다는 사실을 기뻐한다. 수도원에서 그는 자신의 두번째 부인이 안티 페미니스트적 주장으로 설명된 첫번째 결혼 이야기를 우연히 알게 된 날 모든 것이 수포로 돌아갔다고 말한다.[8] 스트린드베리가 여자들을 몹시 증오하는 동시에 좋아하면서 안이함을 선택하지 않았다는 것은 사실이다. 쇼펜하우어 같은 전통적인 여성혐오자는 여자들과 극도의 은밀한 관계를 맺지 않으려고 매우 조심한다.

정치적인 일

자기 시대에 대한 그의 묘사가 많고 섬세한 만큼 스트린드베리의 장황함은 오랜 기간의 발전을 정당화할 것이다. 나는 그가 본 그 시대의 네 가지 주제, 모순의 네 가지 표현을 선택하면서 나 자신이 단순해져버리는 것을 깨닫는다. 해방과 노동자들 혹은 여자의 속성에 대한 표현, 남자 혹은 양성에게 개방된 노동 시장의 표현, '중성적 요인'에 직면한 성적 정체성에 대한 표현, 여자들의 새로운 정체성에 반대하는 모성에 대한 표현이 그것이다.

"고대 사회에서는 여자의 진정한 자유를 위한 어떠한 가능성도 발견할 수 없었다."[9] '낡은 가부장적 사회'[10]에서 여자들의 해방을 바라는 일의 모든 난점이 여기에서 생겨난다. 한데 무슨 해방인가? 우리가 알 수는 없다. 반대로 사회주의와 페미니즘 사이의 긴장을 보려는 그의 명석함은 분명하고, 해방의 상이한 요구의 분절에 의문을 던지려는 그의 의지 역시 그렇다. 그러나 그의 입장이 기이한 것은 페미니즘보다 사회주의가 더 우월하다는 사실에 타당성을 부여하면서도 사회주의자들에 대해 분개한다는 점이다. 그러나 분명 여기에 여자들에 대한 비판을 덧붙이면서 모든 것을 뒤섞는다. "그리고 아주 이상하게도 그는 사회주의자들에게 강한 일격을 가했다. 《결혼한 사람들》의 전반부에 오로지 한 가지 목적이 있기 때문이다. 즉 사회를 못마땅해하는 모든 이들을 사회주의와 다시 손잡게 하고, 이 사회가 여자에게 사회주의가 아니면 자유는 없다라는 유일한 대안을 제안하도록 하기 위함이다. 사회주의자들은 그를 뒤에서 공격했고, 그를 인정하지 않았으며, 그리하여 매우 거침없는 이 전투가를 폐기 처분했다. 단지 그가 이 여자들에게 공손하지 않았다는 이유 때문에 말이다.”[11] 그는 여자들의 자유에 대한 분석과, 그녀들에 대한 자신의 열정적 시선을 뒤섞는다. 특히 그는 무엇을 자유의 미래로 여기는지 모른다. 그는 유토피아적인 용어로 생각하고자 했지만, 파밀리스테르 드 기즈에 대한 견해는 그에게 모순적 이미지만을 제시한다. 집안 걱정에서 벗어난 여자들은 일도 찾지 못하고 권태에 빠진다. 더 나아가 선거권으로 얻은 그들의 힘은 남자들을 위협한다.[12] 새로운 균형의 창조는 아득하게만 보인다!

　많은 불화 요인 가운데 하나가 미묘한 두번째 주제인 '노동 시장'이다. 사실 가정을 유지할 책임이 있는 남자와 특수한 일에 몰두하는 여자의 구분이 사라진다면, 여자가 일하고자 하고 생활비를 번다면 남자의 임무를 다시 생각해야 한다. 그렇지 않으면 그는 여자들의 자유에 대한 욕망으로 인해 불안정하고 균형이 깨진 경제적·법적 상황에 갇히고, 가정 내의 노예가 된다. “여자가 남자의 영역을 침투해야 한다면, 남자는 한 가정을 유지해야 하는 의무가 면제되고 친자 확인은 금지되어야 한다.”[13] 그리하여 한 가정의 생계를 책임져야 하는 의무는 다른 의무로 떠오른다. 그것은 예를 들면 프랑스에서 19세기 페미니스트들이 그토록 많이 요구했던, 여자들을 위한 친자확인권에서 비롯된 의무이다. 이는 부르주아지 재산을 보호하기 위해 나폴레옹이 빼앗은 권리였다. 스트린드베리는 한 사회의 여러 모순들 속에서 논쟁을 벌이고 낙담하기도 한다. (남자만이 가정의 유일한 버팀목이라는) 경제적 불공정의 명목으로 부권제를 버리려고 한다. 동시에 그는 페미니스트이건 그렇지 않건 부의 축적을 위해서만 노동하려 한다고 말하면서 부유한 여자들의 한가로움을 고발한다. “그럼에도 불구하고 그는 여자가 남자와 경쟁할 수 있다는 사실은 공정하지 않다고, 남자는 가족 부양의 의무에서 적어도 부분적으로라도 벗어날 수 없을 것이기 때문에 오히려 그런 사실을 박탈해야 한다고 느끼는 듯하다. 왜냐하면 남자가 오로지 거대한 노동 시장만을 유지하는 것은 그곳에서 흘러나오는 강요이기 때문이다. 그리하여 만들어지는 것은 경쟁이 아니라 특권 추구이다. 또 여러 마리의 말 중에 하나는 1백 킬로미터를 달리지만, 다른 말은 전혀 뛰지 못하는 경주인 것이다. 그것은 공정한 경쟁이 아니라 친절이다."[14] 이 마지막 말이 모든 것을 말해 준다. 이 말은 불가능한 평등을, 금세기 초 이상주의자 샤를 푸리에가 꿈꾸었던 것, 즉 건전하게 서로 대결하게 될 두 자유 존재의 불가능한 평등을 말해 준다······.

그러나 여자들이 원하는 이 공유의 요구를 왜 그토록 경멸하는가? 왜 스트린드베리는 해방의 이 과도함 혹은 의심스런 경우와 여자들의 자유 원칙과 기반을 구별할 줄 모르고, 또 구별하기를 원치도 않는가? 그가 이 원칙을 알고, 때로 그 적용을 꿈꾸면서도 말이다. 현실, 너무도 불완전한 그 현실과 꿈같은 원칙이 너무 멀리 떨어져 있기 때문인가? 그의 사상 속의 유토피아를 생각한다면 아마 그럴 것이다. 또 그것은 스트린드베리가 패했기 때문에 세번째 주제가 된다. 즉 여자들의 해방이 사실상 '중성적 요인'으로 감춰져 있다는 것이다.

'중성적 요인'은 우선 단순하게 이렇게 이해된다. 남자처럼 행세하고픈 여자는 자신의 성을 잃고, 성 자체를 상실한다. 그것은 페미니즘에 저항하기 위해 혹은 민주주의의, 정체성의, 평등주의적 공간으로 유입된 양성의 혼돈에 대한 두려움을 표출하기 위해 19세기에 공통적으로 일어난 일이다. 그 자신에게는 너무도 분명한 성적 차이, 즉 성관계가 요인이 될 수 있다는 사실을, 또 어떤 여자들은 아이도, 성욕 자체도 갖지 않기로 결정할 수 있다는 사실을 발견하자 질겁한 스트린드베리를 우리는 쉽게 상상한다.[15] 그전에 당시의 진화론과 관계 있는 중요한 철학적 관심이 부상한다. "이 시대의 양성간 차이는 중성적인 몇몇 개인들에 의해 소멸되려고 한다는 사실로 타락이 예견된다. 양성간의 차이가 사라지면 인종은 그 힘을 잃을 것이고, 남자와 동등해지려는 여자의 시도는 매번 양성 모두를 점점 더 멀어지게 할 뿐이고, 그리하여 여자는 남자보다 열등해질 뿐이다."[16] 성 역할에 변화를 일으키고 변화시키는 행위로 두려움이 가중된다. 성관계 자체를 위해서나 동등한 인류의 미래를 위해서도 말이다. 각각의 우월성 사이에서 일어나는 남자들과 여자들 사이의 보완적 역할을 다시 일으키는 일이 더 중요해진다. 그리고 여자들의 엄청난 우월성, 남자들이 접근할 수 없는 우월성은 바로 모성이라는 우월성이다. 스트린드베리에게 모성은 극찬과 숭배의 대상이다.

그로부터 어머니라는 주제가 이어진다. 여자들은 모두가 잠정적으로 어머니들이다. 《어느 광인의 변명》은 아내의 모성으로 보호받고, '여자의 본능'이 모성을 이길 때 위험에 처하게 되는 한 남자의 이야기이다. '어머니를 출현시키는 것'은 그의 한 가지 강박관념이다.[17] 거기에서 아마존의 여전사들 혹은 유식한 체하는 여류학자들로 변화한 여자들에 대한, 혹은 그가 중성적 존재로 경험하는 페미니즘의 요구 사항 많은 어머니들에 관한 그의 몰이해가 생긴다. "중성적인 사람들 때문에 우리는 현재 한 가지 오류를 장려하려 하고, 또 잘못을 저질렀다. 그들의 요구 속에 어머니의 요구를 억지로 담으려 들면서 말이다."[18] 어머니들, 페미니스트 어머니들이 하는 요구는 어떤 것인가? 예를 들어 모성을 단지 자연적 사실, 그렇기 때문에 발전에 도움이 되는 사회 조직의 한 요소로 뿐 아니라 사회적 기능으로 분석하는 책을 쓴 엘렌 키의 요구가 있다.[19] 이 책은 또한 모성을 노동의 성적 분화로 여기는 20세기 페미니스트들을 예고한다. 그것은 스트린드베리에게 혐오스런 제목의 담화인데, 그 이유는 이 담화가 모성을 본능과는 다른 것으로 만들기 때문에, 진화보다는 숭배의 대상인 모성의 시적인 면을 없애기 때문에, 평범하게 이론화하려 하고 모성에 사회적 권력을 부여코자 하기 때문이다. "우리는 어머니들이 모성성으로 인해 스스로를 영예로운 존재로 여기는 것을, 이 모성을 강력한 요소로 보존하려 함을 본다. 그러나 다른 이들은 모성을 저급한 것으로 다루기 때문에 보편적인 사례들로의 대치를 받아들이게 된다."[20] 스트린드베리가 보기에 이 가련한 엘렌 키는 함정에 빠질 뿐이고, 모든 면에서 패배한다. "키 양은 대학의 학위를 얻으려면 몹시 아둔해져야 한다는 사실을 모른다. 그러므로 십중팔구 문학사 학위를 받는, 공부를 많이 하지 못한 이 여성은 개척자가 되지는 못할 것이다."[21] 사실 여자, 어머니에게는 더 이상 뚜렷한 자리가 정해질 수 없기 때문에 스트린드베리는 혼란에 빠진다. 그는 사회적 지형 안에서 혼란을 느끼고, 19세기의 많은 남자들처럼 혼란에 빠진다. 당시에는 성 자체, 성욕이 사라지는 것이라고 믿었기 때문이다.

형이상학의 역사

사람들에게 자연의 법칙을 벗어날 권리가 있는가? 여자의 해방이 자연을 상대로 한 반항이라면, 자연은 합법적인가? 정치가 결국 이 문제의 구체적 장면, 사회적 이미지 연출에 불과한 반면 결혼한 사람들의 서문에 명시된 이 질문은 철학적이다. 입센의 《인형의 집》 여주인공인 노라는 스트린드베리에게는 음험한 짐승이다. 그는 지속적으로 이 연극을, 아니 오히려 이 인물과 작가를 인용한다. 그의 자서전적 작품에서 스트린드베리는 보통 여성적 충동을 힘겹게 감추는 희생자로 주장되는 노라를 '가정 내 폭군과 위선자'[22]로 고발한다. 그러나 《결혼한 사람들》 서문에서, 그는 이 인물에 대한 보다 이론적이고 극단적인 이해를 제기한다. 자연의 법칙에서 벗어나려는 여자들의 권리에 대한 성찰을 바탕으로, 자연과 문명의 구분을 바탕으로 그는 이 반항이 정당한지 이해하려고 한다. "교양 있는 여자의 오랜 세월에 걸친 모성에 대한 불만족은, 그러므로 어떤 점에서는 자연스럽고, 명백하게 드러나는 자연에 대한 여성의 반항은 문명에 대한 반항이다."[23] 여기에서 내 관심사는 자연과 문명 사이의 대립에, 19세기가 그토록 견고하게 지지한 듯 보이는 여성 본성에 대한 확신에 있다.

18세기말부터, 특히 1800년 이후 여자들의 본성은 그녀들에게 어머니라는 역할을, 특히 공적이기보다는 사적이고 정치적이기보다는 가정 내의 위치를 맡기기 위한 강력하고도 반복적인 주제가 된다. 우리는 그 결과, 즉 민주주의가 발생하는 과정에서 여자들이 **공화국**에서 제외되었다는 사실을 알고 있다.[24] 프랑스 혁명 이후 필수적이었던 성관계를 재규정하는 중에, 여자들의 본성은 지극히 구시대적인 틀 안에서 기능적 가치를 지녔다. 혁신은 이 본성이 이타성을 인정하게 되는 작용을 지지한다. 다시 말해 남자에게 다른 곳을 재현하기 위함이다. 그것은 왕의 죽음과 왕정의 종말로 시작된, 형이상학의 완결로 예고된 초월성 상실을 보상하는 이타성이다. 남자와 여자의 이타성이 19세기 여러 표현들 속에서 그토록 무겁게 강화되고 특징적인 것이 된다면 이는 부재하는 타자, 왕 혹은 신을 감추기 위함이다. 나는 남자와 신의 관계가 남자와 여자의 관계로 전이한다는 가설을 세워 본다. 이 가설이 스트린드베리의 텍스트에 명백히 드러났을 때 나는 매우 놀랐다. 그것은 20세기 말, 그것도 후반부의 공식이었다. 즉 여자가 신의 자리에 있었던, 남자들 자신이 신에게 기도를 올렸던 초기 이후인 것이다. 여자가 구원 천사로 이상화되었던 낭만주의 시대는 잠깐이었다. 이것이 입센의 오류이다. "노라는 낭만주의의 괴물, 우리가 이상주의라고 부르는, 인간 존재들에게 인간들 자신은 신이고 지상은 작은 천국이라는 사실을 믿게 하려는 흥미로운 세계관의 산물이다."[25] 노라는 천사라기보다는 악마로 확인된다. 그러나 천사든 악마든 그 입장은 인간적이 아니다. 분명 이 주제는 전통 속에 흔적을 남긴다. 그러나 이때 그 기능 역시 달라진다. 자연이 문명과는 다른 것, 인간에게 본질적인 또 다른 세계인 것처럼, 여자의 초인적 입장은 인류에게는 필수적이다. 19세기 후반부의 인간은 스스로를 더 이상 신으로 여기지 않고, 프로메테우스는 야망을 잃었다. 그러나 그는 신 대신 여자를 유지한다. "거세된 종교성·공허감이 충족되고, 새로운 형식의 숭배 욕구가 다시금 내게 일었다. 신은 추방되었고, 여자가 출현했다."[26] "어느 날 요한은 무신론자인 한 젊은 예술가에게 신을 믿지 않고도 어떻게 살아갈 수 있느냐고 물었다. 이 젊은 남자는 우리에게는 그 대신 여자가 있어요라고 대답했다." 그리고 스트린드베리는 여자에게서 갑자기 어머니에게로 옮아가면서 계속 이렇게 말한다. "그러므로 어머니를 숭배하는 일이 변천의 강령과 함께 다시 생겨, 새로운 세대가 여자를 신과 교체했는가? 신은 가장 멀리 있는 원천이었다. 이 신이 전복되었을 때, 우리는 가장 가까이 있는 원천, 즉 어머니에게 사로잡혔다."[27] 초월로서의 신은 타자이고 다른 곳에 있지만, 또한 원천이기도 하다. 역사를 진화론의 바탕에서 생각하기 시작하는 세계에서, 신은 기원이고 원천이다. 20세기초 여자는 타자·자연으로 나타나고, 그리고는 기원·어머니로 등장한다. 그리하여 어머니는 '진정한 여자'라며 스트린드베리는 말을 계속 이어간다. 더욱이 페미니스트의 주장 자체와는 달리 여자는 그 서열을 지키고, 어머니가 될 수 있어야 할 것이다. "젊은이들은 어머니를 공공연히 경멸했고, 어머니라는 자리에 그들은 아마존 여인이라는 왜곡되고 메마른 형식을 세웠다. 잘난 체하는 여류 학자를!" 그는 이렇게 결론을 맺는다. 모성을 원천으로 여기는 신의 기원과 유사한 이런 논리에서, 또 다른 차원으로는 부성 추구에 있어서는 열의가 거의 없다는 사실이 알려진다. 그가 '어머니를 부상' 시키고자 할 때, 그는 자신이 최초의 여자를 사랑했던 것처럼 '동정녀-어머니'를 많이 생각한다.[28] 그렇다면 아버지의 자리는 어디에 있는가?

　노라는 스스로를 천사로 여기지만 악마일 뿐이다. 즉 여자는 선보다는 악을 더 많이 가져온다. 이 그리스도교적 주제에 다시 몰두할 때, 스트린드베리는 명철해 보인다. 여자가 배반자이고 거짓말쟁이기 때문에 악을 끌어온다면, 그녀는 어떻게 자신이 공정한 자와 불공정한 자로 여겨지는가를, 자신이 어떻게 죄인이 되는가를, 희생자가 되는가를 모르기 때문에 또한 악을 일으킨다. 그리하여 그녀는 죄인이면서 희생자이다. 같은 시대의 다른 사람들, 특히 프랑스에서 '새로운 이브'에 관해 말하고, 여자들이 학문에 접근하는 것을 두려워했을지도 모르지만, 스트린드베리는 사과를 따는 여자보다는 죄를 저지른 여자를 지칭한다. 즉 여자들은 스스로를 희생자로 생각하지만 사실 그들이야말로 폭군이다. 그들의 잘못이 이를 입증한다. 그 결과 그 여자들의 죄는 배가 된다. 그녀들이 악을 행하기 때문에, 또 책임을 회피하기 때문에.

여자는 신을 대신했고 타자의, 다른 본성의 역할을 수행하며, 그리하여 남자의 삶에 초월이란 공간을 넘겨 준다. 또 어머니는 원천과 기원이라는 이미지 안에서 강력해진다. 동시에 아주 간단하게 신의 대체물이 되는 이 여자는 낭만적 이상주의가 제기한 천사로 남아 있는 것으로 그치지 않는다. 그녀는 악마이고 짐승이다. 그녀는 악이고 더러운 존재이다. 유혹과 원죄이고 성적인 존재이다.

스트린드베리는 마지막 자서전적 작품에서 헤리에트 보세라는 자신의 세번째 연인 이야기를 상기시킨다. 이 여자는 자신을 더럽히고 망치는 존재이다. 그녀는 애인과 헤어지고 난 후 옛 애인의 영혼을 '저급한 영역'으로 끌고 간다. "이 여자 때문에 나는 진흙 속에 빠진다."[29] 그리고 이러한 비난은 쇼펜하우어의 권위로 치장된다. 여자가 악하고 더러운 존재라면, 우리는 분명 스트린드베리의 지속적인 고통을 추측하게 된다. 그러나 그의 생애 말기에, 바로 헤리에트 보세로 인해 그는 신이 사라졌다는 분명하고도 매우 잔인한 저주에서 벗어났다고 믿었고, 또 그러기를 바랐다. 이 그리스도교적 주제에 다시 몰입하는 태도에는 여자가 가짜 초월성으로 작용하는 바로 그 순간 그가 신에게서 해방된다는 매우 불안한 사실이 있다. 전통의 이러한 재발과 새로운 초월적 기능은 전혀 일치되지 않는다. 아마도 이 사실이 스트린드베리의 변화를, 가능성 있는 조화의 길을 개척하려는 시도를 설명해 줄 수 있을 것이다. 이것이 그가 '스베덴보리에 의해 기운을 차린 듯이 보인'[30] 이후 그의 마지막 사랑을 내가 이해한 바이다.

스베덴보리를 읽자 새로운 공간이 펼쳐진다. 그곳에서 지상과 천상의 대립이 두 세계에 해당되는 현실을 위해서 와해된다. 스트린드베리는 거기에서 평정을 발견하고, 이 상황 속에서 헤리에트 보세와의 만남이 이루어진다. 그는 그녀에게 '타협의 능력,' 인류와 신에 대한 사상, 여성 자체와의 타협 능력을 부여한다. "여자를 통해 나는 여자와 타협한다."[31]

악에서 선으로, 전망은 얼마나 많이 변했는가! 그러나 이 새로운 전망은 꿈에 불과했고, 스트린드베리와 '여자와 인류'와의 타협은 결코 성공하지 못했다. 딱 한 번 남자와 여자간에 일치되는 가치를 지녔던 유년기를 제외하고, 아버지와 어머니의 결별 이후 그는 계속 같은 상태를 유지했다. 타협은 결코 일어나지 않았고, 그가 꿈꾸던 천사는 스트린드베리를 진흙과 타락 속에 버려둔 채 사라졌다. "내 영혼은 여자를 좋아했지만, 결혼의 포악함은 내게 역겨운 것이었다. 게다가 나는 여인의 아름다운 영혼을 향한 위대한 사랑이 저급한 번식의 임무로 과연 무엇을 할 수 있는지를 진정으로 이해할 수 없었다."[32] 당연히 성이라는 오점이 여자 때문에 일어나는 악을 푸는 열쇠가 된다.

이에 대해 나는 당시 그녀가 그에게 보낸 편지, 스트린드베리가 다른 편지들을 본떠 자기 글에 슬쩍 끼워넣은 편지로 헤리에트 보세가 답신을 쓰도록 하려고 한다. 이 편지가 한 여자로 하여금 말하고 대답하게 하면서 그녀를 유일한 자리, 스트린드베리의 삶이 아니었다면 그 담화가 그녀에게 부여하지 않는 유일한 자리, 즉 주체라는 자리에 놓기 때문이다. 또 이 여자는 양성간의 갈등과 모성·오점을 생각하기도 한다. 나는 한 여인의 말로 끝을 맺겠다.

"이제 내가 네게로 돌아간다 해도, 너는 분명 훨씬 더 날 경멸할 테지. 그리고 어떤 이유로든——가장 나쁜 이유 때문에——다음번에 네가 떠나 버리게 되면, 너는 한 남자가 거리의 여자들 가운데 가장 더러운 여자에게——자기 아내에게는 덜하겠지만——말을 걸 때 입에 올릴 만한, 나로서는 이해도 할 수 없는 말을 퍼부을 테지.

아니, 구스텐, 나는 완전히 망가질 수는 없어. 더군다나 소중한 어린 아이를 기다리고 있는 지금은 말야. 그는 순수한 존재로 남아야 하니까."[33)]

여성혐오자건 아니건 남자가 여자를 말로 더럽힐 수 있다는 사실, 이 역시 더 생각해 봐야 할 것이다……

1) G. 프레스, 《양성의 차이 *La Différence des sexes*》, Paris, PUF, 1996.

2) 《수도원 *L'Abbaye*》, in *Œuvre autobiographique*, C. G. Bjurström (éd), Paris, Mercure de France, 1990, t. 2, p.37. 당연히 연극 작품은 제외되었다.

3) 《붉은 방에서 *Dans la chambre rouge*》, in *Œuvre autobiographique*, C. G. Bjurström (éd), Paris, Mercure de France, 1990, t. 1, p.672.

4) 《어느 광인의 변명 *Le Plaidoyer d'un fou*》, in *Œuvre autobiographique*, *op. cit.*, t. I, p.1102.

5) *Ibid.*

6) 《작가 *L'Écrivain*》, in *Œuvre autobiographique*, *op. cit.*, t. I, p.851.

7) 《어느 광인의 변명》, *op. cit.*, p.1072 sq.

8) *Op. cit.*, pp.78-79.

9) 《작가》, *op. cit.*, p.777.

10) 《붉은 방에서》, *op. cit.*, p.540.

11) 《작가》, *op. cit.*, p.785.

12) *Ibid.*, p.807.

13) 《동요 *Fermentation*》, in *Œuvre autobiographique*, *op. cit.*, t. 1, p.402.

14) 《작가》, *op. cit.*, p.777.

15) *Ibid.*

16) 《붉은 방에서》, *op. cit.*, p.668.

17) 《어느 광인의 변명》, *op. cit.*, pp.1100-1105.

18) 《작가》, *op. cit.*, p.778.

19) E. 키, 《사랑과 결혼 *Amour et mariage*》, 1904.

20) 《붉은 방에서》, *op. cit.*, p.564.

21) 《결혼한 사람들! *Mariés!*》, 1886, Actes-Sud, 1986, p.395.

22) 《작가》, *op. cit.*, p.719.

23) 《결혼한 사람들!》 *op. cit.*, p.23.

24) G. 프레스, 《이성의 여신. 프랑스 민주주의와 여자들의 배제 *Muse de la raison. Démocratie et exclusion des femmes en France*》, 1989, Folio Gallimard, 1995.

25) 《결혼한 사람들!》 *op. cit.*, p.22.

26) 《어느 광인의 변명》, *op. cit.*, p.900.

27) 《작가》, *op. cit.*, p.788.

28) 《어느 광인의 변명》, *op. cit.*, p.1056.

29) 《헤리에트 보세 *Harriet Bosse*》, in *Œuvre autobiographique*, *op. cit.*, t. II, p.775.

30) 《*Inferno*》, in *Œuvre autobiographique*, *op. cit.*, t. II, p.337.

31) 《헤리에트 보세》, *op. cit.*, p.707.

32) *Ibid.*, p.776.

33) *Ibid.*, p.760.

저자들

이 논문은 국립과학연구소의 역사연구소(CNRS-EHESS)에서 열린 '여자들의 역사' 연구라는 세미나의 산물이다.

세실 도팽(Cécile Dauphin)　　　　　　CNRS(CRH-EHESS) 엔지니어.

아를레트 파르주(Arlette Farge)　　　　CNRS(CRH-EHESS) 연구부장.

주느비에브 프레스(Geneviève Fraisse) CNRS의 연구부장이며, EHESS에서의 강연회를 주관하고 있다.

도미니크 고디노(Dominique Godineau) 렌II대학 조교수.

낸시 L. 그린(Nancy L. Green)　　　　　EHESS(CRH) 연구부장.

다니엘 아스-뒤보스크(Danielle Haase-Dubosc)
　　　　　　　　　　　　파리에 있는 콜롬비아대학 부장(라이드 홀).

마리-엘리자베트 핸드만(Marie-Élisabeth Handman)
　　　　　　　　　　　　EHESS의 조교수.

베로니크 나움-그라프(Véronique Nahoum-Grappe)
　　　　　　　　　　　　EHESS(CETSAH: 사회학·인류학·역사학을 아우르는 연구소)의 엔지니어.

야니크 리파(Yannick Ripa)　　　　　　파리VIII대학 조교수.

폴린 슈미트 팡텔(Pauline Shmitt Pantel) 파리I대학 교수.

다니엘 볼드만(Danièle Voldman)　　　　CNRS(IHTP)의 연구부장.

역자 후기

　3년 전 2월, 그 시절의 나는 내 주변을, 세상을, 나 자신을 못견뎌하며 금방이고 뛰쳐나갈 태세였다. 뭔가 시작도 못해 보고 사그러들지도 모른다는 불안감, 좀처럼 풀릴 기미를 보이지 않던 그 겨울 저녁, 거리를 서성이는 갈 데 없는 사람의 그것이었다. 그것에 쫓기고, 나 자신에게마저 외면당한 내가 어느 날부턴가 막무가내로 책을 사모았고, 폭식증 환자처럼 그 속에서 헐떡거리던 일도 떠오른다. 이 책을 만난 건 바로 그때였다.

　독서가 진행되면서 나의 불안감은 전혀 새로운 상상과 야릇한 쾌감으로 변해 가고 있었다. 하지만 그것은 내 시선이 표면에만 머물 뿐 진지하게 이루어지지 못한 독서 때문에 일어난 현상이었음을 나중에야 깨달았다. 그리고 번역을 마친 지금의 나는 초기의 흥분 상태에서 아주 멀리 떨어진 곳, 현실의 공간을 경쾌하게 부유하는 일체의 사물에, 모든 현란한 가치에 의혹의 시선을 던지게 되는 움푹 팬 지점에 있다. 원서의 표지에 보이는 여인 자엘의 냉정함에서 초기의 섬뜩한 분위기는 사라지고, 어딘가 서글프고 비애어린 기운이 새로 묻어난다.

　여성사의 수맥을 폭력이라는 일관된 주제로 파들어가는 일단의 학자들은, 고대에서 현대에 이르기까지 역사라는 공식적인 무대에서 폐기 처분된 사실들을 새로이 조합하고 배열한다. 즉 우리에게 익숙한 논리를 전격적으로 거부하면서, 이들은 전혀 새로운 가설을 제시하고 있는 것이다. 그럼에도 불구하고 독자로서 나는 이들의 논문을 외면하고픈 모순을 동시에 경험한다. 여성을 말하는 저자들과 마찬가지로 이 책을 읽는 여성 독자들 역시 여성이란 화두에 편치 않을 것이다. 그것은 얼마 전 뉴스로 보도된 이슬람 국가의 여인들이 거리에서 군인들에게 매맞는 장면을 보았을 때의 거북함, 여성과 남성은 평등한가라는 닳고닳은 물음 한편에서 피어오르는 불편함과 같은 맥락일 것이다.

　독서를 마친 후 독자 앞에는 눈을 즐겁게 하던 이런저런 장식이 다 잘려 나간, 너무도 생경한 실체를 오롯이 다 드러내 추하기까지 한, 그래서 도망치고픈 현실만 남을지도 모른다. 아마 애초의 나처럼 희망을 보고 싶었던 어떤 독자는 분개할지도 모른다. 하지만 이 책에 미래에 대한 전망이 부재하는 것은 아니다. 오히려 전망은 자명하고 간단하다. 그것을 나는 '다르게 보기' '의심하기'로 표현하고 싶다. 이 책은 과거와 현재의 사실을 다르게 보여줌으로써 우리를 함몰시키는 사물들에, 일련의 사건들에 다른 시선을 던지라고 충고한다.

　이 책의 번역에 응해 주신 동문선 신성대 사장님과 편집부 직원들께 감사드린다.

2002년 9월 이은민

이은민
서강대학교 불어불문과 졸업
서강대 불어불문과 대학원 졸업
역서: 《이미지의 폭력》《동양과 서양 사이》
《무관심의 절정》《하나이지 않은 성》
《청소년을 위한 이야기 경제학》
《삶의 기쁨들》《제7의 봉인》

문예신서
187

폭력과 여성들

초판발행 : 2002년 10월 10일

지은이 : 세실 도팽 外
옮긴이 : 이은민
펴낸이 : 辛成大
펴낸곳 : 東文選

제10-64호, 78. 12. 16 등록
110-300 서울 종로구 관훈동 74
전화 : 737-2795
팩스 : 723-4518

편집설계 : 朴月 李姃旻 韓仁淑

ISBN 89-8038-214-6 94330
ISBN 89-8038-000-3 (문예신서)

【東文選 現代新書】

1 21세기를 위한 새로운 엘리트	FORESEEN 연구소 / 김경현	7,000원
2 의지, 의무, 자유 — 주제별 논술	L. 밀러 / 이대희	6,000원
3 사유의 패배	A. 핑켈크로트 / 주태환	7,000원
4 문학이론	J. 컬러 / 이은경 · 임옥희	7,000원
5 불교란 무엇인가	D. 키언 / 고길환	6,000원
6 유대교란 무엇인가	N. 솔로몬 / 최창모	6,000원
7 20세기 프랑스철학	E. 매슈스 / 김종갑	8,000원
8 강의에 대한 강의	P. 부르디외 / 현택수	6,000원
9 텔레비전에 대하여	P. 부르디외 / 현택수	7,000원
10 고고학이란 무엇인가	P. 반 / 박범수	근간
11 우리는 무엇을 아는가	T. 나겔 / 오영미	5,000원
12 에쁘롱 — 니체의 문체들	J. 데리다 / 김다은	7,000원
13 히스테리 사례분석	S. 프로이트 / 태혜숙	7,000원
14 사랑의 지혜	A. 핑켈크로트 / 권유현	6,000원
15 일반미학	R. 카이유와 / 이경자	6,000원
16 본다는 것의 의미	J. 버거 / 박범수	10,000원
17 일본영화사	M. 테시에 / 최은미	7,000원
18 청소년을 위한 철학교실	A. 자카르 / 장혜영	7,000원
19 미술사학 입문	M. 포인턴 / 박범수	8,000원
20 클래식	M. 비어드 · J. 헨더슨 / 박범수	6,000원
21 정치란 무엇인가	K. 미노그 / 이정철	6,000원
22 이미지의 폭력	O. 몽젱 / 이은민	8,000원
23 청소년을 위한 경제학교실	J. C. 드루엥 / 조은미	6,000원
24 순진함의 유혹 〔메디시스賞 수상작〕	P. 브뤼크네르 / 김웅권	9,000원
25 청소년을 위한 이야기 경제학	A. 푸르상 / 이은민	8,000원
26 부르디외 사회학 입문	P. 보네위츠 / 문경자	7,000원
27 돈은 하늘에서 떨어지지 않는다	K. 아른트 / 유영미	6,000원
28 상상력의 세계사	R. 보이아 / 김웅권	9,000원
29 지식을 교환하는 새로운 기술	A. 벵토릴라 外 / 김혜경	6,000원
30 니체 읽기	R. 비어즈워스 / 김웅권	6,000원
31 노동, 교환, 기술 — 주제별 논술	B. 데코사 / 신은영	6,000원
32 미국만들기	R. 로티 / 임옥희	근간
33 연극의 이해	A. 쿠프리 / 장혜영	8,000원
34 라틴문학의 이해	J. 가야르 / 김교신	8,000원
35 여성적 가치의 선택	FORESEEN연구소 / 문신원	7,000원
36 동양과 서양 사이	L. 이리가라이 / 이은민	7,000원
37 영화와 문학	R. 리처드슨 / 이형식	8,000원
38 분류하기의 유혹 — 생각하기와 조직하기	G. 비뇨 / 임기대	7,000원
39 사실주의 문학의 이해	G. 라루 / 조성애	8,000원
40 윤리학 — 악에 대한 의식에 관하여	A. 바디우 / 이종영	7,000원
41 흙과 재 〔소설〕	A. 라히미 / 김주경	6,000원

84	조와(弔蛙)	金敎臣 / 노치준 · 민혜숙	8,000원
85	역사적 관점에서 본 시네마	J. -L. 뢰트라 / 곽노경	8,000원
86	욕망에 대하여	M. 슈벨 / 서민원	8,000원
87	산다는 것의 의미 · 1—여분의 행복	P. 쌍소 / 김주경	7,000원
88	철학 연습	M. 아롱델-로오 / 최은영	8,000원
89	삶의 기쁨들	D. 노게 / 이은민	6,000원
90	이탈리아영화사	L. 스키파노 / 이주현	8,000원
91	한국문화론	趙興胤	10,000원
92	현대연극미학	M. -A. 샤르보니에 / 홍지화	8,000원
93	느리게 산다는 것의 의미 · 2	P. 쌍소 / 김주경	7,000원
94	진정한 모럴은 모럴을 비웃는다	A. 에슈고엔 / 김웅권	8,000원
95	한국종교문화론	趙興胤	10,000원
96	근원적 열정	L. 이리가라이 / 박정오	9,000원
97	라캉, 주체 개념의 형성	B. 오질비 / 김 석	9,000원
98	미국식 사회 모델	J. 바이스 / 김종명	7,000원
99	소쉬르와 언어과학	P. 가데 / 김용숙 · 임정혜	10,000원
100	철학적 기본 개념	R. 페르버 / 조국현	8,000원
101	철학자들의 동물원	A. L. 브라-쇼파르 / 문신원	근간
102	글렌 굴드, 피아노 솔로	M. 슈나이더 / 이창실	7,000원
103	문학비평에서의 실험	C. S. 루이스 / 허 종	근간
104	코뿔소 〔희곡〕	E. 이오네스코 / 박형섭	8,000원
105	《제7의 봉인》 비평연구	E. 그랑조르주 / 이은민	근간
106	《쥘과 짐》 비평연구	C. 르 베르 / 이은민	근간
107	경제, 거대한 사탄인가?	P. -N. 지로 / 김교신	7,000원
108	딸에게 들려 주는 작은 철학	R. 시몬 셰퍼 / 안상원	7,000원
109	도덕에 관한 에세이	C. 로슈 · J. -J. 바레르 / 고수현	6,000원
110	프랑스 고전비극	B. 클레망 / 송민숙	근간
111	고전수사학	G. 위딩 / 박성철	근간
112	유토피아	T. 파코 / 조성애	근간
113	쥐비알	A. 자르댕 / 김남주	7,000원
114	증오의 모호한 대상	J. 아순 / 김승철	근간
115	개인—주체철학에 대한 고찰	A. 르노 / 장정아	근간
116	이슬람이란 무엇인가	M. 루스벤 / 최생열	8,000원
117	간추린 서양철학사 · 상	A. 케니 / 이영주	근간
118	간추린 서양철학사 · 하	A. 케니 / 이영주	근간
119	느리게 산다는 것의 의미 · 3	P. 쌍소 / 김주경	7,000원
120	문학과 정치사상	P. 페티티에 / 이종민	근간
121	하느님의 가장 아름다운 이야기	A. 보테르 外 / 주태환	근간
122	시민 교육	P. 카니베즈 / 박주원	근간
123	스페인영화사	J.- C. 스갱 / 정동섭	근간
124	포켓의 형태	J. 버거 / 이영주	근간
125	내 몸의 신비—세상에서 가장 큰 기적	A. 지오르당 / 이규식	7,000원

37 오페라의 역사	L. 오레이 / 류연희	절판
38 인도종교미술	A. 무케르지 / 崔炳植	14,000원
39 힌두교의 그림언어	안넬리제 外 / 全在星	9,000원
40 중국고대사회	許進雄 / 洪 熹	22,000원
41 중국문화개론	李宗桂 / 李宰碩	15,000원
42 龍鳳文化源流	王大有 / 林東錫	25,000원
43 甲骨學通論	王宇信 / 李宰碩	근간
44 朝鮮巫俗考	李能和 / 李在崑	20,000원
45 미술과 페미니즘	N. 부루드 外 / 扈承喜	9,000원
46 아프리카미술	P. 윌레뜨 / 崔炳植	절판
47 美의 歷程	李澤厚 / 尹壽榮	22,000원
48 曼茶羅의 神들	立川武藏 / 金龜山	19,000원
49 朝鮮歲時記	洪錫謨 外/李錫浩	30,000원
50 하 상	蘇曉康 外 / 洪 熹	절판
51 武藝圖譜通志 實技解題	正 祖 / 沈雨晟·金光錫	15,000원
52 古文字學첫걸음	李學勤 / 河永三	14,000원
53 體育美學	胡小明 / 閔永淑	10,000원
54 아시아 美術의 再發見	崔炳植	9,000원
55 曆과 占의 科學	永田久 / 沈雨晟	8,000원
56 中國小學史	胡奇光 / 李宰碩	20,000원
57 中國甲骨學史	吳浩坤 外 / 梁東淑	35,000원
58 꿈의 철학	劉文英 / 河永三	22,000원
59 女神들의 인도	立川武藏 / 金龜山	19,000원
60 性의 역사	J. L. 플랑드렝 / 편집부	18,000원
61 쉬르섹슈얼리티	W. 챠드윅 / 편집부	10,000원
62 여성속담사전	宋在璇	18,000원
63 박재서희곡선	朴栽緒	10,000원
64 東北民族源流	孫進已 / 林東錫	13,000원
65 朝鮮巫俗의 研究(상·하)	赤松智城·秋葉隆 / 沈雨晟	28,000원
66 中國文學 속의 孤獨感	斯波六郎 / 尹壽榮	8,000원
67 한국사회주의 연극운동사	李康列	8,000원
68 스포츠인류학	K. 블랑챠드 外 / 박기동 外	12,000원
69 리조복식도감	리팔찬	절판
70 娼 婦	A. 꼬르벵 / 李宗旼	22,000원
71 조선민요연구	高晶玉	30,000원
72 楚文化史	張正明 / 南宗鎭	26,000원
73 시간, 욕망, 그리고 공포	A. 코르뱅 / 변기찬	18,000원
74 本國劍	金光錫	40,000원
75 노트와 반노트	E. 이오네스코 / 박형섭	절판
76 朝鮮美術史研究	尹喜淳	7,000원
77 拳法要訣	金光錫	20,000원
78 艸衣選集	艸衣意恂 / 林鍾旭	14,000원

79	漢語音韻學講義	董少文 / 林東錫	10,000원
80	이오네스코 연극미학	C. 위베르 / 박형섭	9,000원
81	중국문자훈고학사전	全廣鎭 편역	15,000원
82	상말속담사전	宋在璇	10,000원
83	書法論叢	沈尹默 / 郭魯鳳	8,000원
84	침실의 문화사	P. 디비 / 편집부	9,000원
85	禮의 精神	柳肅 / 洪熹	20,000원
86	조선공예개관	日本民芸協會 편 / 沈雨晟	30,000원
87	性愛의 社會史	J. 솔레 / 李宗旼	18,000원
88	러시아미술사	A. I 조토프 / 이건수	16,000원
89	中國書藝論文選	郭魯鳳 選譯	25,000원
90	朝鮮美術史	關野貞 / 沈雨晟	근간
91	美術版 탄트라	P. 로슨 / 편집부	8,000원
92	군달리니	A. 무케르지 / 편집부	9,000원
93	카마수트라	바짜야나 / 鄭泰爀	10,000원
94	중국언어학총론	J. 노먼 / 全廣鎭	18,000원
95	運氣學說	任應秋 / 李宰碩	8,000원
96	동물속담사전	宋在璇	20,000원
97	자본주의의 아비투스	P. 부르디외 / 최종철	6,000원
98	宗敎學入門	F. 막스 뮐러 / 金龜山	10,000원
99	변 화	P. 바츨라빅크 外 / 박인철	10,000원
100	우리나라 민속놀이	沈雨晟	15,000원
101	歌訣(중국역대명언경구집)	李宰碩 편역	20,000원
102	아니마와 아니무스	A. 융 / 박해순	8,000원
103	나, 너, 우리	L. 이리가라이 / 박정오	10,000원
104	베케트연극론	M. 푸크레 / 박형섭	8,000원
105	포르노그래피	A. 드워킨 / 유혜련	12,000원
106	셸 링	M. 하이데거 / 최상욱	12,000원
107	프랑수아 비용	宋勉	18,000원
108	중국서예 80제	郭魯鳳 편역	16,000원
109	性과 미디어	W. B. 키 / 박해순	12,000원
110	中國正史朝鮮列國傳(전2권)	金聲九 편역	120,000원
111	질병의 기원	T. 매큐언 / 서 일 · 박종연	12,000원
112	과학과 젠더	E. F. 켈러 / 민경숙 · 이현주	10,000원
113	물질문명 · 경제 · 자본주의	F. 브로델 / 이문숙 外	절판
114	이탈리아인 태고의 지혜	G. 비코 / 李源斗	8,000원
115	中國武俠史	陳山 / 姜鳳求	18,000원
116	공포의 권력	J. 크리스테바 / 서민원	23,000원
117	주색잡기속담사전	宋在璇	15,000원
118	죽음 앞에 선 인간(상 · 하)	P. 아리에스 / 劉仙子	각권 8,000원
119	철학에 대하여	L. 알튀세르 / 서관모 · 백승욱	12,000원
120	다른 곳	J. 데리다 / 김다은 · 이혜지	10,000원

121	문학비평방법론	D. 베르제 外 / 민혜숙	12,000원
122	자기의 테크놀로지	M. 푸코 / 이희원	16,000원
123	새로운 학문	G. 비코 / 李源斗	22,000원
124	천재와 광기	P. 브르노 / 김웅권	13,000원
125	중국은사문화	馬 華·陳正宏 / 강경범·천현경	12,000원
126	푸코와 페미니즘	C. 라마자노글루 外 / 최 영 外	16,000원
127	역사주의	P. 해밀턴 / 임옥희	12,000원
128	中國書藝美學	宋 民 / 郭魯鳳	16,000원
129	죽음의 역사	P. 아리에스 / 이종민	18,000원
130	돈속담사전	宋在璇 편	15,000원
131	동양극장과 연극인들	김영무	15,000원
132	生育神과 性巫術	宋兆麟 / 洪 熹	20,000원
133	미학의 핵심	M. M. 이턴 / 유호전	14,000원
134	전사와 농민	J. 뒤비 / 최생열	18,000원
135	여성의 상태	N. 에니크 / 서민원	22,000원
136	중세의 지식인들	J. 르 고프 / 최애리	18,000원
137	구조주의의 역사(전4권)	F. 도스 / 이봉지 外	각권 13,000원
138	글쓰기의 문제해결전략	L. 플라워 / 원진숙·황정현	20,000원
139	음식속담사전	宋在璇 편	16,000원
140	고전수필개론	權 瑚	16,000원
141	예술의 규칙	P. 부르디외 / 하태환	23,000원
142	"사회를 보호해야 한다"	M. 푸코 / 박정자	20,000원
143	페미니즘사전	L. 터틀 / 호승희·유혜련	26,000원
144	여성심벌사전	B. G. 워커 / 정소영	근간
145	모데르니테 모데르니테	H. 메쇼닉 / 김다은	20,000원
146	눈물의 역사	A. 벵상뷔포 / 이자경	18,000원
147	모더니티입문	H. 르페브르 / 이종민	24,000원
148	재생산	P. 부르디외 / 이상호	18,000원
149	종교철학의 핵심	W. J. 웨인라이트 / 김희수	18,000원
150	기호와 몽상	A. 시몽 / 박형섭	22,000원
151	융분석비평사전	A. 새뮤얼 外 / 민혜숙	16,000원
152	운보 김기창 예술론연구	최병식	14,000원
153	시적 언어의 혁명	J. 크리스테바 / 김인환	20,000원
154	예술의 위기	Y. 미쇼 / 하태환	15,000원
155	프랑스사회사	G. 뒤프 / 박 단	16,000원
156	중국문예심리학사	劉偉林 / 沈揆昊	30,000원
157	무지카 프라티카	M. 캐넌 / 김혜중	25,000원
158	불교산책	鄭泰爀	20,000원
159	인간과 죽음	E. 모랭 / 김명숙	23,000원
160	地中海(전5권)	F. 브로델 / 李宗旼	근간
161	漢語文字學史	黃德實·陳秉新 / 河永三	24,000원
162	글쓰기와 차이	J. 데리다 / 남수인	28,000원

동문선

205 카프카의 고독	M. 로베르 / 이창실	근간
206 문화 학습 — 실천적 입문서	J. 자일즈 · T. 미들턴 / 장성희	근간
207 호모 아카데미쿠스	P. 부르디외 / 임기대	근간
208 朝鮮槍棒敎程	金光錫	40,000원
209 자유의 순간	P. M. 코헨 / 최하영	근간
210 밀교의 세계	鄭泰爀	근간
211 토탈 스크린	J. 보드리야르 / 배영달	19,000원

【기 타】

모드의 체계	R. 바르트 / 이화여대기호학연구소	18,000원
텍스트의 즐거움	R. 바르트 / 김희영	15,000원
라신에 관하여	R. 바르트 / 남수인	10,000원
說 苑 (上·下)	林東錫 譯註	각권 30,000원
晏子春秋	林東錫 譯註	30,000원
西京雜記	林東錫 譯註	20,000원
搜神記 (上·下)	林東錫 譯註	각권 30,000원
경제적 공포〔메디시스賞 수상작〕	V. 포레스테 / 김주경	7,000원
古陶文字徵	高 明 · 葛英會	20,000원
古文字類編	高 明	절판
金文編	容 庚	36,000원
고독하지 않은 홀로되기	P. 들레름 · M. 들레름 / 박정오	8,000원
그리하여 어느날 사랑이여	이외수 편	6,500원
딸에게 들려 주는 작은 지혜	N. 레흐레이트너 / 양영란	6,500원
노력을 대신하는 것은 없다	R. 쉬이 / 유혜련	5,000원
미래를 원한다	J. D. 로스네 / 문 선 · 김덕희	8,500원
사랑의 존재	한용운	3,000원
산이 높으면 마땅히 우러러볼 일이다	유 향 / 임동석	5,000원
서기 1000년과 서기 2000년 그 두려움의 흔적들	J. 뒤비 / 양영란	8,000원
서비스는 유행을 타지 않는다	B. 바게트 / 정소영	5,000원
선종이야기	홍 희 편저	8,000원
섬으로 흐르는 역사	김영희	10,000원
세계사상	창간호~3호: 각권 10,000원 / 4호: 14,000원	
십이속상도안집	편집부	8,000원
어린이 수묵화의 첫걸음(전6권)	趙 陽 / 편집부	각권 5,000원
오늘 다 못다한 말은	이외수 편	7,000원
오블라디 오블라다, 인생은 브래지어 위를 흐른다	무라카미 하루키 / 김난주	7,000원
인생은 앞유리를 통해서 보라	B. 바게트 / 박해순	5,000원
잠수복과 나비	J. D. 보비 / 양영란	6,000원
천연기념물이 된 바보	최병식	7,800원
原本 武藝圖譜通志	正祖 命撰	60,000원
隸字編	洪鈞陶	40,000원
테오의 여행 (전5권)	C. 클레망 / 양영란	각권 6,000원

東文選 文藝新書 188

하드 바디
— 레이건시대 할리우드 영화에 나타난 남성성

수잔 제퍼드
이형식 옮김

《하드 바디》는 어떻게 해서 강인한 몸을 가진 남성 주인공들이 화면을 채우게 되었는가를 통찰력 있게 보여 주는 저서이다. 람보, 터미네이터, 존 매클레인, 로보캅과 같은 하드 바디 남성들은 미국을 공격하는 국내와 국외의 적들에게 미국의 강인함을 몸으로 보여 준다. 하드 바디는 레이건 정부가 악마로 규정했던 소련을 비롯하여 외국 테러리스트와 외국 경제력의 위협으로부터 미국을 지켜내며, 국내적으로는 마약 사범과 동성애자 등 미국의 전통적인 가치를 위협하는 소프트 바디를 처단한다.

'문화제국주의'의 첨병 역할을 하는 영화는 가장 민감하게 시대의 정신을 반영하는 매체 중 하나이다. 어느 특정 시대에 어떠한 영화 장르가 인기를 끄는 것은, 그 장르가 그 시대 사람들의 집단적인 욕망을 충족시키고 그들의 열망을 효과적으로 반영하기 때문이다. 한때 가장 미국적인 영화 장르였던 서부 영화의 흥망성쇠를 추적해 보면 이것을 잘 알 수 있다.

1980년대는 많은 면에서 1950년대와 유사점을 공유하고 있다. 아이젠하워가 통치한 8년간의 극우 보수적 분위기, 냉전 체제의 고착과 매카시즘, 그리고 한편으로는 경제적인 안정과 베이비 붐 세대의 부상, 핵가족에 근거한 전통적인 미국적인 가치의 찬양 등의 1950년대의 현상은 1981년에 취임한 레이건이 돌아가고자 했던 사회였다. 민권 운동, 페미니즘, 청년들의 반문화 운동, 베트남 전쟁 등이 전통적 백인 남성 위주의 사회 질서에 도전을 가하기 전의 평온하고 목가적인 소도시 미국 사회로 돌아가기를 원했던 것이다. 이러한 열망은 1980년대에 등장한 1950년대를 다룬 영화들로 표현되었다. 레이건은 베트남 전쟁의 패배로 만신창이가 된 미국의 자존심 또한 다시 일으켜 세우고 싶었고, 판타지 속에서나마 승리를 거두고 싶었던 열망은 《람보》를 비롯한 자위적인 영화로 표현되었다. 이들 영화의 성공은 승리하는 미국의 이미지에 미국 국민들이 얼마나 굶주려 있었는지, 이것을 80년대의 영화들이 어떻게 충족시켜 주었는지 보여 준다. 아이젠하워처럼 레이건도 두 번의 임기 동안 재임했고, 그 자리를 아들 격인 부시에게 넘겨 주었다.